시민을 위한 사회·문화 리터러시

시민을 위한 사회·문화 리터러시

초판 1쇄 발행 2021년 3월 25일
초판 2쇄 발행 2021년 9월 10일
지은이 김영순
펴낸이 박찬익
책임편집 유동근
펴낸곳 ㈜박이정 **주소** 경기도 하남시 조정대로45 미사센텀비즈 7층 F749호
전화 031)792-1193, 1195 **팩스** 02)928-4683 **홈페이지** www.pjbook.com
이메일 pijbook@naver.com **등록** 2014년 8월 22일 제2020-000029호
ISBN 979-11-5848-618-1 93300

* 이 저서는 인하대학교 연구비 지원으로 이루어졌음

현재를 읽는 시민을 위한 안내서

시민을 위한
사회·문화
리터러시

김영순 지음

(주)박이정

이 책 『시민을 위한 사회·문화 리터러시』는 시민을 '시민 되게' 하는 방법으로서 '학문수행자로서의 시민'을 주장하며, 학문수행의 방법으로서 사회·문화 현상을 읽어내는 리터러시를 제안한다.

일반적으로 시민이라 함은 글자 그대로 '도시에 사는 사람'으로서 도시의 구성원을 의미한다. 고대 그리스의 아테네에서 시민은 정치에 참여하는 주권자였으며, 영국의 명예 혁명, 프랑스 대혁명을 '시민혁명'이라고 했듯이 전제 군주의 억압에서 저항하고, 인권 불평등을 극복한 주체로서 '시민'이라는 말을 사용한다. 이 중 프랑스 대혁명의 경우 시민의 예시로서 '학문수행자로서의 시민'이 이룬 사상혁명일 뿐만 아니라 시민혁명의 전형으로 평가받는다. 사상혁명이라고 일컫는 배경에는 정치 형태와 구조를 최종적으로 결정하는 권력이 국민에게 있으며, 주권의 소재역시 국민에게 있다는 루소의 '인민주권론'에 기인한다. 다시 말해 전 국민이 자유로운 개인으로서 자기를 주체적으로 확립하고 평등한 권리를 획득하기 위하여 시작된 혁명이라는 더욱 넓은 의미를 포함하고 있다.

이렇게 시민혁명은 전제군주에게 머물러 있던 권력을 빼앗아 국민이 가질 수 있도록 하는 것이었다. 절대왕정에서는 모든 사람이 신민(臣民)으로서 군주 한 사람의 통치에 복종해야 했다. 그런데 시민혁명은 국민이 군주를 대신하여 주권자의 위치에 서도록 해주었다. 여기서 국민이 시민의 개념으로 전환하게 된 동기를 이룬다. 이후 시민은 민주주의의 가치를 높이게 되었으며, 민주 사회의 구성원으로 권력 창출의 주체로서 권리와 의무를 지게 되었다. 더욱이 자발적이고 주체적으로 공공 정책 결정에 참여하는 사람이 되었다. 이렇게 우리는 시민의 의미를 시민혁명의 주체로서 '국민으로부터 시민으로의 전환'에서 찾아볼 수 있다.

최근 들어 시민은 사회와 관련한 교양을 가지고 정치에 참여하는 사람, 즉 자신이 나라의 주권자임을 자각하고 주권자로서 행동하고 책임을 지는 사람으로 이해된다. 그래서 교과서에도 '민주 국민'이라는 말보다는 '민주 시민'이라는 용어를 더 많이 사용한다. 여기에서 '사회와 관련한 교양'에 주목하는 데, 이 교양이 바로 사회·문화 현상을 읽을 수 있는 능력인 '사회·문화 리터러시'를 말하는 것이다.

필자는 사범대학 사회교육과에서 예비 중등 사회과 교사를 양성하는 데 강의와 연구를 하는 학문수행자이다. 사회과 교사는 중학교와 고등학교 교육의 범주에서 미래 우리 사회의 민주주의를 이끌어 갈 '시민'을 가르치는 데 기여할 책무를 갖는다. 그러기에 사회교육과에 연구의 적을 둔 필자로서 평생의 연구 과제는 "시민은 무엇으로 살아가는가?"이다. 이 물음은 시민이 갖추어야 할 역량과 실천 방안이 무엇인가를 포함하고 있다. 이 물음에 대해 이 책에서 제안하는 답은 바로 '학문수행자로서의 시민'이다. 학문수행자는 학문을 갈고닦는 '수행자'의 일종이다. 수행자는 종교적 개념으로 '해당 종교의 교리를 좇아 삶을 살아가는 자' 정도로 이해할 수 있다. 그렇지만 이 책에서는 인간이 세상에 주어진 '인간'으로서의 '인간다운' 삶을 살아가는 것을 의미한다. 결국 시민은 사회·

문화적 의미에서 인간다운 삶을 살아내는 것이며, 개인으로서 인간은 물론 인간과 다른 인간 간의 관계, 나아가 인간을 둘러싼 세계라 할 수 있는 사회·문화 현상을 상호주관적으로 파악할 수 있는 사람을 의미한다.

이런 맥락에서 이 책은 학문수행자로서의 시민의 개념을 정립하는 영역, 다양한 사회·문화 현상을 이해하기 위한 지식 이해의 영역, 과학기술문명과 정보사회 이해를 기반으로 한 글로벌 사회와 세계시민의 실천에 관한 내용을 다룬 3개의 부에 각기 4개의 장을 구성하였다.

1부 '시민의 조건과 시민적 프락시스'는 이 저서에서 강조하는 학문수행자로서 시민의 철학과 개념을 제시하고 있다. 1장 '학문수행자로서 시민의 조건'에서는 "시민은 누구인가?"라는 질문을 시작으로 학문과 학문수행자, 시민과 상호문화 소통, '학문수행과 리터러시의 관계에 대해 다룬다. 2장 '리터러시와 시민적 프락시스'에서는 리터러시의 개념과 개념의 확장성, 리터러시와 프락시스 관계, '시민적 프락시스에 대해 논의하고, 3장 '사회·문화 현상과 학문수행자 태도'에서는 탐구 대상으로서의 사회·문화 현상을 자연현상과 대비하여 설명하고, 사회·문화 현상의 탐구 방법, 사회·문화 현상 탐구의 태도에 대해 기술한다. 또한 4장 '공존체로서 인간과 시민윤리'에서는 다문화 사회에서 시민이 지녀야 할 가치를 다루는데, 다문화 사회와 공존의 윤리, 인문학과 시민 교육 수행, 협동의 미덕과 공존 윤리를 제안한다.

2부 '사회·문화 현상의 탐구와 해체'에서는 사회·문화 현상에 작동되는 내면의 역동성을 파악할 수 있는 다양한 이론과 관점을 배울 수 있다. 5장 '개인의 사회화와 사회적 상호작용'은 주로 사회를 이루고 있는 기초

단위인 개인과 개인 간의 관계와 이들 관계에서 일어나는 개인과 사회의 만남, 인간의 사회화와 상호작용, 사회집단과 사회 조직, 사회적 일탈 행동을 다룬다. 6장 '사회적 불평등과 사회복지'에서는 사회적 불평등과 사회 계층의 관계를 다루고 사회 계층 이동과 사회 계층 구조, 사회적 불평등과 사회적 소수자, 사회복지의 이념과 실천에 대해 기술한다. 7장 문화의 특성과 현대의 문화변동에서는 문화의 개념과 본질을 비롯하여 다양한 문화의 이해, 문화변동의 원인과 양상, 세계 속의 한국 문화 등에 대해 기술하고, 8장 '일상생활과 다양한 사회 제도'에서는 사회 제도의 개념을 이해하고 나아가 우리의 일상생활에서 주요한 사회제도인 가족 제도를 비롯하여 교육 제도와 교육 문제, 사회 제도로서의 대중 매체, 종교 제도와 다문화주의에 대해 논의한다.

3부 '글로벌 사회와 세계시민의 실천'에서는 글로벌 사회를 형성하는 데 기여한 과학기술문명의 획기적인 발전과 정보 사회의 가속화로 글로벌 사회가 전 지구적으로 확대하고 있음에 지구사회 구성원으로서 지녀야 할 세계시민 상을 정립한다. 이에 9장 '과학기술과 인간의 생활 변화'에서는 과학기술의 발전과 영향으로부터 인간의 생활 변화에 이르기까지 현황을 진단하여 과학기술 사회에서 인간적 가치를 세우고자 한다. 10장 '정보 사회와 정보화의 쟁점'에서는 정보 사회의 의미와 특징, 정보 매체의 기능, 정보 사회에서의 인간 생활을 기술한다. 11장 '지구촌과 전 지구화 현상의 대응'에서는 지구촌 형성에 따른 다양한 사회문제를 검토하는데, 세계화와 지역화의 공존, 전 지구적 문제와 해결 방안, 미래 사회를 위한 노력을 다루며, 12장 '지속가능한 사회와 세계시민'에서는 지속가능한 사회를 위한 교육적 대응으로서 세계시민교육의 내용과 실천,

지속가능발전교육과 세계시민교육의 연계, 인류애와 세계시민 의식 함양 방법을 제안한다.

필자는 이 책을 펴냄에 있어 이 책을 구성한 내용들이 독창적인 학문수행의 결과가 아니라 그간 필자가 집필한 저서들의 내용을 시민의 수준에 맞추어 재구성한 것임을 밝힌다. 이를테면 필자가 집필한 2권의『고등학교 사회·문화』교과서, 국제고등학교용『인류의 미래 사회』교과서, 그리고 대학교 교양 수업용 교재인『다문화 사회와 공존의 인문학』, 연구서인『다문화 사회와 리터러시 이해』,『이주여성의 상호문화 소통과 정체성 협상』,『공유된 미래 만들기』의 내용들을 집필 자료로 삼았다. 특히 사회·문화 리터러시에 필요한 내용을 이 책들로부터 가져와 목차를 구성하고 일반 시민들이 편안하게 읽을 수 있는 수준으로 수정·보완하였다.

이런 맥락에서 이 책은 '학문수행자로서 시민'에 대해 동의하는 모든 독자분들에게 민주주의 사회를 만들어가기 위한 교양의 자양분을 제공할 것으로 확신한다. 아울러 대학의 교양과목으로서, 사회과학 분야를 전공하고자 하는 '초보 사회과학자'들에게도 사회·문화 리터러시를 해야하는 이유와 동기를 제공하고, 나아가 민주시민으로서 전 지구적 문제에 대해 참여할 수 있는 세계시민 의식을 함양하게 해줄 것이다.

아울러 이 책이 나오기까지 수고해 준 이들이 있다. 자료를 정리하고 '시민'의 수준으로 글을 읽고 교정해 준 필자의 연구실 박사과정 연구생인 최수안, 김은희, 남정연 선생과 대학원에서 정책학을 전공하는 둘째 딸 주의에게 감사의 인사를 전한다. 끝으로 이 책의 중요성을 인식하고 출판에 선뜻 나서 주신 박이정 출판사의 박찬익 대표님께도 무어라 감사의 말씀을 전할지 모르겠다.

서문을 마무리하면서 이 책을 만나는 독자들 모두 진정 '학문수행자로서 시민'이 될 것이라는 것을 확신한다. 또한 필자는 간절하게 소망한다. 우리 시민들이 읽고, 토론하고, 쓰기를 넘어 사회문제에 관여하고 전 지구적 문제해결에 참여하기를, 이것이 진정한 '리터러시' 과정을 수행하는 것임을 깨닫길 바란다. 이를 통해 우리의 민주주의는 성장할 것이며, 세계는 평화로워질 것이라는 것을 우리 모두 믿기를 바라는 마음으로 서문을 마무리한다.

2021년 3월, 다시 찾아온 봄을 맞이하면서
인하대학교 서호관에서
김영순 씀

차례

3부 글로벌 사회와 세계시민

1부

시민의 조건과
시민적 프락시스

1장

학문수행자로서 시민의 조건

1. 시민은 누구인가?

인간의 이름을 쓴 우리는 부모님으로부터 태어나 주어진 일생의 삶을 마치고 죽게 된다. "모든 인간은 죽는다" 이 명제는 불변의 진리이다. 죽음을 맞는 방식이 다양할 뿐 결국 인간은 누구나 예외 없이 삶을 죽음에 양보할 수밖에 없다. 그래서 인간은 한정적으로 주어진 삶을 어떻게 살 것인가를 고민하게 된다. 당연히 모든 사람은 어떤 질병에 걸리지 않거나 사고를 당하지 않고 무병장수를 누리길 원한다. 무엇보다 높은 삶의 질을 유지하면서 행복하게 사는 삶을 지향한다.

　행복하게 산다는 것은 어떻게 사는 것일까? 행복을 논의한 많은 연구자의 주장은 하나같이 주체에 대한 문제, 주체와 타자 간의 관계적 문제를 언급한다. 첫 번째 문제는 자기 자신을 알아나가는 것이고, 두 번째 문제는 자신과 자신을 둘러싼 사회·문화적 콘텍스트로 표현되는 세계를 파악해 나가는 것이다. '알아나가는 것'과 '파악해 나가는 것' 모두 자신이 세상의 지식을 습득하는 학습 주체가 되는 것을 의미한다. 이를 철학에서는 인식론으로 대변될 것이고, 사회학에서는 사회화 과정으로 설명될 수 있다.

이 책에서는 인간이 태어나서 죽을 때까지 학습행위를 한다는 점에 착안하여 '학문수행자'로서의 시민을 주장하고자 한다. 학문수행자로서의 시민을 거론하고자 할 때 핵심은 시민이다. 그래서 시민이 누구인지, 어떤 사람을 말하는지 알아볼 필요가 있다. 과연 시민은 누구이고 어떤 사람을 말하는가? 시민에 대한 숱한 정의가 있다. 우리가 쉽게 접할 수 있는 시민의 정의는 일단 국민과 시민을 비교함으로써 확연하게 알 수 있을 것이다.

대한민국헌법 제2조 제1항 '대한민국의 국민이 되는 요건은 법률로 정한다.'에서 볼 수 있듯이 국민은 법률상 개념이다. 또한 국민은 국민주권이나 국민국가 등에서와 같이 주권이나 국가의 기본적인 성격을 규정하는 정치적인 개념이기도 하다. 국민은 중세 혹은 고대사회에서는 존재하지 않았다. 국민은 절대주의 국가의 성립과 함께 나타나게 되었다. 절대주의 국가는 통치 군주를 정점으로 하고 관료제에 따라 유지되었기에 국민은 통치의 대상으로서 수동적인 지위를 가졌었다.

그런데 국민이 주체적·능동적 태도를 보인 사건이 바로 시민혁명이다. 시민혁명은 절대 왕정기에 부르주아 계급이 봉건 제도의 모순에 대항하여 국가 권력을 획득하고 주도권을 잡으려 한 역사적 사건을 말한다. 시민혁명은 영국의 명예혁명으로부터 미국의 독립 혁명을 거쳐 프랑스 대혁명에 이르기까지 인류사에 민권이 승리한 역사적 사건이 되었다.

이 중 프랑스 대혁명의 경우 시민의 예시로서 '학문수행자로서의 시민'이 이룬 사상혁명일 뿐만 아니라 시민혁명의 전형이다. 사상혁명이라고 일컫는 배경에는 정치 형태와 구조를 최종적으로 결정하는 권력이 국민에게 있으며, 주권의 소재 역시 국민에게 있다는 루소의 '인민주권론'에 기인한다. 다시 말해 전 국민이 자유로운 개인으로서 자기를 주체적으로 확립하고 평등한 권리를 획득하기 위하여 시작된 혁명이라는 더욱 넓은 의미를 포함하고 있다.

이렇게 시민혁명은 군주에게 머물러 있던 권력을 빼앗아 국민이 가질 수 있도록 하는 것이었다. 절대왕정에서는 모든 사람이 신민(臣民)으로서 군주 한 사람의 통치에 복종해야 했다. 그런데 시민혁명은 국민이 군주를 대신하여 주권자의 위치에 서도록 해주었다. 여기서 국민이 시민의 개념으로 전환하게 된 동기를 이룬다. 이후 시민은 민주주의의 가치를 높이게 되었으며, 민주 사회의 구성원으로 권력 창출의 주체로서 권리와 의무를 지게 되었다. 더욱이 자발적이고 주체적으로 공공 정책 결정에 참여하는 사람이 되었다. 이렇게 우리는 시민의 의미를 시민혁명의 주체로서 '국민으로부터 시민으로의 전환'에서 찾아볼 수 있다.

역사적으로 보아 시민의 의미는 고대 그리스의 폴리스 공동체와 로마의 공화정에서 찾아볼 수 있다. 그리스에서 시민의 자격은 본토 출신 성인 남자들에게만 한정됨으로써 지역적 및 계급적 한계를 벗어나지 못했다. 원래 로마는 다수의 피정복 외국인의 유입으로 시민의 구성이 더욱 다양하였다. 이처럼 공동체의 정치권력 주체로서 시민이라는 개념은 18세기 시민혁명에 와서 민주주의 자결권으로 연결되었고, 왕조 국가 체제를 타도하는 이념으로 작용하였다. 그런데 근대에 들어 직접민주주의가 의회민주주의로 대체됨에 따라 19세기의 시민 개념은 자신이 직접 정치에 참여한다는 공화주의와 연관성이 희미해졌다. 따라서 시민은 국가로부터 독립적인 영역을 구성하는 시민사회를 구성하였으며, 최소한의 기본적 자유권을 갖춘 가운데 자율적 결정에 따라 사적인 이익을 추구하게 되었다.

위에서 거론한 시민의 등장과 시민의 개념에서 우리는 정치적 의미에서 시민을 이해한 것이다. 이를 좀 더 이해하기 쉽게 '민주시민', '시민권', '시민단체', '시민사회', '시민의식', '시민혁명' 등을 떠올려 보자. 여기에서 나타나는 주체로서 '시민'을 생각해 보면 이것이 정치·사회적 의미의 시민인 셈이다. 이 책에서는 이런 정치적인 의미의 시민보다 사회·문화적 의미의 시민에 주목할 것이다. 정치적 수준을 넘어 탈국가적 혹은 초국가적 차원을 넘어 세계적인 차원의 개념으로 확대되었을 때 시민은 어떤 자질을 갖추어야 할까? 이에 대한 답을 내리는 것은 그리 쉽지 않은 문제이다.

다시 한 번 국민과 시민의 개념을 소환해 보자. 국민, 시민 모두 국가의 구성원들로 말하자면, 전체로서는 국민people이라 하고, 국가를 공동으로 소유하는 주권 참여자로서는 시민citizen이라고 한다. 이런 시민과 국민에 대한 개념은 20세기 들어 전환기를 맞이하게 되었다. 국가성의 강화로 인해 시민의 보편적 기본권이 국민국가의 영토주의 안에서 제약받게 되었다. 다른 한편 최근 들어 급속하게 진전된 전 지구화의 추세와 초국적 이동으로 국가성과 영토성이 희미하게 되었고 국민의 개념은 정치·행정적인 의미로 축소되었다. 즉 시민을 이제는 특정 국가나 영토에 간히게 할 수 없게 되었다. 동시에 '국가시민'에서 '세계시민'으로 진화시키는 문제가 21세기 시민사회의 중요한 화두로 등장하였다.

이 책의 골자인 사회·문화적 의미의 시민이 바로 학문수행자로서의 시민인 것이다. 학문수행자는 학문을 갈고닦는 '수행자'의 일종이다. 수행자는 종교적 개념으로 '해당 종교의 교리를 좇아 삶을 살아가는 자' 정도로 이해할 수 있다. 그렇지만 여기서는 인간이 세상에 주어진 '인간'으로서의 '인간다운' 삶을 살아가는 것을 의미한다. 그럼 인간다운 삶은 어떤 삶인가? 이는 바로 인간답게 사는 것이다. 이를 위해 인간과 시민의 관계를 이해해야 한다. 사회·문화적 의미에서의 시민과 인간의 관련성을 언급하는 것이 이 책에서 논의하고자 하는 인간과 시민의 관계 이해에 도움이 될 것이다.

우선 인간은 신(神)이나 동물에 대립시켜 사람의 본질과 가치를 설명할 때에 사용되는 개념이다. 아리스토텔레스는 인간이란 '사회적 동물'로서 이성을 본질로 하는 존재라고 하였다. 주목할 것은 '사회적', '이성'이라는 개념이다. 사회적이란 인간 주체와 타자의 관계에 대한 개념이고, 이성이라는 개념은 세상 인식의 주체라는 개념이 강하다. 이 설명은 앞에서 이미 언급한 주체에 대한 문제와 주체와 타자 간의 관계적 문제로 소급된다. 우리는 인식의 주체란 측면에서 '나'란 주체에서 출발해 보자. 이때 이성에 대해 체계적으로 정리한 칸트의 비판철학을 만나게 된다.

칸트는 다음과 같은 일련의 질문들을 제기했다. "나는 무엇을 알 수 있는가?", "나는 무엇을 해야 하는가?", "나는 무엇을 희망해도 좋은가?" 그리고 "인간이란 무엇인가?" 이 네 가지 본질적인 물음 중 마지막 물음이 앞의 세 가지 물음을 모두 포괄한다. 이에 대답한 것이 비판철학에서의 핵심인데, 이 철학은 '인간'을 다음과 같은 존재로 정의한다.

인간은 이성 바로 그것이다. 이성은 상위능력으로서 지성과 감성을 통제하에 두고 감성의 시간과 공간을 직관 형식으로 하는 현상을 수용한다. 그뿐만 아니라 순수 지성을 발동시켜 협동을 수행함으로써 인과적 인식을 산출하는 능력이다. 또한, 이성은 자기비판의 능력을 지니기에 신과 내세, 즉 영혼의 불사, 의지의 자유에 대해서는 단언을 자제한다. 하지만 실천적 사용에 있어서 그러한 제한을 넘어서는 권능을 스스로 인정하고 도덕법칙의 정립자가 된다. 나아가 인간은 이성의 확장으로서 판단력을 갖게 되며, 이 판단력은 자연의 궁극적인 목적에 관해 "인격으로서의 인간의 완성에 있다"고 판단한다. 이를 쉽게 이해하기 위해서는 칸트의 3대 비판서『순수이성 비판』,『실천이성 비판』,『판단력 비판』의 관계를 요약적으로 살펴볼 필요가 있다.

칸트의 철학에서 인식에 관한 대답은 인간은 사물 자체Ding an sich는 알 수가 없고 오직 현상만을 알 뿐이라고 한다. 행위에 관해서는 오직 이성 자신의 명령에 따르는 행위만이 진정으로 자율적인 행위라는 것이고, 그런 측면에서 인간은 완전히 자율적인 인격적 존재가 된다. 더불어 인간이 희망하는 이 세계가 아름답고 조화로운 합목적적인 질서를 가진 세계라는 것이다.

우리는 칸트의 철학에서 인간이 지녀야 할 이성, 행위, 판단력 등에 논증들을 살펴볼 수 있었다. 그러나 칸트는 이들에 이르는 길에 대해서는 묵묵부답했다. 이 책에서는 "어떻게 이성적 사유에 이르는가?", "어떻게 윤리적으로 행동할 수 있을까?", "어떻게 자기 인격을 완성해갈 수 있을까?" 이러한 질문을 던질 것이다. 아울러 칸트에서는 '사회적'이라는 개념, 즉 주체와 타자 간의 관계에 대해서도 찾아볼 수 없다. 아울러 그는 타자가 누구이며, 어떤 존재인지, 타자와 내가 어떻게 관계 지어질지, 나 역시 타자가 아닐지 등에 관한 사회적 질문과 고민을 제시하지 않았다.

이것에 관한 답은 단순하다. 수행적 인간으로서 시민이 바로 이성을 지닌 사회적 존재라는 주장이다. 수행적 인간은 학습과 교육 행위를 통해 완성되어 간다. 학습과 교육 행위는 학문수행 행위이다. 그래서 시민이 되어 간다는 것은 학문의 본래 의미인 '배우고 묻는' 행위를 하는 인간의 학문적 수행성을 의미한다. 그래서 시민은 사회·문화적 의미에서 학문수행자로 호명될 수 있다.

2. 학문과 학문수행자

우리가 시민을 학문수행자라고 여기고자 한다면 학문에 대한 이해가 선행되어야 한다. 학문은 '지식체계로서의 학문'과 '활동으로서의 학문'이라는 두 가지 차원으로 규정할 수 있다. 지식체계로서의 학문은 이제까지 어떠한 분야의 학자들이 발견하고 축적해 놓은 개념을 중심으로 한다. 다른 한편 활동으로서의 학문은 탐구 방법을 중심으로 수행된다. 이를테면, 현재 시점에서 학문하는 사람들은 기존의 연구자들이 축적해 놓은 개념과 탐구 방법을 활용하여 자신의 관심 분야와 관련된 현상을 이해하는 활동을 한다.

지식체계의 학문은 학문수행의 결과로 제시된다. 그렇기에 지식체계의 학문이 수립되기 전까지는 과정의 학문수행 즉, 활동으로서의 학문 상태로 존재한다. 이러한 '지식체계로서의 학문'과 '활동으로서의 학문'

을 연계하여 학문의 개념을 파악하는 것이 학문을 본질을 이해하는 데 도움이 된다. 학문을 이르는 말은 다양하다. 한자로는 '學問', 영어로는 'Science', 독일어로는 'Wissenschaft'라고도 한다. 단어 뜻을 그대로 풀이하면 學問은 표현 그대로 '배우고 물음'으로써 진정한 앎에 접근해간다는 의미이다. 또한 Science는 과학이라는 뜻으로도 학문이라는 뜻으로도 사용된다. 이를테면, 인문과학Human Science, 사회과학Social Science, 자연과학Natural Science이란 용어를 사용하는데, 여기서 각 학문 뒤에 붙는 'Science'는 바로 해당 학문이 넓은 의미의 '과학'임을 뜻하는 것이다. 또한 독일어의 Wissenschaft란 말은 원래 학문을 칭하는 말이지만 알림, 통지, 보고라는 뜻을 함께 갖는다. 마치 '활동으로서의 학문'을 통해 결과를 새로 마련하고 이를 확산시키는 것을 연상케 한다.

학문에서 '학'과 '문'을 떼어 놓고 보면, 단순히 지식을 배우는 것이 '학'이고 그 지식을 주체적으로 이해하여 진정한 나의 것으로 만들기 위해 비판적인 관점에서 반문(反問)하는 것이 '문'이라고 할 수 있다. 유대인의 자녀 교육방식 중 하나가 바로 묻는 것이라고 한다. 유대인 부모들은 그들의 자녀들이 학교로부터 귀가하면 바로 "오늘 학교에서 무얼 물었니?"라는 질문을 한다고 한다. 또한, 불가에서 수행의 방편으로 삼았던 선문답(禪問答)에서도 물음의 중요성을 엿볼 수 있다. 선문답은 대화의 형태로 깨친 스님과 깨친 스님 사이의 질문과 답이나, 깨친 스님과의 질문과 답을 통해 깨치지 못한 스님이 깨침을 얻고자 하는 것이다. 질문과 답은 논리적으로 깨칠 수 있거나 어떤 이치로 생각해서 알아낼 수 있는 것이 아니다. 대답한 뜻이 오히려 질문보다 더 크게 우리를 미궁 속에 빠지게 한다. 의심하여 질문하고 이 의심을 타파해야 바로 깨달음을 얻을 수 있다.

먼저 묻는 것은 수행의 기본이며, 학문의 핵심이다. 이러한 과정은 수행과 학문이 겹쳐있어서 '학문수행'이란 합성어가 어색하지 않게 느껴질 수 있다.

그러므로 어떻게 보면 학문은 물음에서 시작된다고 볼 수 있다. 그렇다면 학문은 지식에 대해 배우고 묻는 것으로 해석될 수 있다. 지식은 제한된 시간과 제한된 장소에서 특정 경험과 견해를 가진 어떤 사람에 의해 도달한 결론과 같은 것이다. 바로 그런 지식을 배우는 것이 '학'이다. 또한 지식을 배우는 사람은 다른 시간 다른 장소 다른 경험적 배경을 가진 사람이다. 따라서 그 지식을 배울 때는 항상 자신의 처지에서 되짚어보는 자세, 즉 물음 '問'이 절대적으로 필요하다.

우리는 태어나서 죽을 때까지 의도하든 그렇지 않든 배움의 '학'과 묻는 '문'의 과정을 거친다. 가정의 사회화, 학교에서의 학습과 교육 활동, 직장에서의 재사회화 모두 배움의 과정이지 아니한가. 이렇게 보면 인간은 생애 전 과정을 통해 학습하는 존재로 살아간다고 할 수 있다. 교육학에서는 이를 평생교육이라고 하거나 사회교육의 영역으로 간주한다. 우리가 앞 절에서 상정한 사회·문화적 의미의 시민, 즉 학문수행자로서 시민이 탄생하게 된다.

학문은 지식을 포함하는데 어떤 지식이든 그 자체로 완벽한 것은 없고 항상 일정한 둘레를 지닌 만큼 그 한계를 알아야 더 나은 단계로 발전시킬 수 있다. 이렇게 보면 학문을 수행하는 자, 즉 학자가 어떤 지식을 마주함에 있어서 항상 의문을 가지고 비판적으로 대할 때 비로소 참된 나의 지식이 될 수 있다. 이것이 학문의 진정한 의미이며, 이를 실천하는 것이 학문수행이다. 이런 의미에서 학자는 이 책에서 의미하는 학문수행자로서 시민이 된다. 이를 역으로 말하자면 학문수행을 하는 모든 시민은 학자이며 연구자이다. 대학원을 마치고 박사학위를 받은 사람만이 연구자 혹은 학자로 칭하는 것은 학문수행을 모르는 사람의 논리이다.

공자는 『논어』를 시작하면서 '학(學)'이라는 글자를 중심으로 학문을 "학이시습지 불역열호(學而時習之 不亦說乎)"라고 강조하였다. "배우고 때때로 그것을 익히면 또한 기쁘지 아니한가"라고 물음을 던진다. 그래서 학은 물음으로 시작하고 물음으로 매듭지어진다. '익힌다'는 뜻의 '습(習)'이라는 한자는 새의 날개와 숫자 백으로 이루어져 있다. 이는 "새가 날기 위해서는 백 번 익혀야 한다." 라고 해석할 수 있다. 즉 배운 것을 내 삶에 바로 적용해보는 자세를 말한다. 이는 바로 학문수행자로서의 시민의 자세를 말하는 것으로 볼 수 있다.

우리는 '학자'나 '연구자'라는 칭호를 너무 고고하게 사용해 온 것이 사실이다. 흔히 학자란 학문 체계를 계승하는 사람으로서 학문의 체계인 지식과 경험을 개념화하고, 연구방법을 터득하여 새로운 지식을 창출하는 사람으로 이해해 왔다. 그러나 이 책을 대하는 독자들은 앞으로 학문수행자로서 시민의 역할과 책무를 한다면 감히 연구자라고 말해도 좋을 것이다. 이를테면 유교 전통을 반영한 묘지의 비석에 쓰여 있는 '학생 ○공 ○○지 묘'를 쉽게 볼 수 있다. 당시 조선의 유교에서는 벼슬을 하지 않는 모든 양반은 배우는 학생인 것으로 표상되었다. 학문수행자로서 시민을 상정한다는 것은 이미 오래전부터 있던 전통이니 새삼스럽게 볼 일은 아니다.

학문수행자로서 시민을 연구자라고 상정한다면 연구자는 일상생활을 연구자의 눈으로 볼 수 있어야 함을 의미한다. 연구자의 눈으로 본다는 것은 무엇일까? 흔히 연구자들은 연구를 시작할 때 연구 문제 자체에만 초점을 맞추어 그 질문에 답을 잘 줄 수 있는 연구 접근법에 집중하는 경향이 있다. 그러나 보다 중요하게 고려할 것은 연구를 준비하는 연구자는 먼저 세계를 바라보는 자신의 태도와 관점을 명확히 할 필요가 있다. 그 이유는 현상과 사건에 대한 해석의 기준이 흔들려서는 안 되기 때문이다. 연구수행 과정에서 이를 연구자의 관점perspective 혹은 입장position이라고 한다. 조금 전문적인 말로 하자면 철학적 패러다임 혹은 이론적 렌즈라고 한다.

철학적 패러다임은 '우리의 사고를 뒷받침하는 신념의 체계'를 말하는 것으로, 흔히 어떠한 학문 분야에서 지배적으로 나타나는 관점과 접근 방법을 말한다. 패러다임이라는 용어는 쿤Kuhn이 처음 사용한 것으로 흔히 '세계관', '인식의 틀' 혹은 '가치관'으로 일컬어지기도 한다. 쿤이 제시한 다음의 네 가지 준거로써 패러다임이라는 개념을 더욱 명확히 이해하는 데 도움이 된다.

첫째, 기본적인 실재reality는 무엇인가?, 둘째, 실재는 어떻게, 그리고 어떤 의미로 상호작용하는가?, 셋째, 실재에 대하여 어떤 질문이 합리적으로 제기될 수 있으며, 어떤 연구기법으로 그 질문에 답을 찾을 수 있는가?, 넷째, 그러한 질문의 답은 어떠한 형태를 갖추고 있는가? 이처럼 패러다임은 세계에 대한 기본인식과 세계 연관, 세계에 대한 유효 질문과 답변의 형태 및 유효 질문을 탐색하기 위한 타당한 방법을 모두 포함하는 것이다. 즉, 연구자에게 패러다임은 연구를 대하는 일종의 소신이며 철학이다.

패러다임 없는 학문수행은 어디서든 존재할 수 없다. 사람마다 자신의 가치관에 따라서 관점을 선택할 뿐 아니라 연구를 진행하는 방법, 조사 결과를 해석하는 방향도 다르기 때문이다. 간단히 말하자면, 단지 연구 방법론만으로는 연구를 실행할 수 없다(Eder, D. & Fingerson, L., 2001).

이와 같이 동일하거나 유사한 주제를 연구하는 학자들이라도 자신이 추구하는 패러다임에 따라서 문제를 인식하고 그 문제를 해결하고자 접근하는 방식과 과정은 각기 다르다. 따라서 연구를 수행하기 위해서는 우리의 사고를 뒷받침하는 신념 체계를 깊이 있게 고찰하는 근본적인 과정 즉, 자신의 연구수행에 있어서 다양한 패러다임 간에 드러나는 논점의 차이를 알고 고민하여야 한다. 연구자의 고민은 선행연구자들이 기존에 제시한 가정을 탐구하거나 문제 탐색하는 것에만 머물러서는 안 되며, 세계관이 자신의 연구수행에 어떠한 의미가 있는지를 찾아야 한다.

연구수행 과정에서 이론과 관점은 사회의 작동 방식, 조직의 운영 방식, 사람들이 특정 방식으로 상호작용하는 이유와 같이 고정될 수 없는 것에 대한 복잡하면서도 포괄적인 개념을 이해하게 해준다. 또한 이론은 연구를 수행하는 연구자에게 복잡한 사회 문제와 연구 이슈를 바라보는 '렌즈'를 제공한다. 이를 이론적 렌즈라고 한다. 이론은 연구자가 자료의 다양한 측면에 관심을 끌게 할 뿐만 아니라 자료를 분석할 수 있는 틀을 제공하는 역할도 한다. 이론적 렌즈는 연구 문제의 구상과 적절한 자료 수집의 지침제공 및 자료의 이해와 해석에 기여한다. 더불어 현상에 대한 근원적인 이유나 영향을 설명하는 데도 도움이 된다.

3. 시민과 상호문화 소통

정치적 의미의 시민은 정치적 행위를 통한 권력 투쟁에 참여하는 것이고, 경제적 의미의 시민은 합리적인 부의 분배를 지향하는 것이다. 사회·문화적 의미의 시민은 과연 어떤 상을 가져야하는가? 이 질문에 즉답은 바로 사회 구성원 각각의 다양성을 존중하는 것인데, 그러기 위해서는 학습행위가 요구된다. 이는 바로 학문수행자로서 시민임을 전제로 한 것이다. 학문수행자로서 역할을 행하고자 할 때 수행 주체와 이 주체를 둘러싼 세계와 세계 내 존재와의 관계를 구성하기 위해서는 상호문화 소통은 중요한 역할을 한다. 주체가 타자와 소통할 수 있는 능력을 상호문화 역량이라고 한다. 이 역량은 특정 태도, 상호문화 지식, 기술 및 반성에 근거하여 상호문화적 맥락과 상황에서 효과적이고 적절하게 상호작용할 수 있는 역량이라고 볼 수 있다.

상호문화소통역량ICC: Intercultural Communication Competence에 관한 연구는 1980년대부터 진행되어 왔다. 상호문화 역량은 상호문화적인 상황에서 다른 의미 및 기대를 충족시키는 데 있어 인간이 구성할 수 있는 소통 역량을 말한다. 또한 상호문화소통역량이란 성공적인 의사소통의 목표 충족을 위해 필요한 효과적인 상호작용 또는 맥락에 적절한 방식으로 상호작용할 수 있는 역량을 의미한다.

상호문화소통역량의 개념은 다양한 이론적 렌즈를 통해 연구되어왔다. 바이람Byram은 문화적 배경이 다른 사람들이 교류를 할 경우에 서로의 문화 차이를 인식하고 존중하며 의사소통에서 발생할 수 있는 오해나 갈등을 감소시킬 수 있다고 한다. 이 경우에 효과적인 의사소통을 위해서는 상호문화소통역량이 요구된다고 주장한다. 바이람은 상호문화소통 역량을 먼저 언어능력, 사회언어능력, 담화능력, 상호문화능력 등 네 가지로 분류하였다. 그는 이 중에서 특히 '상호문화능력'의 중요성을 특별히 강조하고 상호문화역량을 지식, 해석 및 연관 기술, 발견 및 상호작용 기술, 태도, 비판적 문화 인식 등으로 구분하였다(민춘기, 2015; 갈리노바 딜노자, 2019)

첫째, 지식은 자신이 공유하고 있는 언어나 문화에 대한 지식뿐만 아니라 타인, 즉 소통하고 있는 상대방의 문화와 언어에 대한 지식을 포함한다. 특히 상대방의 문화적 배경을 이해하기 위한 지식은 상대방에게 열린 마음을 갖게 하고 편견이나 차별을 발생하게 하는 것을 차단한다.

둘째, 해석 및 연관 기술이란 자국 문화와 타문화를 이해하고 해석할 수 있으며 이 해석을 가능하게 해주는 역량이다.

셋째, 발견 및 상호작용 기술은 자국과 타문화에 대해 이미 배웠던 지식, 습득한 기술 및 태도를 일상생활에서 실제로 활용할 수 있는 역량을 말한다.

넷째, 태도는 타인이 사용하는 언어와 그가 지닌 문화에 대한 지식으로 인하여 상대방에게 공감과 호기심을 가지고 실제적인 행동이나 태도를 통해서 보여주는 것을 말한다. 누군가가 상대방의 언어 및 문화를 제대로 습득하고 존중해도 그 사람이 자기의 태도나 행동으로 보여주지 않는다면 아무런 태도의 변화가 없다는 것이다. 즉 상호문화소통의 궁극적인 목표는 다른 사람의 입장이 되어 생각할 수 있는 역량을 함양한다는 것을 뜻한다.

다섯째, 비판적 문화 인식은 타인에 대해서 배웠던 지식이나 태도를 통해 발생한 새로운 문화 정체성을 일컫는다. 아울러 이런 정체성을 토대로 구성되는 자신의 고유문화와 타문화에 대해서 비판적으로 생각할 수 있는 역량도 여기에 속한다.

판티니Fantini의 상호문화역량 모델은 인식, 태도, 기술 및 지식을 포함하고 있는바 앞서 바이람이 제시한 모델과 유사점이 있다. 그러나 그는 언어교육에 있어서 상호문화 측면에 중점을 두어 학습자가 지역 및 세계 수준에서 적극적이고 개선된 참여자가 될 수 있는 인식, 태도, 기술 및 지식을 개발할 수 있게 했다. 그럼으로써 새로운 언어로 다른 사람들과 이해하고 공감할 수 있다고 덧붙였다. 또한, 판티니는 자기 인식 및 반성에 관한 인식에 대하여 자신의 발달로 인해 더욱 강화된 것처럼 더 깊은 인식, 기술 및 태도를 끌어낸다고 강조한다. 더불어서 그는 상호문화역량을 개발하기 위한 가장 좋은 조건은 긍정적인 환경에서 다른 언어 및 문화권 사람들과의 적극적인 접촉 및 경험이라고 강조한다(갈리노바 딜노자, 2019).

판티니가 제시한 상호문화역량은 4가지로 구성되어 있으며, 이는 앞에서 소개한 바이람의 상호문화소통역량의 구성 요소와 유사한 면이 있지만 판티니는 인식에 중점을 두고 있다. 다시 말해 바이람이 상호문화에 대한 앎과 이를 실천하는 태도에 무게를 두었다면, 판티니는 상호문화를 존중할 수 있는 가치관이나 내적 관점을 중시했다고 볼 수 있다. 상호문화소통역량은 사람들이 자국 문화에 대해서만 아는 것이 아니라 이를 넘어서 다른 문화에 대해서도 배우고, 타문화 구성원들과 적극적으로 상호작용을 하면서 느꼈던 차이점을 존중하는 것을 의미한다. 또한 사람들이 이런 상황에 맞게 적절한 태도를 보여주고 자기와 타문화 간의 차이를 다양성으로 보고 인식하는 것을 뜻한다.

디어돌프는 상호문화역량을 설명하기 위한 피라미드 모델을 개발하였으며 이 모델을 구성하는 요소를 외적 결과, 내적 결과, 지식과 이해, 기술, 필수적인 태도와 같이 다섯 가지로 구분하여 설명했다(갈리노바 딜노자, 2019).

첫째, 외적 결과는 상호문화 지식, 기술, 태도에 근거하여 자신의 목적을 달성하기 위하여 효과적이고 적절하게 행동하고 소통하는 것을 말한다.

둘째, 내적 결과는 준거 틀로서 적응능력, 융통성, 상대주의적 관점, 공감 등의 요소를 포함한다. 여기서 적응능력은 다른 의사소통 방식, 행동, 새로운 문화 환경에 적응함을 의미하며, 융통성은 적절한 의사소통 방식과 행동 선택, 인지적 유연성 등을 뜻한다.

셋째, 지식과 이해인데 이는 문화적 자기 지각, 문화에 대한 깊은 이해와 지식, 특정 문화에 대한 지식, 사회언어학적 지각을 포함하는 개념이다. 특히 문화에 대한 지식은 문화의 맥락, 문화의 역할과 영향 그리고 다른 사람들의 세계관 포함을 폭 넓게 포함한다.

넷째, 기술인데, 이 개념은 총체적이고 행동의 과정적인 의미를 지닌다. 이는 듣고, 관찰하고, 해석하기 단계와 분석하고, 평가하고, 관련짓기 단계로 구분해서 볼 수 있다. 앞의 단계에서는 민족중심주의를 확인하고 최소화하기 위한 인내를 사용하여 문화적 단서와 의미를 찾는다. 두 번째 단계에서는 분석의 비교 기술을 사용하여 연계, 인과 관계를 찾는다.

다섯째, 필수적인 태도는 존중, 개방성, 호기심과 발견의 하위요소로 구분된다. 존중은 다른 문화와 문화적 다양성에 대한 가치를 인정하는 것이며, 개방성은 상호문화를 학습하는 것과 다른 문화권에서 온 사람에 관한 판단을 보류하는 것, 호기심과 발견은 모호함과 불확실성에 대해 용인하는 것을 포함한다. 따라서 상호문화소통역량은 자국 문화에 대해서만 아는 것이 아니라 타문화에 대해서도 배우고, 타문화 구성원들과 적극적으로 상호작용을 하면서 느꼈던 차이점을 존중하며 이런 상황에 맞게 적절한 태도를 보여주고 자기와 타문화 간의 차이를 다양성으로 보고 인식하는 것을 의미한다.

디어돌프가 의미하는 필수적인 태도란 배웠던 문화에 관한 지식이나 기술을 존중이나 개방성, 또는 호기심 등 태도를 통해서 활용하는 것을 의미한다. 이처럼 지식, 기술, 태도는 융통성 있고, 적용 가능하며, 공감 얻는 법을 배우고 친근한 관계의 관점을 수용하거나 채택하는 개별 학습자의 내적 결과로 이루어진다. 이러한 특성은 개인이 관찰 가능한 행동을 할 때나 혹은 의사소통 스타일을 나타내는 경우 외적 결과에 반영된다. 그들은 개인이 상호문화적으로 유능한지, 또는 상호문화 습득하고 있다는 가시적인 증거이다.

학습자들이 배운 지식, 기술, 태도는 행동을 통해서만 일상적인 실천에서 이루어진다. 다시 말해 실천의 측면에서 머릿속에서만 있는 지식, 기술 및 태도는 존재한다고 할 수가 없다. 상호문화역량 형성을 위해 내부 및 외부 결과가 동시에 요구되기 때문이다. 따라서 상호문화역량은 우리가 사는 다문화 사회에서 필수적으로 요청되고 있다. 상호문화역량은 유전적으로 얻는 것이 아니라 후천적으로 교육기관에서의 사회화와 학습을 통해서 배워가는 것이다. 상호문화역량을 함양하는 교육에 대해 우리는 상호문화교육이라고 말한다. 또한 이 상호문화교육의 목적은 학습자들의 상호문화역량 함양을 넘어서 이들을 세계시민으로 성장시키는 데 있다.

　이런 점에서 상호문화역량은 다문화 사회에서 필수적으로 요청되는 시민윤리라고 간주할 수 있다. 우리가 확실하게 알아야 할 것은 상호문화역량이 생득적, 유전적으로 얻어지는 것이 아니라 후천적으로 학습활동을 통해서 체화해 나가는 배움의 과정에서 생겨난다는 것이다. 이것은 리터러시를 역량으로 정의한 것과 같은 개념이다. 다시 말해 상호문화소통역량은 리터러시의 확장된 형태이며 리터러시와 프락시스의 변증법이 더욱 다양해지는 사회 변화와 접할 때 시민이 필수적으로 갖추어야할 역량이다.

　아라사랏남은 공감에 대해서 인지 및 정서적인 역할을 하고 상황에 적절하게 행동할 수 있는 개인의 능력으로 묘사한다. 공감을 갖춘 사람은 상호작용에 적극적으로 참여해 상호문화소통역량을 충분히 드러낼 수 있으며 다른 개인에게 영향을 미치는 행동을 수행할 수 있다. 동기 부여는 다른 문화에 대한 학습을 시행할 수 있으며 다른 문화를 이해하기 위한 결정을 내리는 데 기여한다. 그뿐만 아니라 문화 간 상호작용에 참여하려는 열망으로 잘 정의가 되어 있다. 또한 그는 동기 부여에 대해 다른 문화를 이해하고 그 문화를 학습하기 위해 문화 간 상호작용에 참여하는 욕망이라고 기술한다. 다른 문화권 사람들에 대한 글로벌 태도 또는 긍정적 태도와 같은 변수, 즉 세계적인 태도는 자신이 지닌 세계관 이외에 새로운 문화에 관하여 긍정적인 관심을 가지고 접근하며 교제할 수 있는 능력이다(갈리노바 딜노자, 2019).

이 경우 사람들은 다른 문화를 배경으로 가진 사람들을 이해할 때 긍정적인 태도를 가지고 있어야 하는 반면, 자민족중심적 시각을 갖지 말아야 한다고 강조한다. 상호문화소통에 적극적으로 참여하는 것은 소통참여자 상호 간 예의를 제공하는 것과 더불어 타인의 말을 잘 듣고 이해하려고 애쓰는 경청 능력이라 할 수 있다. 이는 대화에 있어서 인지 및 행동적 참여의 정도를 표시한다. 관심을 잘 기울이고 소통참여자 간 집중할 줄 아는 역량을 가진 사람은 다른 사람이 요구하는 사항들을 이해할 뿐만 아니라 이들의 요구에 적극적으로 반응할 수 있을 것이다.

4. 학문수행과 리터러시

인간 모두는 요람에서 무덤에 이르기까지 어떤 목적이든 간에 학습활동에 참여하게 된다. 이를 평생교육의 관점으로 보자면 리터러시의 연속인 셈이며 인생 여정과 학문수행이 중첩되어서 나타나게 된다. 그러나 우리는 언제까지 학습이라는 리터러시에만 매여있을 것인가? 이제 리터러시를 프락시스로 전환하거나 이 둘이 병행해야 한다.

이 글에서 우리의 관심은 바로 리터러시가 단지 개인이 갖는 역량만이 아니라는 점을 강조하고자 한다. 리터러시는 그 자체에 이미 프락시스를 포함하고 있거나 전제하고 있음은 명확하다. 인간 주체들은 '인간다움'을 추구해야 한다. 그것은 학문수행을 통한 진리로의 탐구일 것이다. 진리를 탐구한다는 것은 우선 개인 영역에서는 나는 누구인가라는 질문으로 시작된다.

'나는 누구인가?' 라는 질문에 대해 답함으로써 우리는 '개인'이 될 수 있다. 우리가 언제 개인이 아니었던 적이 있었던가? 그런데도 '나'를 묻고, 개인을 근대 이후의 인간이라고 한다면, 이것은 어떤 의미를 지닐까? 내가 누구인지를 묻는 것과 같은 자기 인식과 자기 확신은 저절로 이루어지는 것일까? 근대 이전에는 누구도 지금 우리가 자신을 인식하는 것과 같은 자기 인식이나 자기 확신을 가지고 있지 않았다. 당시에는 인간은 신의 피조물에 불과하다며 신학적 인간상에 몰두했었다. 즉, 신의 형상대로 규정해 놓은 교리에 충실하기 위한 삶을 살았다.

'나'를 '개인'으로 확인하게 된 것은 자연스러운 과정이 아니라 역사적인 투쟁의 산물이다. 실제로 근대 이전에 '나'에 대한 물음은 늘 '인간이란 무엇인가' 라는 질문이었다. 이는 '~은 무엇인가?'는 정체성을 묻는 물음으로 환원될 수 있다. 플라톤 이래로 철학의 질문은 무엇의 '본질'을 묻는 것이었다. 이 물음은 우리가 사는 경험적 세계에 대한 것이며, 이 세계가 우연적이고 찰나적이어서 실제 존재하지 않는다고 간주하는 것이다. 그럴 경우 묻고 있는 본질이 영원하며 참으로 존재하는 것을 전제해야 한다. 우리가 사는 이 세계에 있는 것들은 본질에 의존해서만 비로소 나타날 수 있는 먼지와 같은 것이다. 이런 맥락에서 '인간이란 무엇인가?'라는 물음을 되돌아보면, 살과 피를 가진 구체적인 인간은 하찮고 의미와 가치 없는 것이라고 볼 수 있다. 우리가 사는 세계의 모든 것들이 본질의 세계에 참여함으로써만 존재나 의미가 있게 된다. 구체적 인간도 인간의 '이념'이나 '본질'에 참여함으로써 비로소 인간이 되고, 인간으로서의 가치를 지닌다.

나는 누구인가? 라는 물음은, 본질이나 보편의 관점에서 보면 하찮고 가치 없는 것에 관한 물음이다. 이 물음은 아무런 '존재' 가치도 없는 것이 스스로 그 자신의 '우연적 존재'를 묻는 것이고, 또한 그 존재를 긍정하는 것이기도 하다. 이 물음은 자신이 어디에서 태어났으며, 어떻게 자랐으며, 어떤 체험을 했으며, 그 과정에서 삶이나 사람에 대해 어떤 생각을 가지게 되었으며, 어떤 사건이 어떤 특별한 내적인 변화를 일으켰으며, 어떤 직업, 어떤 꿈을 가지고 있는가를 질문하는 것이다. 말하자면 어떤 한 사람이 거쳐 온 장소, 그 사람이 살았던 기억, 장소와 그 장소에 함께 살았던 이웃들과 더불어 만든 사건들에 관한 경험과 생각, 나아가 그 사람의 내면적인 체험까지, 찰나적이고 순간적으로 현상하는 이 모든 것이 한 인간의 '존재'에게 갖는 의미를 묻는 것이라고 본다.

실제로 우리가 사는 세계를 설명하는 과학의 토대를 마련하고자 하는 시도에서 데카르트가 발견한 '코기토'는 '나는 누구인가?'라는 물음의 새로운 출발점이 되었다. '코기토'의 철학적 문제는 '유아론(唯我論)'에 있다. '코기토'는 닫힌 세계의 이론이기 때문에 열린 자연적 세계에 관한 이론이 닫힌 세계를 기반으로 한다는 것도 문제가 있을 수 있다. 타자와 더불어 사는 인간의 삶에서 닫힌 세계가 갖는 한계는 너무도 분명하기 때문이다. 우리가 살아갈 때 '타인'을 빼고 말할 수 있는 것은 아무것도 없으므로 '나는 누구인가?'라는 물음에서 타인이 갖는 의미가 이미 내포되었다고 본다.

나는 누구인가? 라는 물음에서 우리는 타자를 주체화하고 있고, 나의 시선에 타자의 얼굴이 표상화된다. 그래서 타자를 읽어내는 방법, 타자와 소통하고 화해하는 방법이 필요하다. 그것이 바로 리터러시일 것이다. 리터러시는 신이 인간에게 내린 선물이다. 신이 내린 이 '인간다운'

선물의 포장을 열고 그 선물을 현실에 활용해야 한다. 우리가 아는 만큼 세상은 보이고, 우리가 실천하는 만큼 생존할 수 있다. 리터러시는 역량이며, 테오리아이며 다른 한편 프락시스이다.

우리 사회가 다문화 환경을 접하면서 이전의 다른 주체들과는 다양한 문화적 배경을 가진 타인들을 접할 수 있다. 명제로서의 리터러시는 이런 다문화 환경에서 반명제로서 프락시스가 되며, 이 프락시스는 다시 정명제로서의 리터러시로 환원된다. 사회문화적 텍스트가 자본과 이데올로기화 된다면 우리의 리터러시는 더욱 더 정교화되어야 한다. 그러려면 비판적 행위의 프락시스가 타인과의 상호소통 과정에서 활발히 수행되어야 할 것이다. 적어도 우리가 이 세상에서 '인간답게' 살려면 말이다.

2장

리터러시와 시민적 프락시스

1. 리터러시의 다양성과 확장성

최근 리터러시에 대한 담론 중에서 시민 역량과 관련하여 논의되고 있음을 쉽사리 찾아볼 수 있다. 대부분의 사전은 리터러시를 전통적으로 읽고 쓰는 능력으로서의 읽기와 쓰기로 정의하고 있다. 또한 현대 사회에서 리터러시는 문맹 퇴치 운동의 차원에서 정의하기도 한다. 그뿐만 아니라 리터러시를 문해력으로 이해하여 특정 분야의 지식과 역량으로 보기도 한다. 이렇듯 리터러시의 개념은 다양하며 학문 분과나 일상의 영역에서 적절하게 변용되었고 사회·문화적 맥락을 수용해 그 의미를 지속해서 변화시켜 왔다.

원래 리터러시의 의미는 언어, 숫자, 이미지, 컴퓨터 및 기타 기본 수단을 사용하여 이해하고, 의사소통을 효율적으로 하는 것으로 이해할 수 있다. 또한 유용한 지식을 얻고, 수학적 문제를 해결하고 문화의 지배적인 상징 시스템을 활용하는 능력을 포함한다. 이와 더불어 OECD 국가들에서는 리터러시에 관한 기술을 통해 지식에 접근하는 능력과 이에 관련된 복잡한 상황을 평가하는 능력을 포함하는 것으로 이해한다. 그렇지만 원래 리터러시는 문맹 퇴치라는 인간 존엄과 해방의 차원에서 시작되었다는 점은 부인할 수 없다.

문맹 퇴치는 독서를 통해 말로 된 단어를 이해하고 쓰인 단어를 해독하는 능력과 아울러 단어와 또 다른 단어를 연결한 문장들의 총체인 텍스트를 심층적으로 이해하는 것을 주목적으로 한다. 또한 문맹 퇴치는 독해력의 개발과 관계가 있는데 이는 앞서 강조한 리터러시가 지니는 학제인 융합연구의 기초를 명확하게 보여주기도 한다. 독해력을 개발한다는 것은 우선 말소리에 관계하는 음운론, 철자의 패턴에 관련한 철자법, 단어의 의미를 연구하는 의미론, 문법에 관련을 둔 구문론, 단어의 형성 및 조어에 관련한 형태론 등 언어학의 제 분야를 비롯하여 텍스트 언어학과 화용론 등 분야를 포함한다. 이와 더불어 독해력은 좀 더 세련된 리터러시 개념으로 변용되면서 인간이 수행하는 복잡다단한 언어활동과 이 활동을 둘러싼 언어와 사회 · 문화적 맥락을 포함한다.

이런 맥락에서 리터러시는 분명히 문자와 글로 이루어진 단어, 문장, 텍스트 단위의 이해를 넘어서는 어떤 '능력'이라고 기대할 수 있다. 이는 인쇄 매체에 대해 독자들에게 요구되는 비판적 분석, 이와 아울러 그 속에 나타난 사건을 추론하거나 그 사건을 다른 사건과 비교 혹은 연결할 수 있는 조합에 적용할 수 있는 능력을 포괄한다. 또한, 리터러시는 텍스트 읽기와 쓰기의 정확성과 일관성, 정보에 입각한 의사결정 및 창의적인 사고의 기초로서 텍스트의 정보와 통찰력을 사용하는 능력이다. 다시 말해 리터러시는 행위로서의 '파롤'이라기보다 능력으로서의 '랑그'인 것이며, 이 글에서 의미하는 이론 및 이념을 뜻하는 '테오리아'일 것이다.

또한 UNESCO(2006; 2017)는 리터러시를 다양한 상황과 관련된 인쇄 자료를 사용하여 식별하고, 이해하고, 해석하고, 작성하고, 의사소통하고, 계산할 수 있는 능력이라고 규정했다. 이런 유네스코의 정의는 나아가 문맹 퇴치 운동의 개념과 연결된다. 문맹 퇴치는 개인이 목표를 달성하고, 지식과 잠재력을 개발하며, 지역사회와 더 넓은 사회에 전적으로 참여할 수 있는 연속적인 학습을 의미한다. 또한 문맹 퇴치는 자신과 세계에 대해 이해하려는 목적이 있으며, 이를 위해 독서와 작문에 대한 지식을 넓혀 사고와 학습을 발전시키기 위한 과정이다. 이 과정은 모든 교육에 참여하는 학습자들이 변화하는 사회에 능동적으로 대처할 줄 아는 시민으로 살아가기 위한 능력을 획득하는 데 있어 기본이 된다. 이런 맥락에서 독서와 작문은 학문수행자로서 시민이 가져야 할 기초 역량으로 간주된다.

실제로 리터러시의 출발점이 된 문맹 퇴치 운동은 미국의 흑인 인권운동과 관련이 있다. 흑인 인권운동의 출현으로 1970년대에 소외된 아프리카계 미국인 학습자들을 위한 언어학습 장려 정책이 증가하기도 했다. 미국 민권법 제6장은 학생을 차별로부터 보호하고 또한 미국 내 다른 언어 소수 민족의 권리를 보호하는 사례(예: Lau v. Nichols)의 기초 역할을 했다. 이 사건의 판결 결과는 학습자들의 특수한 '교육적 필요'를 제기하고 이를 위한 교육 재정을 고려하였다는 점이다. 특히 보상 교육의 필요성을 인정하였다는 점에서 교육의 기회균등 개념을 넘어 '결과의 평등'을 추구하는 것을 볼 수 있다. 또한 이 판결은 교육의 기회균등을 접하지 못하는 특수교육 대상자들의 교육여건에도 관심을 기울인 것으로써 소수 집단의 권리를 찾을 수 있도록 조치한 중요한 판례이다. 이 판례는 문맹 퇴치 운동을 법적 제도적으로 보장하는 인권 보호 정책 차원으로 이해된다. 그뿐만 아니라 문맹을 퇴치하고자 그 해당자가 문맹의 사실을 인지하고 과감하게 퇴치를 요구하는 것에서 리터러시가 참여와 저항의 실천적인 측면을 함축하고 있음을 알 수 있다.

이렇듯 미국에서 시작된 소수민족계 학습자를 위한 공평한 교육을 보장하고자 했던 움직임은 단지 법적 및 정책 변경으로만 끝난 것만은 아니었다. 이러한 변화는 교육에도 영향을 미쳐 아프리카계 미국인 청소년을 지원하기 위한 교육 커리큘럼에 반영되었다. 커리큘럼을 구안하는 과정 중에 그들의 언어나 문화적인 요소를 반영하는 이론들이 채택되고 인용되기 시작했다. 그것은 다름 아닌 문맹 퇴치를 위한 '제2 방언으로서 표준영어SESD: Standard English as a Second Dialect 접근법'이다. 미국의 리터러시 교육에서 가장 많이 주목받고 있는 프로그램 중 하나는 표준 영어를 제2 언어SESD로 읽는 프로그램이다. 이 프로그램은 아프리카계 미국인 학습자의 문맹 퇴치에 기여를 했다. 특히 이주 배경을 지닌 학습자들은 자신의 가정에서 사용하는 본국의 언어나 방언을 존중하면서 표준 영어SE 문법 구조를 도입했다(Morgan, 1999). 이어진 다양한 '흑인 논쟁'은 사회적 논의로 확대되었고 아프리카계 미국인의 언어와 문화에 대한 전반적인 고정 관념과 편견을 이해하는 데 도움이 된다. 더불어 Morgan(2002)은 어떻게 흑인 아이들의 리터러시를 긍정적으로 그리고 경험적으로 증가시킬 수 있는지 사례별로 기술하였다. 이를 통해 리터러시 교육이 문맹 퇴치 프로그램에 기여한 역사를 자세히 설명하고, 문맹 퇴치 운동이 문화와 언어에 관한 지식을 포함하고 있다는 것을 강조했다.

최근에는 다문화교육, 비판교육학, 심지어 힙합을 사용하는 대중문화적 접근까지 포함하는 문맹 퇴치 활동이 등장했다. 이를테면, 다문화교육은 다양성을 포용하고 교육의 실천에서 다원주의를 확인함으로써 모든 학생에게 평등한 교육을 보장하는 학교 개혁의 과정이다. 일부 학자들은 비판적 교육은 다문화 교육의 근본 철학이라고 주장하지만, 다양한 학자들은 개념을 다르게 정의한다. 잘 알려진 비판교육학자 지루Giroux는 "비판적인 의미에서의 교육은 지식, 권위 및 권력 간의 관계를 조명한다."고 했다. 이 관점은 위에서 설명한 리터러시 교육의 목표에 부합한다.

학습자들이 자신의 세계를 이해하는 방법을 확장하기 위해 읽기 및 쓰기를 사용하도록 가르치는 것은 현재 지식 생산, 권위 및 권력 관계에 대한 비판을 가능하게 한다. 지루의 주장이 합리적이라면 아마도 리터러시 교육의 미래는 대중문화와 힙합과 같은 청소년 문화의 측면을 포괄해야 할 것이다. 이는 읽기와 쓰기 교육을 더욱 매력적으로 만들고 청소년의 경험과 관련이 있는 것이기 때문이다. 사실 교사는 청소년 중심의 리터러시와 이에 관련한 토론을 촉진하기 위해 힙합과 같은 대중문화를 활용한 커리큘럼을 디자인할 수 있다(Morgan, 2002; Smitherman, 2000).

또한 교육학자들은 힙합 가사가 나온 텍스트를 연구하거나 교과 간의 수업을 연계하여서도 연구할 수 있다. 더욱이 학생들을 지도하는 교사들은 이 텍스트에서 특정한 문학 용어와 문법 개념을 확인하고 이를 수업에 적용하기도 했다. 이 연구에 따르면 교육자들은 종종 '번역'에서의 연습과 교실에서 아프리카계 미국인 영어AAE 정보에 입각한 접근법을 사용하는 것을 보완하기 위해 힙합을 사용한다. 따라서 이러한 학습 전략은 SESD 프로그램, 다문화 교육 및 비판적 교육학에서 앞서 강조한 리터러시 교육에 대한 접근방식을 결합하고 구축한다.

미국 정부와 교육가들이 아프리카계 미국인들의 문맹 퇴치를 위해 노력한 것처럼, 불법 이주민 가정의 아동, 흑인 가정 아동의 리터러시 증진에 힘써야 한다. 더불어 교육 전문가 및 지역사회 전문가들은 지역의 교육 환경을 개선하고 교육 성취의 불균형을 해소하기 위해 노력해야 한다. 이런 맥락에서 리터러시의 지향점은 명확하다. 리터러시는 개인으로서 인간이 시민으로 성장하기 위한 가장 기본적인 노력이며, 신이 인간에게 준 선물이라고 본다. 그래서 우리 인간은 이 선물 상자를 풀어헤쳐 열어보아야 할 의무가 있다. 인간이 시민이 된다는 것은 바로 리터러시를 행함에 있으며, 이 리터러시는 이 글에서 강조하고자 하는 프락시스의 전제가 된다. 읽고 쓰는 것은 우리에게 주어진 천부인권적 권리이다. 그런데 읽고 쓸 줄 아는 권리만 주장하는 것으로 내가 시민이 될 수는 없다. 이를 사회적으로 확산하고 문화적인 운동을 만들어 내는 것이 바로 프락시스이다.

2. 리터러시와 프락시스 관계

비판교육학, 즉 비판적 페다고지는 학습과 사회 변화를, 교육과 민주주의를, 지식을 공적인 삶에서의 행위에 연결한다(Giroux & Giroux, 2006). 이러한 비판적 페다고지는 프랑크푸르트학파의 비판철학에 뿌리를 두었으며, 그람시Gramci, 프레이리Freire 등의 영향을 받았다. 또한 지루Giroux, 맥라렌McLaren, 쇼어Shor 등의 학자들이 비판적 페다고지의 담론을 구성하였다.

비판적 페다고지의 기초를 세운 프레이리는 비판적 의식화와 실천이 연계된 프락시스를 통해 '해방'과 '변혁'을 지향하는 교육학적 기본 철학을 제시하였다. 그의 말에 의하면 프락시스는 성찰과 실천, 즉 말과 행동이 일치하는 사고와 행동의 총합으로 정의된다. 프레이리(2007)는 성찰이 없이 행동만 앞설 때 행동주의로, 실천이 없이 말만 있을 때 탁상공론이 될 우려가 있다고 지적하였다. 이러한 프락시스는 자신을 둘러싼 구조와 현실에 대한 성찰과 행동을 촉구하면서 인간을 역사적 존재로 만든다. 지루(1994)에 의하면 인간은 프락시스를 통하여 재현과 주체적 행동의 관계에 대한 투쟁으로서의 역사를 만드는 주체가 될 수 있다고 한다. 따라서 비판적 페다고지에서 강조하는 핵심 개념은 바로 프락시스인 것이다.

그리스어 'praxis(프락시스)'는 한국어로 '행위' 혹은 '실천'이라고 번역된다. 아리스토텔레스는 이 용어를 인간의 다양한 활동을 의미하기 위해 사용하였다. 그렇지만 프락시스는 자유인의 윤리적이고 정치적인 삶의 활동이자 '자체 안에 목적을 가지는 행위'를 의미한다(이창우, 김재홍, 강상진, 2008). 그는 이론 또는 이념을 의미하는 '테오리아'와 프락시스를 진정한 인간과 자유로운 삶의 두 가지 측면이라고 보았다. 아리스토텔레스에게 있어서 프락시스는 폴리스에서의 윤리적 실천에 한정되며, 테오리아보다는 열등하지만 제작 및 노동을 뜻하는 '포이에시스(노동)'보다는 상위에 놓여 있었다. 프락시스에 있어서는 바람직하게 실천하는 것 자체가 목적인 데 반해, 포이에시스에서는 목적이 자기 바깥에 있기 때문이라는 것이다.

이와 같은 프락시스의 개념에 대해 테오리아와 프락시스의 위계는 역전되었지만 이는 칸트에게도 계승된다. 또한 헤겔에게서는 테오리아와 프락시스의 상호 매개적 관계가 철저하게 추구된다. 이전에 소홀히 취급됐던 포이에시스의 가치가 발견되어 프락시스의 핵심으로 격상된다. 그와 같이 자기의 외재화와 그것의 되찾음을 통해 주관 및 객관의 동일성이라는 진리에 접근하는 인간의 활동이 헤겔의 체계 구성 원리가 된다. 후설의 현상학에서는 프락시스에 대해 논의하고 있지 않은 것 같다. 그런데 내면에는 이미 프락시스를 불가결한 전제로 하고 있어서 이를 다루고 있는 것으로 판단할 수 있다. 이를테면, 기하학이 성립되기 위해 측량이라는 프락시스가 전제되고 있는 것과 같다. 또한 무엇보다도 대상을 지각하는 것이 언제나 자신의 신체 감각을 수반한다는 사고방식 속에서 테오리아를 프락시스의 전제하에 두어야 하는 사고방식이 보인다.

물론 이 경우의 프락시스에 대한 파악은 행동주의의 자극·반응 도식과 일치하지 않고 대치된다. 그 점에서는 목적 지향적 행위를 의지적 행위의 지표로 간주하는 사회행위론을 계승한 베버Weber, 파슨즈Parsons, 앤스콤Anscombe, 폰 우리크트von Wright 등과 서로 겹치는 것도 찾아볼 수 있다. 그렇지만 현상학에서는 목적이 자각적으로 결정되어 있지 않는다는 측면에서 이미 프락시스가 게슈탈트적으로 구조화되어 있는 것에 주목하여야 한다. 그런 의미에서 프락시스는 가지성과 불가지성의 긴장된 접점에 놓이게 된다. 나아가 이 접점에 대한 고찰로부터 인간의 조건 일반에 대한 새로운 물음을 제기한다. 그러므로 현상학의 프락시스 이론은 윤리적 성격을 갖기도 한다. 여기서 목적 지향적 행위는 프락시스이고 의지적 행위는 리터러시라고 볼 수 있다. 다시 말해 리터러시는 이미 프락시스를 전제로 하고 있다는 말이고 리터러시와 프락시스가 동전의 앞 뒷면과 같다는 의미로 이해할 수 있다.

마르크스(Marx, 1845)는 자신이 처한 환경을 변화시키는 것만이 인간이 해야 할 숭고한 책무라고 강조하면서 세계를 다양한 방식으로 해석하는 것보다 중요한 것은 세계를 변화시키는 것이라고 주장하였다. 즉 세계에 대한 지식을 토대로 하여 세계를 변화시키는 프락시스를 강조하였다. 이러한 프락시스는 능동적이며 주체적인 행위로서 인간의 자아실현과 사회적, 정치적 억압으로부터 해방을 목적으로 하는 인간의 자기 변혁적인 행위이다. 또한 "해방의 머리는 철학이고, 해방의 심장은 프롤레타리아트이다"라는 마르크스의 명제에 의하면 그가 테오리아를 프락시스에 필수적인 것으로 여겼다는 것을 알 수 있다(채진원, 2009).

한편, 아렌트(Arendt, 1987)는 핵심적인 인간 활동으로 노동, 작업, 행위를 언급하였다. 그중 행위를 가장 높은 위계에 놓았다. 그 이유는 인간의 행위가 인간 삶에서 정치적인 영역과 관련되어 있기 때문이다. 아렌트가 주장하는 노동은 필요에 의해서 혹은 그 이상의 좀 더 거시적인 목적에 대해 성찰 없이 행해지는 활동을 의미한다. 또한 작업은 마음속에 이미 존재했던 것을 현실화하는 활동을 뜻한다. 따라서 노동과 작업은 모두 주체가 '사물'과의 관계 맺음을 의미하는 것이다. 그러나 행위는 주체가 타인과 관계하는 데서 발생하기에 정치적인 것이라고 볼 수 있다. 즉 노동과 작업은 인간 개인의 능력에 따르지만, 행위는 인간 간의 관계에서 이루어진다. 이런 의미에서 1장에서 다룬 상호문화 소통은 주체와 타인 간 상호작용인 행위의 미시적인 과정인 셈이다.

아렌트의 관점에서 노동은 생존하기 위함이고, 작업은 무언가를 만드는 것이기에 인간의 가치를 실현하기에 충분하지 않다. 하지만 인간 간의 상호 대화와 소통은 인간이 가진 다원성을 실현하게 해주며, 그럼으로써 인간다운 삶을 가능하게 한다. 요즘 시대의 개인들은 끊임없이 자기 계발을 하는 주체로서 노동과 작업에 집중을 한다. 이는 아렌트가 말한 행위를 가능하지 않게 하는 데 기여한다. 이런 의미에서 우리는 당장 아렌트가 말한 '인간다운 삶'을 살고 있는가에 관해 곰곰이 성찰할 필요가 있다. 또한 이는 현대에서 어떤 행위 주체가 어떤 방식으로 삶을 살 것인가에 관한 의문을 제기한다. 테오리아에 의한 프락시스의 지배 관계를 논의한 아리스토텔레스와 달리 아렌트와 마르크스는 프락시스와 테오리아의 상호작용을 강조하고 있다(채진원, 2009).

특히 우리는 마르크스가 프락시스를 인간의 자아실현과 사회적, 정치적 억압으로부터 해방을 목적으로 하는 인간의 자기변혁적인 행위로 이해할 수 있음을 알 수 있다. 이에 비해 아렌트는 프락시스가 주체가 다른 주체들 즉 타인과 관계 맺음을 통한 소통이라는 점에 주목할 필요가 있다. 이 둘의 논의의 합은 결국 프락시스가 리터러시와 같은 역량 함양을 위한 자기 변혁적 행위를 넘어 사회 변화를 지향하는데, 이 과정에서 타인과의 소통이 필수적임을 시사한다.

이는 프레이리(Freire, 2007)가 주장한 이론과 실천의 통합인 프락시스와 같은 의미이다. 프레이리는 프락시스 개념을 규정하면서 인간을 인간 자체 및 사회 변화의 주체로 여겼다. 이 점에서 그람시의 논의와 유사하다는 것을 알 수 있다. 그람시는 인간의 의식과 의지를 인간성의 핵심 자질로 보았는데, 이는 인간성을 인간의 의지와는 상관없는 사회적이고 역사적 환경의 산물로 본 마르크스의 관점과 반대 관점에 있다. 이는 그람시

(Gramsci, 1971)가 평범한 인간도 교육을 통해 자신을 짓누르고 있는 자본가의 헤게모니적 권력을 이해할 수 있다고 주장한 내용에서 찾아볼 수 있다.

그람시는 저항에 대해 사회 변화를 가져오기 위해 의식적으로 노력하는 행위라기보다는 불만의 표출행위로 간주했다. 그리고 구성원들이 '유기적 지식인'으로서 프락시스를 실천할 때 저항이 변혁을 위한 주체적인 행위로 변환될 수 있다고 여겼다(Fischman & McLaren, 2005). 다시 말해 저항이 불만 표출행위가 아니라 진정한 저항의 성격을 갖추려면 유기적 지식인이 되어야 함을 말하는 것으로 변혁을 위한 주체적인 행위화를 강조한 것이다.

이는 비판적 페다고지의 측면에서 프락시스가 말과 행동이 일치하는 사고와 행동의 총합이라는 개념과 일맥상통한다. 다시 말해 언행 일치된 사람이 자기혁신적인 사람이며 비판적인 사람이라는 것이다. 나아가 비판적인 사람은 사회정의와 해방을 추구하는 역량이 강화된 사람으로서, 부정의를 인지하는 것으로 그치는 것이 아니라 이를 변화시키기 위해 행동으로 실천하는 사람을 의미한다(Burbules & Berk, 1999).

이상의 논의에서 우리는 비판교육학이 사회정의를 지향하는 교육 철학의 역할을 감당하고, 기존의 권력 구조와 모든 종류의 차별에 대항하기 위한 시민으로서의 저항과 투쟁의 과정을 강조하고 있음을 알 수 있다. 사회 내 지배구조가 불합리하다면 시민은 이에 대해 저항하고 사회를 변화시키려고 실천해야 한다는 것이다. 실천을 의미하는 프락시스는 어디에서 연유하는가? 그 힘의 원천은 바로 리터러시로부터 나오는 것이며, 리터러시는 학문수행자로서 시민의 윤리인 셈이다.

3. 시민적 프락시스와 참여

사회 변화를 추구하기 위해 시민이 지녀야 하는 프락시스의 모습은 어떠한가? 우리는 앞 절에서 이미 비판적 시민으로서의 자질을 인지·정의적인 측면과 실천이라는 행동적 측면의 연계를 논의했다. 이 맥락을 토대로 시민적 프락시스의 개념을 제시하고자 한다. 시민적 프락시스의 이론 측면에서는 비판적 의식이 필요하다. 이 비판적 의식은 비판적 사유, 비판적 사고, 정치적 효능감을 포함한다(정소민, 김영순, 2015).

첫째, 비판적 사유는 어떤 상황과 사건에 대해 진실을 찾고자 의문을 제기하고 자신과 타인, 사회에 대하여 사유하는 기능적인 측면을 의미한다. 이데올로기는 현실의 모순을 은폐하며 그 이면에 은폐된 실재를 보지 못하게 한다(Giroux, 2005). 아렌트(Arendt, 1973)는 전체주의의 사례를 들어 이를 설명하는데, 전체주의가 과거의 산물로 그치지 않고 실천적이고 이론적으로 반복될 수 있다고 보았다. 그는 전체주의의 필수적인 요소로 공포와 이데올로기의 조장에 대해 주목하였다.

아렌트에 따르면 전체주의에서는 대중화된 사람들에게 체계적인 거짓말을 통해 주어진 현실에 대해 이데올로기를 근거로 판단하도록 한다. 전체주의 체제에서 개개의 시민들은 이데올로기적 사고에 빠져서 세상을 바라보게 되면서 현실을 경험하거나 사유하는 능력을 잃게 된다. 따라서 시민으로서 갖추어야 할 핵심은 개별 시민들의 사유하는 능력이다. 이 사유하는 능력에서 리터러시는 가장 기초적이면서 가장 중요한 학습이며 행위이다. 또한 리터러시는 사회·문화적으로 구성되는 텍스트를 읽는 방법론이자 이데올로기를 탐색하고 해체할 수 있는 능력이다.

아렌트(Arendt, 2006)는 1963년 『예루살렘의 아이히만』이라는 책에서 '악의 평범성Banality of evil'이라는 개념을 정립했다. 독일 나치의 친위대 중령이었던 아돌프 아이히만은 유대인 이주국 책임자를 지냈고, 이후 국가안보경찰본부에서 유대인 담당 관료로 일한 인물이었다. 그는 유대인들 전재산을 빼앗고 해외로 추방하는 일을 담당했기에 그가 쫓아낸 유대인이 수십만 명에 이르렀다. 그는 법정에서 너무 평범한 중년 사내의 모습이었으며 영악한 인물도 아니었다. 그는 재판 내내 "명령에 따랐을 뿐이기 때문에 나는 무죄다."라는 논리를 구사했다. "악인은 선천적으로 악마로 태어나지 않는다. 그들의 본성은 매우 평범하다. 그래서 우리 주변의 평범한 사람 그 누구도 악인이 될 수 있다. 상상하기도 싫지만, 어쩌면 우리조차 아이히만이 될 수 있었다." 이렇듯이, 비판적 사유의 부재는 타인의 처지에서 생각하는 데 무능력하며 어떤 것이 옳은지 그른지 생각하지 않는 것을 의미한다.

아렌트(2017)는 다양성을 존중하면서 자신의 정치적 의사를 타자와 공유하고 설득하는 정치적 존재가 될 때야 비로소 인간적인 삶이 가능하다고 보았다. 인간은 사유가 있어야 자신의 언어를 통해 대화로 표현한다. 이 점에서 분명히 사유는 인간이 정치행위를 위해 할 수 있는 필수적인 단계이다. 리터러시는 바로 사유의 전제가 된다. 문자와 텍스트를 읽고 여기에 감추어진 이데올로기를 들추어내는 의식은 비판적 사유의 초석이 된다.

둘째, 비판적 사고는 독단적인 생각과 편견에서 벗어나서 합리적이고 논리적으로 분석하고 판단하는 사고의 과정을 통칭한다. 비판적 사고를 위해서는 자기 자신이 가진 관점에 '비판적 기준critical standards'을 적용해야 한다(Arendt, 1989). 아렌트의 관점에서 비판적 기준은 타인의 관점, 즉 '모든 가능한 관점'이 된다. 그러나 스미스(Smith, 2001)에 의하면 타인의 관점과 자신의 것을 비교하는 범위는 그 자신의 경험, 시간, 공간에 의해 영향을 받기도 하고 제한이 되기도 한다. 따라서 교육은 서로 다른 관점과 다양한 의견을 가진 사람들을 만날 수 있도록 하는 장이다. 이와 더불어 사람들에게 비판적 사고를 함양하기 위한 민주적인 절차, 특정 사안, 정보를 획득하고 분석하는 방법에 대한 지식 등을 갖추게 하는 것이 중요하다. 교육은 다문화적 환경을 조성해야 하는 임무를 갖게 된다. 그 이유는 스미스가 주장한 바와 같이 완전히 다른 관점과 의견을 가진 사람들과 만날 수 있는 장의 제공을 공교육이 감당해야 한다는 맥락과 일치한다.

비판적 사고는 사회 문제에 대한 해결책을 모색하고 합리적인 의사결정에 이르며 사회 변화 방법을 모색하기 위한 도구가 된다. 이는 '지식을 갖춘 시민'(Westheimer & Kahne, 2004)으로 강조되듯이, 지식은 고정된 사실을 암기한 결과가 아니라 현실을 정확히 파악하고 합리적으로 대처할 수 있는 비판적 사고의 원천이 되어야 한다. 이는 시민적 실천이 무엇이든지 간에 이를 행하기 이전에 사회에 대한 문제를 올바르게 인식하는 것이 반드시 선행되어야 한다.

프레이리(Freire, 2002)는 일단 문제를 인식하고 그것을 이해하면 가능한 행동을 인지하게 되며, 행동은 이해와 일치한다고 한다. 하지만 사람들은 구조적인 불평등을 이해하더라도 자신들의 노력이 원하는 결과를 가져올 것이라는 믿음이 없다면, 이를 행위로 옮기고 싶어하지 않을 것이다(Watts, Diemer & Voight, 2011). 시민들이 자신의 정치적인 결정이 변화를 가져올 수 있다는 믿음이 필요하다.

셋째, 정치적 효능감은 바로 이 믿음을 의미한다. 정치적 효능감은 비판적 사유, 비판적 사고와 함께 시민적 프락시스의 필수적인 요소이다. 특히 프레이리(Freire, 2002)의 '비판적 의식화'에 대한 논의는 정치적 효능감을 포함한 개념으로 볼 수 있다. 프레이리는 의식을 세 가지 형태로 구분한 바 있다. 이는 순진한naive 의식, 마술적magical 의식, 비판적critical 의식이다. 순진한 의식은 마치 권력자들이 모든 이들을 위해 최선의 이익을 위해 기여하는 듯하고, 누군가의 일상적인 문제가 그 자신이 속한 권력 위계적 위치와 상관이 없다고 믿는 상태를 뜻한다. 또한 마술적 의식은 부정의가 언제든 발생하며 부정의를 인식하지만 이를 겪는 이들에게 아무것도 해줄 수 없다고 생각하는 상태이다. 비판적 의식은 일상의 문제와 거시적 권력과 관계가 있기에 이 관계를 이해하고 스스로 사회 변화의 주체로 믿는 상태이다(Grant & Sleeter, 2011). 이 비판적 의식을 가능하게 하는 것이 바로 리터러시이다. 리터러시는 글과 텍스트를 읽어내고 이를 현실에 실천할 수 있는 역량이기 때문이다.

비판적 의식에는 웨스타이머와 케인(Westheimer & Kahne, 2004)이 비판적 시민성의 요소로 강조했던 사회 문제의 근원에 대한 성찰이 요구된다. 이를 통하여 상황에 대한 의식화를 할 수 있으며 현실의 제 모습을 지각하고 그 속에 개입할 수 있는 자세를 가질 수 있다(Freire, 2002). 자신의 역할과 참여가 사회 변화를 가져올 수 있다고 믿는 것은 정치적 효능감의 상태이다. 비판적 의식은 일상에서 제기되는 문제에 의문을 제기하고 현실을 지배하는 해석과 설명에 대해 의구심을 갖는 것에서 출발한다(Grant & Sleeter, 2011).

특히 프레이리는 비판적 의식을 통하여 사회에 대한 비판적 분석을 장려한다는 점에서 청소년의 정치적이고 시민적인 발달에 있어서 중요한 시사점을 제공한다(Watts, Diemer & Voight, 2011). 비판적 분석을 위해서는 비판적 사고가 필수적으로 요구된다. 그러므로 전술한 프레이리의 비판적 의식의 범주에는 비판적 사유, 비판적 사고, 정치적 효능감이라는 세 가지 개념을 포괄할 수 있다. 신자유주의의 사회문화적 맥락은 시민적 삶을 위협하기 때문에 주체로서의 개인은 사회적 책임을 완수해야 하는 과제를 갖게 되며, 이 책임을 위해 개인은 비판적 의식을 요구받게 된다. 이상의 논의는 시민적 프락시스로서 궁극적으로 추구해야 할 테오리아가 비판적 사유, 비판적 사고, 정치적 효능감임을 알려주는 것이다. 비판적 의식을 기준으로 시민적 프락시스의 이론을 정리하면 의식의 수준은 세 단계로 구분된다(정소민, 김영순, 2015).

첫째, 순진한 의식의 수준은 사회 문제를 깊이 있게 인지하지 못하기 때문에 비판적 사유와 비판적 사고가 부족하다. 둘째, 미온적 의식은 문제를 의식했다는 점에서 비판적 사유가 발생하지만, 나아가 비판적 사고와 결합하지 못한 상태이다. 따라서 그 문제의 근원을 파악하지 못하고 타인에 대한 연민으로만 그치거나 타인의 문제를 개인적인 능력 혹은 게으름으로 판단할 가능성이 있다. 이 두 단계에서는 정치적 효능감이 높을 수도 있고 혹은 낮을 수도 있다. 셋째, 비판적 의식은 시민적 프락시스의 이론이 궁극적으로 지향하는 방향이다. 이 비판적 의식은 문제의 근원을 성찰하고 문제의 핵심을 파악하는 데 기여한다. 이 점에서 비판적 사유와 비판적 사고를 바탕으로 사회를 변화시킬 수 있다고 여기는 상태이다.

시민적 프라시스의 이론적 측면은 세 단계의 의식 수준을 가지는데 이 것이 프라시스와 연계되려면 행위자성이 요구된다. 특히 사회적 변화에 개입하는 능력을 연결하는 행위자성은 민주적인 관계, 제도적인 형태 등에 변화를 가져온다(Giroux, 2000). 데일과 스파크스(Dale & Sparkes, 2011)에 따르면 명사로서의 agency는 특정한 목적을 위해 특정 과업을 수행하는 사람들의 무리 혹은 구조를 의미한다. 또한 동사로서의 agency는 변화를 가져오는 행동을 뜻한다. 이 글에서는 동사로서의 agency의 맥락에서, 지속가능한 민주주의를 위한 변화의 주체로서의 행위자성을 시민적 행위자성civic agency이라고 정의한다. 이러한 시민적 행위자성은 곧 시민적 프라시스를 위한 실천의 계기일 뿐만 아니라 학문수행자로서 시민 되기를 의미한다.

시민적 행위자성에는 순응의 행위, 동의하고 지지하는 행위, 반대하고 저항하는 행위로 구분할 수 있을 것이다. 순응의 행위, 동의하고 지지하는 행위는 기존의 주류 시민성 담론이 자유주의적 시민성과 공화주의적 시민성에서 주로 강조해 온 것이다. 반면에 비판적 시민성의 진영에서는 반대와 저항에 주목한다(정소민, 2014).

이 글은 바로 비판적 시민성을 기초로 하기에 시민적 행위자성의 핵심을 저항에 있다고 본다. 푸코(Foucault, 1978)는 권력이 있는 곳에 저항이 발생한다고 한다. 저항은 시민들이 부정의가 존재한다는 것을 인식하고 그것을 자신의 경험과 관련지어 자각할 때 발생한다. 저항 담론이 가진 공통적인 의미는 '반대하다'에서 출발한다(Hollander & Einwohner, 2004). '반대하다'라는 행위의 내면에는 저항을 유발하는 요소가 있다. 저항은 하위의 사회 구성원들이 외부적이고 타자의 것으로 경험하는 문화 권력에 대해 맺는 방어적인 관계이다(Barker, 2009).

그람시는 의식적으로 노력함으로써 저항이 실천으로 연계되며 이때 주체적인 행위로 나아갈 수 있다고 강조한다. 이 점에서, 저항이 시민적 행위자성에 있어 중요한 요소이다. 즉 저항은 사회 변화를 위한 실천을 낳는 씨앗이 될 수 있다. 따라서 이 글은 시민적 프락시스의 실천으로서 저항을 강조하고 저항을 위한 전제가 리터러시 행위임을 강조한다.

그러나 저항에 대한 논의는 학자들마다 매우 다양하다. 여러 학자들의 논의들을 통하여 저항을 개념화하려고 시도한 홀랜더와 아인워너(Hollander & Einwohner, 2004)는 저항 관련 사회학적 논의에서 핵심적인 요소가 '가시성과 의도'라고 규명한 바 있다. 우선 가시성은 특정 행위가 타인이 저항이라고 인지할 수 있을 만큼 표출되는지에 관한 여부이다. 즉 타인이 저항이라고 인정하는 행위를 저항이라고 불러야 한다고 보는 관점과 '일상적 저항'(Scott, 1985)과 같이 타인의 눈에 보이지는 않지만 저항의 의도 혹은 의미를 담은 행동일 때에도 저항이라고 부를 수 있다고 보는 관점이 상충한다. 또한 일부는 저항의 의도가 있지 않고 행위자가 자신의 의도를 의식하지 못하더라도 저항이 발생할 수 있다고 여긴다. 반면에, 일부는 의도가 감춰지거나 관찰자에 따라 다양한 해석이 나올 수 있는 문제를 제시하기도 하였다.

이상에서 논의한 가시성, 의도성, 행위자성을 중심으로 한 시민적 프락시스는 내면적 저항, 소극적 참여, 주체적 참여로 구분된다(정소민, 김영순, 2015) 우선 내면적 저항은 비가시적이면서 사회 변화의 의도를 갖지 않은 수준의 저항으로 볼 수 있다. 이는 그람시가 저항을 불만의 표시로 여겼던 것과 일치한다. 반면 소극적 참여와 주체적 참여는 가시적이면서

의도성을 가지고 있는 저항이다. 그러나 이 둘의 차이는 행위자성이 적극적으로 발현되느냐 그렇지 않으냐에 있다. 즉 소극적 참여와 달리 주체적 참여는 시민으로서의 행위자성에 강조를 둔다. 시민적 프락시스가 실행되려면 주체적 참여가 필수적이다.

소극적 참여와 주체적 참여는 시민적 참여 즉 '앙가쥬망'이라고 부르는 사회 참여가 드러난다는 점에서 공통점을 가진다. 시민적 참여를 하는 동기는 매우 다양하다. 이 때문에 마세도 외(Macedo et al., 2005)의 시민적 참여는 개인 혹은 집단적으로 정치적 형태의 삶에 영향을 미치는 활동 모두를 포함한다는 말에 동의한다. 예를 들어, 정치적 목소리는 공식적인 정부 기관에 참가하는 것을 의미할 수도 있다. 하지만 이는 또한 한 집단 혹은 단체의 일원이 되거나 항의 혹은 거부를 하거나, 심지어 이웃과 이야기하는 행위를 의미할 수도 있다. 이는 시민적 참여가 선출이나 정치에 압력을 가하는 것 이상을 의미함을 뜻한다(정소민, 김영순, 2015).

이러한 시민적 참여의 출발은 시민으로서 다양한 수단을 통해 정치적 사안에 대한 지식을 습득하는 것이다. 이는 신문을 읽고 뉴스를 보거나 봉사 활동 등과 같이 사회를 개선하기 위한 연대적 행동과 비영리 단체에 참가하는 등의 시민적 참여 활동을 통해서 이루어진다. 그리고 이와 더불어 비형식적인 일상 대화가 정치적 목소리가 될 수도 있다. 달그렌(Dahlgren, 2006)은 정치적 맥락에서 발생하는 대화뿐만 아니라 일상적인 대화를 통해서도 시민적 정체성을 함양할 수 있다고 강조한다. 바버(Barber, 1984)의 주장과 같이 시민들은 상호작용을 통해 사회에 대한 지식과 자신의 견해에 대해 깊게 이해할 뿐만 아니라 시민적 정체성과 사회문제 해결을 위한 연대의 가치와 연대적 의지를 생성한다는 점에서 필수적이다.

또한 아렌트(Arendt, 1989)의 비판적 사고는 모든 타인의 입장을 탐색하는데 열려 있을 때만 가능하다는 주장에 동의할 수 있다. 그의 주장은 비판적 사고가 타인과의 실질적인 상호작용 없이 이루어질 수 없으므로 반드시 타인과 상호작용이 필수적이어야 한다는 것이다. 사고는 '고독한 작업solitary business'이지만, 개인은 대화를 통해 자기 생각을 타인과 공유함으로써 그것이 공적인 맥락에서 타당한지를 판단할 기회를 가질 수 있다. 그러므로 다양한 개인 간의 상호문화소통은 비판적 사고를 향상시킬 수 있는 도구이다(정소민, 김영순, 2015).

민주적인 사회의 발전을 위하여 시민적 참여는 정치참여와 연계되어야 한다. 이는 곧 시민사회는 국가 및 시장과 구분되고 개인들이 시민으로서 자신들이 공동으로 추구하는 이익을 위하여 상호작용하는 자율적 영역을 의미한다(Macedo et al., 2005; Dahlgren, 2006). 그리고 그들이 추구하는 이익에는 정치적인 것이 포함될 수도 있지만, 그렇지 않을 수도 있다. 그런데도 시민사회는 시민의 정치적 참여를 통하여 시민의 성장을 도모할 수 있는 공간이 될 수 있다. 이를테면, 비정치적인 모임이나 단체에서 활동할 때도 개인들에게는 협동적 관계를 맺는 기회를 제공한다. 그럼으로써 시민적 혹은 정치적 행위에 참여할 기회를 마련해줄 가능성이 있다.

따라서 자신의 문제 혹은 공동체의 문제를 적극적으로 해결하고자 하는 의지를 가지고 정치참여를 해야 한다. 이 경우에 시민은 비로소 사회변화의 주체로 전환될 수 있다. 전통적으로 시민의 정치참여는 주로 정치적 압력 행사하기, 선거 캠페인 참여하기, 투표 참여하기 등이 해당된다. 그러나 최근에 그러한 관습적인 정치참여뿐만 아니라 서명운동, 평화적 시위, SNS 등을 이용한 인터넷 토론, 댓글 달기 등과 같은 비관습적인 참여 역시 정치참여의 예로 들 수 있다(Dalton, 2008; 김강훈, 박상현, 2011).

시민적 참여를 하는 경우 날로 다양해지는 정치참여 행태를 참고해야 한다. 시민적 참여가 이러한 정치참여로 연계되기 위해서는 사회 변화를 지향하고 이를 실천으로 옮기는 프락시스가 필요하다. 이러한 실천에는 시민으로서의 행위자성이 요구된다. 이는 의식적인 노력, 즉 리터리시와 역량이 갖추어졌을 때 이루어질 수 있다. 의식적인 노력을 하기 위해서는 개인의 의지가 필요하다.

이는 시민적 행위자성의 맥락에서 사회를 바꾸겠다는 의지가 필수적임을 시사한다. 하지만 고무된 동기와 의지만으로는 프락시스가 사회 변화에 기여하는 데는 충분하지 않다. 여러 다양한 정치적 상황을 인식하고 해석하여 그것에 적합하고 필요한 행동을 판단할 수 있어야 한다. 그리고 이러한 시민적 능력을 획득하기 위해서는 리터러시와 프락시스를 연결하는 시도를 끊임없이 해야 한다.

개인을 시민적 참여 주체로 성장시키는 것은 의지와 의식적인 노력을 포함한 시민으로서의 행위자성이다. 따라서 소극적 참여와 주체적 참여의 차이는 행위자성에 있다. 소극적 참여는 더욱 나은 공동체 실현과 사회정의를 위하여 시민적 참여를 하기 보다는 투표를 해야 한다는 막연한 의무감 혹은 개인적인 만족 및 경력을 위하여 봉사활동에 참여하는 등의 형태를 의미한다. 이런 활동들이 가시적으로 드러났다는 점에서 시민적 참여라고 볼 수 있지만, 여기에는 개인적인 의도만이 있을 뿐 시민으로서의 행위자성은 없다.

이 점에서는 진정한 주체적 참여와 차이가 난다. 주체적 참여의 경우 시민은 사회 변화를 위한 실천을 행위로 옮기는 적극적인 정치참여를 해야 한다. 이러한 정치참여는 자신이 처한 문제만을 해결하기 위한 것을 넘어 더 나아가 타인에 대한 책임을 통해 진정한 연대를 지향하는 것이다. 여기에는 사회 변화를 위한 시민적 행위자성이라고 할 수 있는 의지와 의식적인 노력이 포함된다. 자명한 것은 학문수행자로서의 시민은 정치참여를 통해 자신의 문제를 넘어 타자에 대한 책임도 수행해야 한다. 이것은 시민들이 프락시스를 위해 리터러시 행위를 전제로 해야 함을 시사하는 것이다.

3장

사회 · 문화 현상과 학문수행자 태도

1. 탐구 대상으로서의 사회 · 문화 현상

우리는 의식하지 못하는 사이 하루에도 수천 번의 결정을 내린다. 이 모든 결정을 단지 개인적인 결정이라고만 볼 수 있을까? 잘 살펴보면, 일상생활 속에서 이루어지는 결정 대부분은 사회 규범이나 사회 제도, 사회 구조에 의해 영향을 받는다고 해도 과언이 아니다. 이렇듯 사회 제도, 문화, 사회 구조 영향 아래서 이루어지는 사회적 상호작용의 과정과 그 결과로 나타나는 다양한 현상을 일컬어 사회 · 문화 현상이라고 한다.

사회 · 문화 현상은 자연 현상과 대비해서 보자면 이해하기가 수월할 것이다. 사회 · 문화 현상과 자연 현상을 탐구할 때는 과학적이고 체계적인 접근이 필요하다. 하지만 사회 · 문화 현상을 제대로 탐구하기 위해서는 자연 현상과는 구별되는 사회 · 문화 현상의 특징을 이해할 필요가 있다. 그렇다면 사회 · 문화 현상은 구체적으로 어떤 특징을 가지고 있을까? 이 질문의 답을 달기 위해서는 학문수행자로서 시민이 무엇 때문에 사회·문화적 컨텍스트를 파악해야 하는가를 생각하는 위한 동기를 제공한다.

첫째, 사회·문화 현상은 어떤 사회에 속한 인간이나 그 사회를 구성하는 집단의 가치와 의도가 담겨 있는 가치 함축적 현상이다. 눈을 주기적으로 깜빡거리는 것은 인간이 의도하지 않아도 발생하는 자연 현상이다. 그러나 윙크를 하기 위해 눈을 깜빡인다면 이는 사회·문화 현상이다. 눈을 깜빡인다는 것은 같지만 윙크에는 행위자의 의도와 가치가 담겨 있기 때문이다. 반면, 자연 현상은 태양의 일출과 일몰과 같이 어떠한 의도나 가치도 포함되어 있지 않다는 점에서 몰가치적이다.

둘째, 사회·문화 현상은 시·공간적 특수성을 지닌다. 어떤 사회에서는 부모가 자식을 교육하는 과정에서 매를 드는 행위를 엄격히 금지하지만, 다른 사회에서는 오히려 권장하기도 한다. 하지만 사회·문화 현상이 항상 특수성만 지니는 것은 아니다. 부모가 자식에게 매를 드느냐 아니냐는 사회마다 다를 수 있지만, 부모가 자식을 보호하고 교육하는 것은 보편적으로 나타나는 현상이다. 따라서 사회·문화 현상은 특수성과 보편성을 함께 지닌다고 할 수 있다. 반면 자연 현상은 특정한 물리적 조건만 충족되면 반복적으로 나타나는 보편성을 지닌다.

셋째, 사회·문화 현상은 개연성을 지니며 확률의 원리를 따른다. 하나의 사회·문화 현상은 복잡한 상호작용을 통해서 나타나기 때문에 다양한 요인이 작용할 수밖에 없다. 예를 들어, 어떤 사회에서 일어난 폭동의 발생은 경제적 파국이나 정치적 억압이라는 몇 가지 요인들로만 설명하기에는 한계가 있다. 이처럼 사회·문화 현상이 발생하는 데에는 많은 요인이 영향을 주므로 이를 정확히 예측하기는 매우 어렵다. 반면 자연 현상은 사회·문화 현상과 비교하면 인과 관계가 분명하게 나타나며, 확실성의 원리를 따르므로 상대적으로 예측하기가 쉽다.

르네상스와 계몽주의 시대를 거치면서 자연과학이 괄목하게 성장하자 사회·문화 현상도 과학적인 방법을 활용하여 탐구할 수 있다는 생각이 나타나게 되었다. 특히 프랑스의 실증주의 철학자인 콩트는 사회 문제의 해결을 위하여 자연 과학적 방법으로 사회·문화 현상 속에서 이론을 발견해야 한다는 것을 강조하였다. 이런 생각은 사회 질서를 유지하고 변화시키는 법칙을 찾으려는 노력으로 이어졌고, 결국 사회과학이라는 학문적 토대가 마련되었다. 또한 산업혁명과 시민혁명 이후 인구 문제, 빈곤 문제, 계급 문제 등 다양한 사회 문제가 등장하게 되었고 이를 해결하기 위한 노력으로 인해 사회과학의 성립이 촉진되었다.

사회과학이 발전하고 사회·문화 현상에 대한 지식이 축적되면서 사회과학은 점차 전문화되어 갔으며, 동시에 그 전문분야별로 세분화되기 시작했다. 또한 사회·문화 현상이 복잡해지고 다양해진 것도 사회과학의 세분화를 가져온 중요한 요인이다. 전근대 사회에서는 인간 생활이 대부분 지역 공동체의 테두리 안에서 이루어졌다. 그 때문에 경제생활, 가족생활, 여가 활동 등이 서로 명확히 분리되지 않았다. 하지만 현대 사회에 들어서면서 이들이 독자적인 생활 영역으로 나누어진 만큼 각 영역에 대한 전문화된 지식이 필요하게 되었다.

사회의 분화와 함께 사회과학은 정치학, 경제학, 사회학, 문화인류학 등 다양한 학문 분야로 구분되기 시작하였다. 각 학문 분야는 해당 학문별로 고유한 연구 대상, 관련 이론, 연구방법 등을 발전시켜 사회·문화 현상에 대한 전문화된 지식을 창출해 왔다. 그렇다면 사회과학의 각 분야에서 다루는 핵심적인 연구 주제에 어떤 것들이 해당되는지 알아보자.

정치학은 정치 체계와 정치적 과정 및 결과를 연구하는 학문이다. 나아가 국가 권력의 획득, 유지, 분배 등과 관련된 일련의 정치 행위들, 정부와 국제기구 등을 포함한 지배 체계의 구성과 역할, 그리고 공공 정책의 수립과 집행 과정 등을 주요 연구내용으로 한다. 경제학은 희소한 자원을 활용하여 재화와 서비스를 효율적으로 생산, 분배, 소비하는 방법을 찾는 학문이다. 특히 교환, 수요와 공급, 가격 등을 주요한 개념으로 하고 있다. 사회학은 사회적 존재로서 인간의 행위와 사회 집단, 그리고 사회적 상호작용을 통해 나타나는 사회 구조와 그 변동을 연구하는 학문이다. 주 연구 영역으로는 사회화, 사회적 상호작용, 사회적 불평등, 사회 일탈, 사회 문제 등이 있다. 문화인류학은 다양한 사회의 문화와 생활양식을 비교하여 문화가 인간의 생활과 집단의 유지에 어떤 영향을 주는지 연구하는 학문이다. 따라서 인간의 표현과 행위에서부터 대인관계, 가족, 결혼, 종교, 예술, 기술, 신화와 언어에 이르기까지 인간 일상생활의 전 영역에 관심을 두고 있다.

사회 변화에 따라 다양하게 나타나는 사회·문화 현상을 심층적으로 이해하기 위해 사회과학의 세분화·전문화는 필요하다. 그렇지만 사회가 복잡해짐에 따라 어느 하나의 학문만으로는 사회·문화 현상을 제대로 파악하기 어려워졌다. 다시 말해 어떠한 사회·문화 현상이라도 서로 밀접하게 연관되어 있어서 개별 학문만으로 전체적인 현상의 의미를 제대로 파악하기 힘들다. 따라서 사회·문화 현상을 올바르게 이해하기 위해서는 개별 학문의 경계를 넘어 총체적으로 이해하려는 자세 즉, 간 학문적 관점이 필요하다.

최근 들어 간 학문적 관점은 다양한 학문 간의 협업적 활동인 학제 간 연구로 나타나고 있다. 어떤 하나의 연구 주제에 대해서 두 가지 이상의 서로 다른 접근을 취하는 학문 분야의 연구자들이 제휴하여 공동으로 연구를 진행하는 것을 포함하는 개념으로 사용된다. 사실 엄밀히 말하자면, 단순히 하나의 연구 주제를 놓고 여러 학문들이 대등하게 혹은 병렬적으로 연구한다면 이는 융복합학이라고 부르는 것이 적합하다. 반면에 기존에는 전혀 연구되지 않았던 연구 주제가 갑자기 나왔을 경우 혹은 어느 학문 분야에도 포함되기 어려운 연구 주제를 다양한 배경의 연구자들이 협업하는 상황은 학제 간 연구가 된다.

이런 학제 간 연구에는 한계가 존재하는데, 기본적으로 학계마다 인식의 렌즈 혹은 접근방식, 연구의 틀이나 연구방법이 서로 다를 수 있다는 것, 연구자 간 호환이 가능한 용어의 엄밀한 개념적 정의가 곤란할 수 있다는 것, 연구 분야마다 서로 배치되는 연구성과가 나올 수 있다는 것, 학제 간 협력의 과정을 총괄하거나 지원할 전문인력이 부족하다는 점 등이 있다.

미래 사회는 현재 존재하고 있는 특정 학문만으로 다양하게 불거지는 사회 문제를 파악하고 처방하며 대책을 내놓기는 어려움이 따른다. 따라서 사회과학 연구를 수행하는 연구자들은 간 학문적 관점을 가지고 학제 간 연구에 대한 개방적 자세가 필요하다.

대부분의 사회과학자는 특정한 관점을 가지고 사회 · 문화 현상을 연구한다. 사회 · 문화 현상을 바라보는 관점 역시 분석의 수준에 따라 거시적 관점과 미시적 관점으로 구분할 수 있다. 거시적 관점은 사회 체계 전체적 맥락에서 사회 제도나 구조, 사회 변동 등을 다루는 관점으로 기능론과 갈등론이 여기에 속한다. 이에 반해 미시적 관점은 사회나 사회 집단 전체보다는 그 속에 사는 개인이나 개인 간 상호작용에 초점을 두는 관점으로 상징적 상호작용론과 교환 이론이 여기에 속한다.

먼저 거시적 관점의 기능론과 갈등론을 살펴보도록 하자. 우선 기능론은 사회가 살아 있는 유기체와 같아서 사회의 구성요소들이 사회의 유지와 존속에 필요한 기능을 수행하고 있다고 보는 이론이다. 산업과 시장은 어떤 사회를 존속시키는 데 필요한 자원을 생산하고 분배하는 기능을 담당하며, 법률과 규범은 사회의 질서를 유지하는 기능을 한다. 기능론적 관점에 따르면 이러한 사회 구성요소들은 상호의존적으로 연결되어 있다고 본다. 하나의 요소에 문제가 생겨 불균형이 발생하게 될 경우 사회가 급격히 와해되는 일은 거의 없다. 기능적으로 상호의존적인 요소들이 불균형의 상태를 해결하고 새로운 균형을 만들어 내기 때문이다. 따라서 사회를 보는 관점이 갈등이나 분열보다는 안정과 조화, 그리고 균형을 중심으로 한다. 또한 모든 사회적 역할은 구성원의 합의에 기초하여 분배된다고 본다. 그러나 기능론은 현재의 상태가 조화롭고 균형 잡힌 상태라고 보기 때문에 사회 변동을 제대로 설명하지 못하는 한계를 가지고 있으며, 어떤 현상의 유지만을 고집하는 보수적 관점이라고 비판받기도 한다.

갈등론은 서로 다른 이해관계를 지닌 집단들 간의 끊임없는 갈등에 주목하는 이론이다. 경제적인 부나 사회적 위신, 정치적 권력과 같은 사회적 희소가치를 모두가 만족할 만큼 나누어 가지는 것은 불가능하다. 따라서 집단과 개인들은 희소가치를 더 많이 차지하기 위해 서로 경쟁하게 된다. 갈등론에 따르면 공정한 경쟁이란 거의 불가능하다고 본다. 왜냐하면, 이미 더 많은 희소가치를 차지한 집단이 그렇지 못한 집단을 지배하고 착취할 뿐만 아니라 불평등과 지배의 구조를 강요하기 때문이다. 지배 계급은 피지배 계급을, 대기업은 중소기업을, 엘리트들은 일반 대중을 지배하고 착취한다. 그럼으로써 더 많은 희소가치를 획득한다는 것이 갈등론의 핵심 개념이다. 갈등론은 기능론이 주목하지 못한 갈등, 억압, 지배, 착취와 같은 요소를 중심적으로 다룬다. 특히 갈등을 사회 발전의 원동력으로 보는 점과 사회적 역할의 분배가 합의가 아닌 강제로 이루어진다고 보는 점에서 기능론과 다르다. 갈등론은 변동이나 갈등을 지나치게 강조한 나머지 사회 집단 간의 협동과 합의 등이 갖는 중요성을 경시하는 경향이 있다.

사회 제도와 구조에 초점을 맞추는 기능론이나 갈등론과는 달리 개인과 개인 간의 일상적인 상호작용에서 나타나는 다양한 사회·문화 현상 탐구의 관점이 있는데, 그 대표적인 것이 상징적 상호작용론이다. 예를 들어 친구의 생일에 정성껏 그린 그림을 선물했는데 친구가 선물을 받고 감동 어린 표정으로 고맙다고 했다고 하자. 친구가 감동한 이유는 그림 자체 때문이 아니라 그 그림에 내포된 우정과 정성 때문일 것이다. 상징적 상호작용론은 언어나 몸짓, 기호 등과 같은 상징을 사용하여 다른 사회 구성원과의 상호작용 과정에서 사회 질서가 생겨난다고 본다. 따라서 사회적 행위에는 상대방의 주관적 동기와 의미를 해석하는 과정, 즉 상황 정의가 필요하다고 본다. 이 관점에 따르면 상징적 상호작용을 통해 개인은 자아를 형성하게 되고, 자신에게 기대되는 역할과 행동을 학습하게 된다. 한편 상징적 상호작용론은 개인과 개인 간의 미시적인 행위에 초점을 맞추기 때문에 사회 구조나 제도와 같은 거시적인 측면을 간과한다는 점에서 한계를 지닌다.

개인들 간의 미시적 행위에 초점을 맞추는 또 다른 관점으로는 교환이론이 있다. 예를 들어 영희가 수학 문제를 풀지 못해 힘들어할 때 철수가 영희를 도와주었다고 하자. 영희는 도움을 준 철수에게 고마움을 표시하고 철수의 수학 실력을 칭찬했다. 철수는 기분이 좋아서 영희가 수학 문제를 풀지 못할 때마다 도움을 주게 되었다. 이 예에서 보듯이 철수와 영희는 도움과 칭찬을 교환하면서 상호작용을 한 셈이다. 이처럼 교환 이론은 사회·문화 현상을 이해하기 위해서는 보상이 제공되거나 비용이 요구되는 활동의 교환에 주목해야 한다고 본다. 교환 이론에 따르면 무엇이 교환되느냐에 따라 사회적 관계의 형태와 내용이 크게 달라진다는 데 주목한다. 개인은 보상이 주어지는 행동을 반복해서 하지만 처벌이 주어지는 행동은 자제하게 된다는 것이다. 그러나 교환 이론은 인간의 사회적 행위를 동물의 행동처럼 단순화시켜 본다는 점에서 비판을 받는다. 아무런 대가를 바라지 않고 이루어지는 봉사 활동과 같이 보상이나 비용이 교환되지 않는 현상은 설명할 수 없기 때문이다.

2. 사회·문화 현상의 탐구 방법

사회과학에서 수행하는 탐구의 핵심은 경험적 증거를 바탕으로 한 체계적인 탐구 방법에 있다. 공인된 엄격한 절차와 방법에 따라 체계적으로 검증되지 않았다면 과학적 지식이라고 보기 어렵다. 물론 과학적 지식이 항상 옳은 것은 아니다. 때에 따라 과학적 지식이라고 여겨졌던 것이 사라지거나 수정되는 예도 얼마든지 있기 때문이다. 사회·문화 현상을 과학적으로 탐구하기 위해서는 기존의 지식에 대해서도 끊임없이 의문을 제기하고 더욱 확실한 근거를 찾기 위해 노력하는 자세가 필요하다. 소수의 사례만 관찰하여 무리하게 일반화하거나 비논리적인 추론에 기초하여 결론을 내리는 것은 올바른 사회과학적 탐구의 자세가 아니다.

사회·문화 현상을 과학적으로 탐구하기 위한 대표적인 사회과학적 탐구 방법은 양적 연구방법론과 질적 연구방법론, 혼합 연구방법론으로 나눌 수 있다. 학계에서는 양적 연구방법론을 정량적 연구방법 혹은 실증적 연구방법이라고 하며, 질적 연구방법론을 정성적 연구방법 혹은 해석적 연구방법이라고 한다. 혼합 연구방법론은 말 그대로 양적 연구방법론과 질적 연구방법론을 함께 활용하는 연구방법이다.

양적 연구방법론에서는 자연 현상과 마찬가지로 사회·문화 현상도 객관적인 수치로 측정하여 계량화할 수 있다고 본다. 따라서 양적 연구방법론에서는 많은 사례를 분석하여 집계하는 통계적 방법을 선호한다. 이처럼 계량화나 통계적 방법을 이용하여 사회·문화 현상을 설명하는 인과 법칙을 발견하는 것이 양적 방법론의 궁극적 목적이다. 하지만 계량화가 어려운 다소 추상적인 사회·문화 현상도 얼마든지 존재한다. 양적 연구방법론에서는 추상적인 사회·문화 현상조차도 개념의 조작적 정의 과정을 통해 관찰이 가능한 구체적인 개념으로 바꿀 수 있다고 본다. 예를 들어 남학생과 여학생의 교우 관계를 비교한다고 하자. 교우 관계의 정도는 비교적 추상적인 개념으로 이를 수치로 표현하기는 쉽지 않다. 하지만 만약 교우 관계의 정도를 '비밀을 털어놓을 수 있는 교내 친구의 수'로 측정한다면 구체적인 수치로 표현하는 것이 가능해진다. 이처럼 양적 연구방법론에서는 개념의 조작적 정의만 잘 이루어진다면 연구자의 가치나 선입견에서 벗어나 객관적인 관찰이 가능하다고 본다.

질적 연구방법론에서는 사회·문화 현상이 자연 현상과는 근본적으로 다르다는 점을 주장한다. 사회·문화 현상에는 행위자의 주관적인 동기와 의미가 개입되어 있기 때문이다. 따라서 사회·문화 현상을 바람직하게 파악하기 위해서는 행위자의 주관적 동기와 의미를 사회적 맥락에 따라 심층적으로 이해해야 한다. 이런 이유로 질적 방법론에서는 연구자의 경험이나 지식, 가치 등이 사회·문화 현상을 해석하는 데 유용하게 활용될 수 있다고 본다. 예를 들어 교우 관계는 교내 친구가 몇 명인지와 같이 단순한 수치로 표현될 수 없는 복잡한 측면을 포함하고 있다. 어떤 동기로 교우 관계를 맺는지, 실제 친구와의 관계에서 어떤 의미를 주고받으면서 관계를 형성하고 유지하는지를 이해하는 것이 더 중요하다는 것이다. 따라서 교우 관계를 파악하기 위해서는 단순히 친구의 수를 파악하는 것보다는 학생들의 생활을 관찰하고 직접 대화를 나누면서 현상에 포함된 의미를 이해하는 것이 바람직하다고 본다. 질적 연구방법론에서는 연구자의 직관적인 통찰이 중요하다고 보지만 최근에는 객관적인 자료를 확보하고 이를 과학적으로 분석하기 위한 다양한 방법이 개발되고 있다.

양적 연구방법론이나 질적 연구방법론은 각각 장단점을 가지고 있다. 양적 연구방법론은 통계적 방법을 통해 사회·문화 현상의 인과적 관계를 밝힐 수 있다는 장점이 있다. 반면에 행위자의 동기와 현상에 내포된 의미를 간과하는 단점이 있다. 또한 질적 연구방법론은 개별 사례에 대한 심층적 이해를 바탕으로 사회·문화 현상이 발생하는 배경과 맥락을 이해하는 데 유리하지만, 인과적 관계를 밝히기에는 무리가 따른다. 따라서 이 두 가지 방법을 배타적이거나 대립적으로 볼 것이 아니라 상호 보완적으로 활용하는 자세가 필요하다. 이렇게 양적 연구방법론과 질적 연구방법론의 상호보완적 활용을 하는 연구방법은 혼합 연구방법론이다.

흔히 '혼합연구'라고 하는 이 방법론은 한 가지 연구에서 양적 연구방법과 질적 연구방법을 함께 사용하는 것을 말한다. 그러나 혼합 연구방법은 양적 연구방법과 질적 연구방법 중 어느 것을 강조하느냐 혹은 어떤 연구방법을 먼저 사용하느냐에 따라 유형이 다양해진다. 우선 어떤 연구방법을 강조하느냐를 고려할 때 질적 연구방법 강조, 양적 연구방법 강조, 균등한 강조 유형으로 구분된다. 또한 연구방법을 활용할 때 무엇을 먼저 사용했느냐, 즉 질적 연구방법 선행, 양적 연구방법 선행, 동시 사용으로 구분될 수 있다.

사회·문화 현상을 경험적으로 연구하기 위해서는 자료를 수집하고 분석해야 한다. 어떤 자료를 어떻게 수집하느냐에 따라서 연구의 내용과 결과가 크게 달라질 수 있다. 그 때문에 자료의 수집은 사회·문화 현상에 관한 연구에 있어서 매우 중요하다. 수집할 자료의 성격에 따라 양적 자료와 질적 자료로 나뉘는데, 양적 자료를 수집하는 방법에는 질문지법과 실험법이 있고, 질적 자료를 수집하는 방법으로는 참여 관찰법과 면접법 등이 있다.

질문지법은 사전에 만들어진 질문지를 다수의 사람에게 배포하여 응답하도록 하는 방법이다. 직접 대상자를 찾아가 조사하는 것이 일반적이나, 때에 따라 우편, 전화, 인터넷을 이용하기도 한다. 질문지는 가능한 한 이해하기 쉽게 작성되어야 하며 질문에 참여하는 사람들의 눈높이에 적합한 쉬운 용어를 사용해야 한다. 또한 특정한 답을 유도하는 형식의 질문은 피해야 한다. 질문지를 작성한 후에는 사전 검사 혹은 예비 조사를 하여 질문지에 문제가 없는지 검토하는 과정을 거치는 것이 좋다. 질문지가 잘못 작성되는 경우 응답을 하지 못하거나 잘못 응답하는 경우가 발생하기 때문이다. 질문지법은 많은 사람을 한꺼번에 조사할 수 있으므로 시간과 비용을 절약할 수 있다. 또한 표준화된 질문을 사용하기 때문에 응답자들 간의 비교가 용이하고 통계적 방법을 사용하기에 적절하다. 하지만 깊이 있는 응답을 끌어내기 쉽지 않고, 문맹자에게는 실시하기 어렵다는 단점이 있으며, 응답자가 질문을 이해하지 못하는 경우가 발생할 수도 있다. 성의 없는 답변을 처리하기 어렵다는 점도 질문지법의 한계로 지적된다.

실험법은 인간이나 사회 집단을 특정한 상황 속에 놓고 인위적인 자극을 가한 뒤 그 결과를 관찰하는 방법이다. 이때 인위적인 자극이 실제로 특정한 결과를 가져오는지 알아보는 것이 중요하다. 따라서 실험법에서는 모든 면에서 유사한 두 개 혹은 그 이상의 집단을 나누고 특정 집단에만 인위적인 자극을 가한 후 집단 간에 결과의 차이가 있는지 관찰하게 된다. 이 경우 자극을 가하는 집단을 실험 집단, 그렇지 않은 집단을 통제 집단이라고 부른다. 예를 들어 한 반의 학생들을 무작위로 두 집단으로 나누어 통제 집단에 대해서는 기존의 교수학습법을 사용하고 다른 집단에는 혁신적인 교수학습법을 활용했다고 하자. 어느 정도 경과 후 시험을 본 결과 실험 집단에 속한 학생들이 통제 집단에 속한 학생들보다 성적이 좋다면 이는 혁신적인 교수학습법이 효과가 있다는 것을 의미한다. 실험법은 원인과 결과의 관계를 엄격하게 관찰할 수 있다는 장점이 있기는 하지만, 인간을 대상으로 통제된 실험을 수행해야 하는 만큼 많은 제약이 있고 윤리적인 문제가 발생할 가능성도 상대적으로 높다는 단점이 있다.

　다양하게 변화하고 생동감 넘치는 사회·문화 현상을 관찰하기 위해 많은 사회과학자는 연구 대상이 되는 집단에 들어가 생활하면서 집단을 관찰하고 자료를 수집하는 방법을 사용하기도 한다. 이러한 방법을 참여관찰법이라고 부르는데, 이 방법은 원래 의사소통이 어려운 원시 부족을 연구하기 위해 인류학자들이 많이 활용하였으나 오늘날에는 다양한 학문 분야에서 그 활용도가 점점 커지고 있다. 참여관찰을 하는 경우 사회과학자들은 민속지를 작성하기도 한다. 민속지란 문화기술지라고도 불리는데, 특정한 사회의 풍습과 생활양식, 문화 등을 관찰한 후 이를 보고한 기록물을 가리킨다. 특히 참여관찰법은 질적 연구를 위한 대표적인 자료수집방법이며, 참여관찰의 대상이 되는 사람들을 연구참여자라고 부른다. 참여관찰법은 문맹자나 어린이 등 소통이 어려운 대상에도 적용이 가능하며, 연구참여자들이 어떻게 생각하고 행동하며 상호작용하는지를 현장에서 직접 보고, 듣고, 느끼면서 자료를 수집할 수 있다는 장점이 있다. 또한 인위적인 조작을 가하지 않고 현실 그대로를 관찰하므로 자료의 실제성을 보장받을 수 있다. 그러나 시간과 비용이 많이 들며, 경우에 따라 연구자의 주관적 해석이 개입되거나 연구참여자가 연구자를 의식하여 평소와 다르게 행동하는 경우 왜곡된 자료를 수집할 수 있다. 예측하지 못한 상황이 발생하는 것을 통제하기 어렵다는 것도 단점에 해당한다.

면접법은 연구자가 직접 대상자와 만나 대화를 나누면서 자료를 수집하는 방법이다. 앞서 살펴본 질문지법이 표준화된 질문지에 응답자가 답변 내용을 직접 적는 방법을 사용한다면 면접법은 간단한 질문 내용을 담은 조사표를 가지고 응답자와 깊이 있는 대화를 통해 자료를 수집하는 방법이다. 면접법에는 조사자와 응답자가 일대일로 진행하는 개별 면접법과 여러 명의 응답자와 한꺼번에 대화하면서 진행하는 초점 집단 면접법 등이 있다. 면접법은 응답자의 생각을 심층적으로 들을 수 있고, 추가적인 정보가 필요한 경우 추가 및 보충 질문을 할 수 있으며, 예상치 못한 답변이 나올 때에도 더욱 유연하게 대응할 수 있다. 또한 문맹자에게도 실시할 수 있으며, 응답자가 질문을 오해할 소지가 적다는 점도 면접법이 가진 장점에 해당한다. 하지만 시간과 비용이 많이 들어 많은 사람을 대상으로 실시하기 어렵고, 그로 인해 조사 결과를 일반화하기 어렵다는 단점도 있다. 또한 연구자가 자기도 모르는 사이 특정한 대답을 유도할 수 있으며, 연구자의 주관이 개입될 수 있다는 문제점도 있다.

사회·문화 현상을 직접 관찰하는 대신 기존의 연구 결과물이나 기록이나 기록 자료 등을 참고하여 자료를 얻는 방법도 있다. 이를 문헌연구법이라고 부르는데, 실증적 연구와 해석적 연구 모두에서 사용되는 자료 수집방법이다. 연구의 주제를 설정하거나 방향을 잡을 때는 이미 발표된 문헌 자료를 참고할 수 있다. 또한 이미 시간이 많이 지나서 어떤 특정 시대의 사회·문화 현상을 직접 관찰하기 어려운 경우에도 다양한 기록, 통계 자료, 역사적 문헌을 통해 탐구할 수 있다. 이를테면 결혼이주여성들의 한국 사회문화 적응 실태를 살펴보려면 우선 이를 주제로 이미 발표된 논문이나 서적, 관련 연구보고서 등을 찾아 읽어 본다. 이처럼 문헌연구법은 직접 현상을 관찰하는 수고를 덜어주고 시·공간적으로 접근이 어려운 사회·문화 현상을 탐구할 수 있도록 해준다는 장점을 지닌다. 아울러 기존의 연구 동향을 쉽게 파악할 수 있게 해준다. 하지만 문헌에 대한 신뢰도를 보장할 수 없다는 점과 문헌을 해석하는 과정에서 연구자의 주관이 개입될 우려가 있다는 단점이 있다.

특정한 사회·문화 현상을 탐구하려는 연구자는 자신이 활용하고자 하는 자료수집 방법을 선택해야 한다. 또한 자료수집 방법을 선택할 때에는 다음과 같은 점들을 고려할 필요가 있다.

첫째, 최선의 자료수집 방법을 선택하기 위하여 고민해야 한다는 것이다. 예를 들어 공포 영화를 본 뒤 인간의 심리상태가 어떻게 변하는지를 연구하는 경우에는 실험법을 활용하는 것이 적절하지만, 거주 지역에 따라 스트레스의 정도가 어떻게 다른지를 연구할 때에는 실험법을 활용하는 것은 적절치 않다. 연구 대상자를 도시 지역과 농촌 지역에 강제로 이주시킬 수는 없기 때문이다. 이 경우에는 질문지법이나 면접법을 활용하는 것이 훨씬 효과적이다.

둘째, 하나의 사회·문화 현상을 탐구할 때에도 가능하다면 복수의 자료 수집방법을 상호보완적으로 활용하는 것이 좋다. 자료 수집방법들은 고유의 장단점을 가지고 있어서 여러 가지 방법을 사용하면 단점을 보완하고 장점을 극대화하는 효과를 얻을 수 있다. 또한, 여러 가지 방법으로 수집된 자료를 통해 같은 결론에 도달한다면 더욱 신뢰성 있는 연구가 될 것이다.

사회·문화 현상을 탐구하는 것은 사회과학자만의 전유물이 아니다.

학문수행자로서 시민이라면 누구나 실천할 수 있는 비판적으로 세상 읽어내기의 행위이며, 적극적인 정치참여 행위인 것이다. 학문수행자로서 시민 모두는 '작은 사회과학자'인 셈이다. 우리가 사회·문화 현상을 꼼꼼하게 리터러시한다면 우리의 미래는 좀 더 지속가능할 수 있을 것이다. 그 첫 번째 과업이 바로 사회·문화 현상을 읽어내는 적절한 연구방법론을 탐색하는 것이다.

3. 사회·문화 현상 탐구의 태도

사회·문화 현상을 탐구하기 위해서 아무리 좋은 방법이 개발되어 있다고 하더라도 이를 활용하는 사람, 즉 연구자가 잘못된 태도를 보이고 있다면 문제가 발생할 수 있다. 이는 아무리 좋은 법이 있어도 재판관이 선입견이나 편견이 있으면 공정한 판결을 내리기 어려운 것과 같은 이치다. 그러므로 사회·문화 현상을 탐구하는 연구자는 객관적 태도, 개방적 태도, 상대주의적 태도, 그리고 성찰적 태도를 갖추고 있어야 한다. 이와 같은 네 가지 태도는 사회과학자들이 기본적으로 지녀야 하는 행동적 덕목이다.

객관적 태도란 연구자 개인이 지닌 가치관이나 주관, 나아가 해당 집단에 지닌 편견이나 선입견이 연구에 영향을 주지 않도록 하는 태도를 이른다. 즉, 어떠한 이해관계에도 영향을 받지 않고 사회·문화 현상을 탐구하는 것이다. 연구자 역시 특정 집단이나 사회·문화적 환경에 속한 구성원이므로 자기도 모르게 편견이나 선입견을 품기 쉽다. 그러나 연구자가 자신의 주관이나 가치관을 탐구 과정에 개입시키면 자칫 연구결과를 왜곡하거나 어느 한쪽에 치우친 결과를 도출할 수 있다. 따라서 사회·문화 현상을 바람직하게 파악하기 위해서는 객관적으로 그 현상을 바라보는 태도를 가져야 한다.

사회·문화 현상은 다양한 측면을 가지고 있으므로 관점에 따라 이를 파악하는 방식과 태도가 다양할 수밖에 없다. 따라서 사회·문화 현상을 바라보는 다양한 시각이 공존할 수 있음을 인정하고 자신의 주장에 대한 타인의 비판을 허용하는 태도를 개방적 태도라고 한다. 가령 특정 지역의 개발이 지역의 경제를 활성화할 것이라고 주장하는 연구자라도 개발이 지역사회 내의 갈등을 유발하고 빈부 격차를 심화시킬 수 있다는 결과가 나온다면 이를 받아들이는 태도를 갖추어야 한다. 그러나 모든 주장을 인정하고 수용하는 태도가 곧 개방적 태도는 아니다. 어떠한 주장이 아무리 논리적으로 설득력이 있더라도 경험적으로 확인되기 전까지는 가설로서만 받아들이는 태도가 요구된다.

사회·문화 현상은 사회의 고유한 역사적·문화적 배경과 불가분의 관계에 있다. 어떤 사회에서는 야만적이라고 여겨지는 현상도 다른 사회에서는 당연한 관습으로 받아들여질 수 있다. 연구자는 이러한 사회·문화의 특수성을 고려하여 해당 사회의 사회·문화 현상을 상대적으로 인식하고 탐구해야 하는데, 이러한 태도를 상대주의적 태도라고 한다. 따라서 어느 한 사회에서 발견된 사회·문화 현상이 다른 사회에서도 같게 나타날 것으로 생각해서는 안 되며, 특히 특정한 문화의 잣대로 다른 사회의 풍습이나 문화를 재단해서도 안 된다. 서로 다른 관습과 제도를 편견 없이 이해하기 위해서는 그 사회의 역사적·문화적 맥락을 반드시 고려해야 한다.

성찰적 태도란 사회·문화 현상에 보다 적극적이고 능동적으로 대처하고, 이 현상이 자신의 삶에 어떤 의미를 구성하는지를 끊임없이 탐구하는 태도이다. 같은 사회·문화 현상을 보더라도 아무런 의심 없이 이를 대하는 사람이 있고, 왜 그런 현상이 나타나는지 의문을 제기하는 사람도 있다. 사회·문화 현상의 원인과 의미를 발견하고 새로운 사실을 밝혀내기 위해서는 연구 대상에 대해서 항상 문제의식을 느끼는 성찰적 태도가 필요하다. 이러한 태도를 보이게 된다면 남들이 당연시하는 현상도 새롭게 바라볼 수 있는 안목을 갖게 된다.

사회·문화 현상 탐구를 하는 데 있어서 연구자가 지닌 가치가 중요하다. 일반적으로 가치란 특정 대상이나 현상이 얼마나 좋은지 싫은지, 옳은지 그른지, 바람직한지 그렇지 않은지 등을 뜻하는 말이다. 이 점에서 가치는 실제로 일어난 현상 혹은 특정한 시간과 공간에서 객관적으로 관찰할 수 있는 현상인 사실과 명확하게 구분된다. 가치는 같은 현상에 대해서도 누가 판단하느냐에 따라 다르게 나타날 수 있다. 사회·문화 현상을 바라볼 때도 가치가 개입될 수 있다. 특히 사회·문화 현상은 현상 자체에 사회 구성원들의 주관적 의미와 가치가 포함될 수밖에 없고, 연구자 자신도 결국 한 사회에 속한 구성원이므로 자신의 가치를 완전히 배제하고 연구한다는 것은 쉬운 일이 아니다. 그렇다면 사회·문화 현상을 탐구할 때 가치 개입은 어떤 경우에 용인되며, 가치 중립이 요구되는 경우는 어떤 경우일까?

사회학자인 막스 베버Weber, M.는 가치 중립과 가치 개입이 반드시 배타적인 개념이 아니라고 주장하였다. 연구자는 자신이 중요하다고 생각하거나 관심 있는 내용을 토대로 연구문제를 선정할 수 있다. 또한 선정된 주제의 성격에 따라 적절한 연구 대상 및 자료수집 방법을 정할 수 있을 것이다. 따라서 연구 주제를 선정하고 연구를 설계하는 단계까지는 연구자의 가치가 중요하게 작용될 수 있다. 가치는 경험에서 형성되기에 경험을 조우하는 모든 연구자는 이 경험을 자신의 의미로 만들어 내는 수련이 필요하다. 이것이 이른바 학문수행자로서 시민이 지녀야 할 윤리라고 주장한다.

어떤 연구자가 청소년 범죄가 심각한 사회 문제를 일으키고 있다고 판단하고 이에 관한 연구를 하기로 하였다. 그리고 청소년 범죄를 유발하는 다양한 요인 중 친구 관계가 중요할 것으로 생각하고 거기에 초점을 둔 연구를 수행하기로 하였다. 청소년들의 생각과 상황을 심층적으로 파악해야 하므로 설문 조사보다는 면접법이 더 좋을 것으로 판단하였다. 연구 주제를 설정하고, 내용을 구체화하며 연구방법을 선정하는 이 단계까지는 연구자의 가치가 매우 중요하게 작용했음을 알 수 있다.

하지만 일단 연구에 착수하면 연구자는 자료를 수집하고 분석하여 결론을 노출하기까지 자신의 가치를 철저히 배제해야 한다. 범죄 청소년을 면접하면서 그가 나쁘다는 선입견을 품어서는 안 되며, 불쌍하다거나 안타깝다는 감정을 앞세워서도 안 된다. 만약 이때 연구자의 가치가 개입되면 사실을 왜곡하는 자료를 수집하게 되므로 연구결과의 신뢰도가 낮아질 것이다.

자료수집·분석 및 결론 도출이 끝나면 도출된 결과를 어떻게 활용할 것인가를 정하게 되는데, 이때에는 연구자의 적극적인 가치 개입이 허용된다. 청소년 범죄에 관한 연구에서 나온 결과를 교육 정책에 반영하는 것이 좋을지, 형사 정책에 반영하는 것이 좋을지는 연구자의 가치에 따라 달라질 수 있다. 이를테면, 가치 중립이란 연구자가 특정한 가치를 가져서는 안 된다는 의미가 아니라 필요에 따라 객관적인 태도를 보일 수 있어야 함을 의미하는 것이다. 오히려 바람직한 가치를 가지고 있어야 가치 개입이 허용되는 단계에서 올바른 판단을 할 수 있을 것이다.

사회과학적 연구의 결과물은 다양한 방식으로 활용된다. 우선 사회를 이해하고 나아가 그 속에서 살아가는 인간에 대한 이해와 지식을 증진하는 데 활용될 수 있다. 그뿐만 아니라 각종 사회 문제를 해결하기 위한 정책을 개발하거나 보다 나은 삶과 사회의 모습을 제시할 목적으로 활용되기도 한다. 따라서 연구결과를 활용할 때에는 그것이 실제로 적용되었을 때 얻을 수 있는 긍정적인 효과와 함께 그로 인해 일으킬 수 있는 부작용을 미리 고려해야 한다.

제2차 세계 대전 당시 독일과 일본에서는 그들에게 동조하지 않는 사람들을 정치적으로 몰아세워 강제 징집과 부역에 동원했고 그들을 대상으로 다양한 생체 실험을 했다. 그 결과 생물학이나 병리학, 의학 등의 분야에서 과학적 지식을 축적할 수 있었지만 전 세계적으로 비윤리적이라는 비난을 면할 수 없었다. 이 사례는 인간과 사회를 다루는 사회과학적 연구에서도 지켜야 할 윤리적 기준이 있음을 보여준다. 그렇다면 연구자가 지켜야 할 윤리적 원칙에는 어떠한 것이 있을까?

첫째, 사회·문화 현상의 탐구는 근본적으로 인간을 대상으로 하므로 탐구 과정에서 조사 대상자의 인권을 보호해야 한다. 특히 조사 과정에서 조사 대상자의 사생활이 노출되거나 명예가 훼손되는 등의 피해가 발생하지 않아야 한다. 이를 위해서는 조사 대상자에게 연구의 성격과 목적, 내용 등에 대한 정보를 사전에 제공하고 조사 참여에 대한 동의를 구해야 한다.

둘째, 원하는 결과를 얻기 위해 자료를 특정 이해집단을 위해 편파적으로 수집하거나 수집된 자료를 임의로 조작해서는 안 된다. 특정한 답변을 유도한다든지, 자기 생각에 우호적인 사람들만 골라서 조사하는 것도 결과를 왜곡할 수 있다는 점에서 윤리적인 문제를 일으킬 수 있다.

셋째, 연구의 결과를 해석하고 활용함에도 윤리적인 문제를 고려해야 한다. 아무리 좋은 연구가 이루어졌더라도 그 결과를 반인권적이고 비윤리적인 곳에 활용한다면 커다란 사회 문제를 일으킬 수 있다. 또한, 연구자 자신이 아니더라도 연구결과가 다른 사람에 의해 비윤리적인 곳에 활용될 소지가 있는지를 항상 점검해 보아야 하며, 자신이 발표한 연구결과에 대해 끝까지 책임지려는 자세가 필요하다.

넷째, 표절과 관련된 연구윤리 문제가 있다. 다른 사람이 수집한 자료를 자기가 모은 자료인 것처럼 발표하거나 다른 사람이 쓴 논문이나 보고서를 자기가 쓴 것처럼 하는 것은 비윤리적인 행위이며 범죄에 해당한다. 따라서 다른 사람의 자료나 글을 인용할 필요가 있을 때는 반드시 출처를 밝힘으로써 그 사람의 노력을 인정해 주는 태도를 보여야 한다.

최근 들어 연구를 설계하는 단계에서도 이를 검토받아야만 하는 학문수행 제도가 생겨났고, 인간과 동물을 대상으로 하는 학위논문의 경우 IRB 심의를 규정화하는 연구기관들이 늘어나기 시작했다. IRB는 우리말로 기관생명윤리위원회라 하며 영어로는 'Institutional Review Boards(IRB)'라 한다. IRB는 연구가 시작되기 전 연구계획서상 연구수행 중에 어떻게 연구참여자들을 보호해줄 수 있는가를 명시한 연구윤리의 일종이다.

넓게 보면 연구윤리란 연구자가 연구를 수행하면서 지켜야 할 원칙이나 행동양식을 말하며, 소속기관에서 책임을 지므로 연구자를 보호하는 장치이기도 하다. 좁은 의미에서 연구윤리는 연구자가 연구를 계획·준비하여 신청하고, 실제 수행하며, 그 결과를 도출해 내고 발표하기는 과정에서 지켜야 할 행동 양식이다. 연구윤리는 연구를 진행하면서 정직성, 정확성, 효율성, 객관성을 그 기본으로 한다. 정직성은 정보를 정직하게 전달하고 약속을 지키는 것이고, 정확성은 연구결과를 정확하게 보고하고, 오차를 피하는 데 최선을 다하는 것이다. 효율성은 자원을 현명하게 사용하고 낭비하지 않는 것이고, 객관성은 사실을 명확하게 밝히고 부당한 편견을 피하는 것이다. 또한, 연구윤리는 연구 대상이 되는 사람들의 건강과 생명뿐만 아니라 이들의 개인정보와 사생활을 보호하기 위한 것이며, 연구자가 자신들이 지켜야 하는 연구원칙 또는 행동 양식에 대해 올바르게 이해하고 성실하고 책임 있는 자세로 연구를 실천하기 위해 만든 사회적 합의라고 볼 수 있다.

4장

공존체로서 인간과 시민윤리

1. 다문화 사회와 공존의 윤리

학문수행자로서의 시민에게 요구되는 것은 변화하는 사회 구조 내에서 적절하게 적응하고 사회 구성원 간 윤리적 실천을 수행해야 한다. 우리의 사회 구조는 그간 한 번도 경험하지 못했던 코로나 팬데믹에 의해 전과는 다른 변화들이 등장했다. "지구가 인간이라는 바이러스를 퇴치하려고 만든 백신이 코로나19다." 이런 우스갯소리가 있을 만큼 인간이 지구상에서 없어져야 할 존재가 되었다. 이번 장에서는 성찰적 측면에서 "인문학은 포스트 코로나 시대에 과연 어떻게 기여할 것인가?"라는 질문을 다룬다. 최근 인문학이 괄시받는 사회·문화적 상황에서 코로나 팬데믹 시대에 다시 인문학을 생각하는 계기를 만들고자 한다. 이는 학문수행자로서의 시민이 지녀야 할 인문학에 관한 접근이나 생각과 관련이 있다.

특히 학문수행자로서 시민은 다양성이 증가하는 다문화 사회에서 인문학을 통해 공존의 윤리를 함양해야 한다는 주장과 아울러 그 방법으로서 협동학습을 강조하고자 한다. 우리 모두 알고 있듯이 인간과 질병은 수천 년간 동거해 왔고 앞으로도 그렇게 공존해야 할 것이다. 인간이 존재하는 한 질병은 인간을 걱정스럽게 하고 세상과 이별하게끔 하기도 한다. 질병이 없는 세상이 과연 가능할 것이냐고 반문한다면 누구도 그것이 가능하다고 답할 수 없을 것이다. 그렇다면 질병을 대하는 자세, 질병에 대한 인식 등에 대한 새로운 인식과 담론을 생각할 수밖에 없다. 여기에서 학문수행자로서 시민이 지녀야 할 공존 윤리가 인문학적 성찰을 통해 인식과 담론의 바탕으로 정리될 필요가 있다.

지금까지 인간은 자연을 극복해야 할 대상으로 삼았고, 그 일선에 자연과학이 큰 역할을 하였다. 그러나 인문학은 인간에게 '어린 왕자'를 만들거나 '별 헤는 밤'과 같이 조국을 잃은 슬픔을 자연을 빌려 읊기도 했다. 적어도 인문학은 자연을 해치는 발상이 아니라 친자연적인 성향을 보여 온 것은 사실이다. 지금 우리는 인문학이 가장 필요한 시대에 살고 있음에도 인문학과의 거리두기를 하고 있다. 그 이유는 바로 인문학이 대학 강단과 연구자들의 전용물이기 때문이다. 인문학이 세상으로 나가야 하며 현실을 담고 눈에 보이는 이상을 이야기해야 한다. 마치 발은 땅을 딛고도 하늘을 쳐다보듯 말이다. 이번 코로나 사태는 어쩌면 인문학의 호기를 가져올 수 있는 계기라고 본다. 코로나로 인한 사회적 불안감과 소통과 관계의 제한에서 오는 소외감을 인문학적 사유로 대처할 수 있어야 한다.

"아무리 정복하고 치료해도 질병은 항상 우리와 함께할 것이라면, 질병에 대한 인문학적 관점은 질병에 대한 극복의 담론이 아니라 공생과 통합의 담론이어야 한다"라는 말에 맞추어 필자는 공생과 통합의 담론을 위한 시발점으로 '공존의 인문학'을 제시하고자 한다. 이 공존의 인문학은 학문수행자로서 시민이 지녀야 할 공존의 윤리인 셈이다.

필자가 연구하는 곳은 인천의 '인'과 하와이의 '하'를 딴 인하대학교이다. 인하대학교의 교명 유래를 조금 아는 사람들은 인하대학교가 이승만 정부 때 하와이 교포들의 성금으로 만들어진 대학임을 알고 있다. 이런 이유로 인하대학교는 2000년 초반 다문화 사회가 도래함에 따라 인하대학교 부설 '다문화융합연구소www.cims.kr'가 설립되어 다양한 다문화 정책 연구를 수행하고 있을 뿐만 아니라 대학원에 다문화교육학과를 운영하고 있다. 연구소 단위에서 전공 학과를 운영하는 모형은 거의 인하대학교가 유일하다고 본다. 본 다문화융합연구소는 연구단위로, 대학원의 다문화교육학과는 교육단위로 하여 글로컬다문화교육연구단을 구상하고 2단계와 3단계 BK사업을 추진했으며, 금번 4단계(2020.08~2027.08) 비케이 사업에서도 미래인재 양성 분야의 인문사회 영역 교육연구단으로 선정되었다. 필자가 소장으로 있는 이 연구소와 학과를 구태여 자세히 설명하는 이유는 바로 '공존의 인문학'을 토대로 설립되었기 때문이다.

공존의 인문학에 관한 최초 발상은 "이상적인 다문화 사회가 어떤 사회일까?" 라는 궁극적인 질문에서 비롯된다. 이 이상적인 다문화 사회는 바로 다양성이 공존하며, 사회 구성원들 간 상생하는 사회이다. 공존의 사전적 의미는 "함께 존재하다"이다. 이렇게 보면 '함께'는 시간적 의미를 가지고 있다. 그런데 공존의 의미에는 이 시간적인 것을 포함하여 공간적 의미로 '같은' 공간을 갖게 된다. 다시 말해 공존은 '같은' 시간과 '같은' 공간에 '함께' 존재하는 것이라고 볼 수 있다. 문제는 여기서 공존이 어떤 상태를 가지는지를 밝히고 있지 않다는 점이다.

이 글에서는 기존의 공존 개념에다가 사회적 상호작용이 작동하는 상태를 대입하고자 한다. 우리가 생각하는 공존이 서로 '평화로운' 상태로 존재하는 정적인 상태가 아니라 사회적 상호작용인 경쟁, 갈등, 교환, 협동이 존재하는 역동적인 과정으로 볼 것이다. 즉 정적인 머무름의 '상태'가 아니라 동적인 '과정'으로 상정하려 한다. 그 이유는 다문화 사회 구성원들 간 다양성의 공존은 결코 평화로운 상태로 주어지는 것이 아니기 때문이다. 이 다양성을 근거로 구성원들 간 경쟁, 갈등, 교환, 협동의 역동이 사회구조 변화를 혁신적으로 이끄는 데 기여하게 된다. 나아가 이러한 공존의 역동은 다문화 사회 구성원이 지녀야 할 윤리인 셈이다.

그렇다면 다문화 사회의 윤리라고 할 수 있는 공존 윤리는 과연 선천적으로 주어진 것인가? 아니면 사회적으로 구성되거나, 후천적으로 학습되는 것일까? 이에 대한 답은 이 두 가지로 내재적, 외재적 측면을 모두 포함하고 있다고 본다. 내재적으로 공존 윤리는 '영성'이라는 인간 본연의 인간다운 본질, 물론 영성은 절대자로부터 외부에서 주어진 것으로 이해되기도 한다. 그렇지만 이 글에서 영성은 인간 자체의 내재적 측면으로 간주한다. 외부적으로 공존 윤리는 '실천'과 '학습'이 전제되어야 한다.

공존 윤리의 성립을 위해 인간 자체가 공존체임에 대한 전제를 가정해야 한다. 아니 이는 가정이 아니라 현실이다. "인간은 그 자체가 공존체이다" 라고 주장하기 위해 인간은 어떤 존재인가? 인간을 구성하는 요소들을 무엇인가? 라는 질문을 먼저 제시해 본다. 인간은 남녀의 성스러운 행위의 결과로 몸을 가지고 태어난다. 몸이란 육신에 영혼을 담고 있음은 의심할 여지가 없다. 이런 맥락에서 유기체로서 인간은 정신과 육체의 이분법으로 논의하기도 하고, 영·육·혼을 구분하여 삼분법으로 나타내기도 한다.

우선 영의 영역은 절대자인 신과 교섭하는 영역이며, '영성'이라고 표현하는 영역이다. 혼은 정신적인 부분으로 감정의 영역이며, 육은 생리적인 욕구와 관련된 일상생활의 육체적인 부분이다. 그런데 이 세 가지 부분이 각개 별도로 존재하는 것이 아니라 총체적으로 작동한다. 이 중에 혼의 영역은 지성, 감성, 의지라고 표현되는 감정의 문제이다. 우리가 나쁜 감정을 가질 때 영이 풍성해질 수 없다. 그래서 감정을 잘 조절하여야 한다. 혼이 어떻게 되느냐에 따라 육으로 가거나 영의 영역으로 갈 수 있다. 혼을 매개로 인간이 영과 육의 두 가지 요소를 가지고 있지만, 그것은 인간이라는 통일체로서 존재한다.

인간을 구성하는 요소에 관한 논쟁은 오랜 세월을 거쳐 왔다. 육을 영의 반대 개념으로 구분하는 것은 고대의 그리스적인 인간관이다. 인간은 물질을 구성하고 있는 육체와 영적인 피조물인 영혼이 한 인간을 이룬 인격체에 포함되어 있다고 해야 할 것이다. 인간이 생존하는 한 인간 자체는 영과 육의 하나의 통일적 인격체로 존재하는 것이다. 영이 없는 육체나 육체 없는 영으로 분리해서 인간을 이해해서는 안 된다. 이를 인간 자체의 내적 공존이라고 볼 수 있다. 다시 말해 공존체로서 인간은 육신과 영과 혼이 서로 분리되어 있지 않다는 것이다.

우리가 어머니 뱃속으로부터 탄생하는 순간 육신을 가지고 태어나는데, 이때 영과 혼도 함께 존재의 상태에 있다는 것이다. 우리 몸속에 영과 혼이 들어와 있다는 논리이다. 인간이 죽게 되면 육신과 영과 혼은 분리가 된다. 육신이 땅으로 들어가고 영과 혼은 종교에 따라서, 문화에 의한 의례에 따라 그 소멸의 통로는 각각 다르다. 그렇지만 중요한 것은 인간이 한 개체 속에서 영과 육체의 동일체라는 사실이다. 인간이 육체적인 생명을 유지하는 한 영·육·혼이 완벽하게 존재하는 공존체로 구성된다. 다시 말해 인간은 몸을 가지고 있을 때 영혼이 같이 걸어 다닐 수 있는 공존체라고 볼 수 있다. 이런 맥락에서 인간은 한 개체 속에 육체, 영혼 그리고 정신으로 이루어진 존재, 즉 조화로운 존재인 셈이다. 이미 공존의 능력을 지니고 있다는 의미이다. 그러므로 영·육·혼을 지닌 인간은 다른 영·육·혼을 지닌 인간들과 공존할 능력을 부여받은 공존체이다.

주목할 것은 2015 개정 국가교육과정에 인간 간 공존에 대한 인재상이 기술되어 있는 점이다. 2015 개정 교육과정, 이것은 2017년부터 학교에 교과서로 담겨 교육현장에 사용되는 철학이다. 우리나라 교육과정에는 바로 이런 교육이념을 기반으로 '자주적인 사람', '창의적인 사람', '교양 있는 사람', '더불어 사는 사람'에 대해 강조하고 있다. 공존의 측면에서 보자면, 교육과정 상의 인재상 중 공존 개념과 가장 가까운 것은 바로 '더불어 사는 사람'이라고 생각한다. 사실 예전의 교육과정에서도 자주적인 사람, 창의적인 사람, 교양 있는 사람에 대해 기술 된 바 있다. '더불어 사는 사람'은 이번 교육과정에 처음 등장하는 말이다. 이는 한국 사회가 다문화사회를 대비하는 교육적 개념들이 학교와 교과서에 녹아들고 있는 것이라고 볼 수 있다.

그럼 과연 우리는 어떻게 다른 사람들과 살아야만 할까? 이제는 같은 민족 속에서의 타인들과 어떻게 살아가야 하는지에 대한 고민을 해야 한다. 또한 이를 넘어 나하고 다른 문화적·역사적·종교적 또 다른 언어를 쓰는 사람과 어떤 방식으로 우리가 사회 속에서 공존해 나갈 수 있는지에 대해 생각해야 한다. 타자와 문화 다양성을 이해하는 것, 그다음에 공존의 방법을 모색하는 것, 더 나아가서 다문화 사회를 위한 공존의 인간학을 구성하는 것이다. 공존의 인간학은 인문학에 해당한다.

또한 자연과 인간의 공존에 대해서 생각해 볼 수 있다. 인간과 동물이 어떻게 관계를 맺어왔고, 그 관계가 서로에게 어떤 영향을 미쳤는지, 그것에 대한 여덟 가지 동물과 인류의 역사 흐름은 『위대한 공존』에 기술되어 있다. 이 책에서는 어떻게 자연과 인간이 공존해 왔는가를 볼 수 있다. 예를 들어서 우리와 다른 개체인 염소, 돼지, 양 등과 같은 동물들은 사냥으로 잡은 동물과 다른 방식으로 생산되고 있다. 염소, 양, 돼지는 집에서 가축(家畜)으로 마치 가까운 친척 같이 함께 말이다. 예를 들어, 소는 최초의 짐 운반 동물이자 힘과 왕권의 상징으로 활용되었다. 그만큼 소는 인간과 공존한 역사가 유구하다. 필자가 소수민족을 연구하러 이들 집거 현지에 가보면 실제로 한 집안에서 인간과 동물이 함께 기거함을 볼 수 있었다. 2층에서 사람들이 살고 그 밑에는 돼지, 양, 소가 사는 경우가 있다. 물론 개나 고양이는 현대 우리의 가정에서 침대에서 함께 생활하기도 한다.

우리 선조들은 이미 인간과 자연의 공존을 실천해 왔다. 이를 까치 감의 예에서 살펴 볼 수 있다. 까치는 한국에서 가장 상스러운 새로 알려진 까치이다. 대체 이 까치 감을 남겨놓은 것은 어떤 이유일까? 시골에 가게 되면 늦가을에 단풍과 나뭇잎이 다 떨어진 감나무, 이 가지만 앙상한 나무에 빨간 감들이 걸려 있는 것을 볼 수 있다. 이게 겨울 때까지 가는 경우가 있는데 이 이유는 까치가 추운 겨울에 굶어 죽지 말라고 감을 남겨 놓는 것이다.

이 점은 우리 선조들이 가지고 있는 자연과 공존의 모습을 보여주는 하나의 좋은 예가 아닌가 라고 생각한다. 이렇게 우리 선조들은 자연과 공존을 했던 지혜로운 민족이었다. 자연과 공존할 방법을 자연으로부터 터득했고 또 실천했다고 볼 수 있다. 자연과 인간의 공존을 이루어왔기 때문에 인간과 인간 공존 자체가 그렇게 어렵지 않게 이루어지지 않았냐는 생각도 해볼 수 있다.

또 다른 인간과 자연의 공존 개념을 '경천애인(敬天愛人)'이라는 데서 찾아볼 수 있다. 우리 한국의 고대사회를 보면 단군신화에 대해서 나온다. 그것이 신화인가 또는 정말 역사인가에 대한 논의는 여기선 논외 대상이다. 알다시피 고조선은 기원전 2333년경에 우리나라를 세운 시조국(始祖國)이라고 보는 견해가 우세하다. 건국신화에는 홍익인간과 경청애인 사상을 찾아볼 수 있다. 여기서 경천애인에 대해서 우리가 한 번 생각해 본다면, 위로는 하늘 즉 우주 만물을 공경하는 것이다. 여기서 뭘 보여주냐하면 바로 자연과 인간의 절대 공존성을 엿볼 수 있다. 아래로는 인간들을 사랑한다는 뜻이다. 인간과 인간 간의 공존은 바로 이 대목에서 나타난다. 이렇게 우리 선조들은 아주 슬기롭게도 경천과 애인에 대한 그 사상을 지금까지 늘 가지고 내려왔다고 본다.

경천애인에서 우리가 또 하나 생각할 수 있는 부분은 늘 하늘에 부끄럽지 않게 살려고 노력한다는 윤동주 시인의 〈서시〉를 생각해볼 수가 있다. "가을이 지나가는 하늘에는 별로 가득 차 있습니다(이하 생략)..."라고 시작된다. 시인은 자신의 시에서 늘 하늘에 부끄럽지 않게 살려고 노력하는 경천사상을 볼 수 있다.

하늘에 부끄럽지 않게 살려고 노력하는 인간의 모습은 과연 어떤 것일까? 하늘에 부끄럽지 않게 살려고 노력하는 것 자체가 자연이 인간과 연계한 공존이라고 본다. 사람이 사랑하는 마음, 인간과 인간 간의 공존이 있는 평화를 지향하는 것은 당연하다고 본다. "죽는 날까지 하늘을 우러러 // 한 점 부끄럼이 없기를 // 잎새에 이는 바람에도 // 나는 괴로워했다. // 별을 노래하는 마음으로 // 모든 죽어가는 것을 사랑해야지. // 그리고 나한테 주어진 길을 걸어가야겠다. // 오늘 밤에도 별이 바람에 스치운다." 아마 여기서 하늘, 별, 잎새, 바람 이런 것들은 다 자연적인 것이라고 생각한다. 시인은 인간이 자연 속에 살면서도 서로 간에 공존을 못 이루었을 때 나타난 괴로움을 표현한 것은 아닐까?

공존이란 자기 민족과 다른 민족들이 서로 평화롭게 살아가는 길이다. 시인은 당시 우리를 침탈하고 우리 민족을 자기 민족으로 동화시키려던 일제의 행위에 항거한 것이다. 그런데 항거의 내용은 지극히 자연과 인간, 인간과 인간의 공존을 시어로 표현한다. 필자는 이 시에서 보여주는 것이 인간과 인간의 공존이 깨졌을 때 발생하게 되는 한 인간의 괴로움이고, 그 괴로움을 자연을 통해 표현한 것이라고 본다.

경천애인보다 좀 더 알려진 건국이념인 홍익인간도 역시 우리나라의 정치라든가, 교육의 최고 이념으로 삼아 왔다. 주지하는 바와 같이 홍익인간은 "널리 인간을 복되게 한다"라고 본다. 그것은 한 인간이 어떤 인간에게 공존의 관계를 맺는 최고의 철학philosophy이라고 생각한다. 이러한 철학들은 다행히도 공존 윤리의 실천과 학습 영역인 우리나라 교육과정에 반영되어 있다. 어떻게 보면 이미 우리의 체제 속에서 인간과 인간의 공존은 이미 명시화되고 있는데도 아직 생활세계의 실천 영역으로 작동을 제대로 못 하고 있다. 이것은 체제와 제도의 문제인가? 생활세계의 주체인 우리들의 문제인가?

다양성이 증폭하는 다문화 사회에서 함께 살아가기 위한 시민의 윤리는 무엇일까? 이 질문은 이 글에서는 핵심적인 답변 사항이다. 그러면서 이 글은 공존이라는 개념을 정적인 상태로 간주하지 않고 역동적인 과정을 포함하는 변증법적 변화로 간주하였다. 아울러 공존체로서 인간을 위한 구성 원리를 제안하였다. 인간 자체의 공존, 인간과 자연의 공존, 인간 대 인간의 공존을 예를 들어 설명하였다. 우리에게 남겨진 문제는 어떻게 공존을 실천할 것인가이다. 이에 대해 필자는 공동체의 개체로서, 학문수행자로서 '진지한' 시민성 함양에 목표를 둘 것이다.

2. 인문학과 시민 교육 수행

공존의 전제는 바로 공동체이며, 인간 개인은 공동체의 일원임을 인정해야 공존의 인문학이 작동될 수 있다. 이번 절에서는 공존의 인문학이 실천과 학습에 뿌리를 두어야 한다는 생각으로 성장하는 후속세대에게 시민성을 가르치는 방안을 제시할 것이다. 여기에는 아쉽지만, 기성세대에 대한 기대와 희망은 유보할 것이다. 단지 현재 고등교육에서 중등교육에 이르기까지의 학습자들에게 시민 가치를 바람직하게 학습할 수 있도록 하는 것이 관건이다.

공동체의 구성원이 되기 위해서는 공동체의 가치를 받아들여야 한다.

공동체 가치는 학교 교육의 영역에서 교과 내용과 교육과정, 두 가지 측면에서 가치교육에 접근할 수 있다. 첫 번째, 내용적인 접근은 설명을 통해 가치를 전수하는 것이다. 교수자들은 가치를 정의하고, 예를 제시하고, 그 가치를 몸소 실천하는 학생에게는 보상을 제공한다. 핵심가치는 직접적으로 전수된다. 핵심가치는 학교 사명선언문이나 교훈 등에 포함되어 모든 교실에 게시되며, 그 가치들의 정의에 따라 수업이 이루어진다. 다른 사람들과 상호작용하면서 어떻게 그 가치들이 나타날 수 있는지에 대한 예시가 주어진다. 학습자들은 핵심가치를 역할극으로 표현하고, 교사는 학생이 그 가치들을 실천하는 예를 제시한다. 이러한 가치들은 교육과정에 통합되고, 아동문학 같은 장르도 가치교육에 활용된다. 학급회의는 그 가치들이 무엇이며, 학생과 교사의 삶에 미치는 영향에 관한 토론의 장을 제공한다. 무엇이 가치 있는 것인가에 대한 명확한 정의는 교육과정 전반에서 일관된 의사 결정을 하는 데 도움이 된다.

두 번째 과정적인 접근은 학교생활 중에 학생들이 경험하는 학교 교육 과정을 통해 가치를 가르치는 것이다. 이러한 과정은 매일 학교생활의 흐름을 포함한다. 학교생활은 모델링과 동일시, 역할 분담, 모둠 영향력 그리고 잠재적 교육과정 등으로 형성된다. 첫째, 교직원과 관리자들은 학생들과 긍정적이고 친절하며 협력적인 관계를 맺고, 학생들과 끊임없이 상호작용하면서 가치들을 체화하도록 한다. 학생들이 그들이 좋아하거나 존경하는 다른 누군가(어른, 선배, 혹은 신화적인 인물)를 닮고 싶어 할 때 동일시가 가능하다. 그 사람은 보통 재치와 힘이 넘치거나 유능한 사람이다. 예를 들면, 교사의 학식을 동경하는 학생이 학자가 되기 위해 노력하거나, 교사의 정직한 행동에 감화를 받은 학생은 그와 같이 행동하기로 하는 것 등이다. 그만큼 기성세대들의 행동은 후속세대의 바람직한 사회화에 기여하고 롤모델로 자리매김해야 한다. 둘째, 학생들은 사회적 역할을 통해 가치들을 배운다. 사회적인 역할은 호혜적인 관계 내에서 상호작용을 구조화하는 것을 지향하는 일련의 기대이다. 이 기대에는 권리와 책임을 포함된다. 학생들은 학교에서 학생의 역할 뿐만 아니라, 한국인, 시민, 협력자, 중재자의 역할도 배운다. 셋째, 사람들은 그들의 준거집단의 가치를 받아들인다. 준거집단은 그들이 소속되어 있거나 그들이 소속되기를 동경하는 집단을 뜻한다. 개인들은 그들이 새로운 모둠에 소속될 때 그 집단의 가치, 태도, 그리고 행동 체계를 수용한다. 모둠 내에서 일어나는 토의와 합의는 가치를 받아들이겠다는 개인적인 약속으로부터 이루어진다. 가치들은 개개인에게 초점을 맞추어 지도하는 것보다, 바람직한 가치를 실천하는 모둠에 소속되는 것을 통해 효과적으로 가르칠 수 있다. 넷째, 경쟁적, 개별적, 협동적인 상황 저변의 가치 체계와 갈등이 관리되는 방식은 학교생활의 잠재적 교육과정이다. 학교는 학생들이 반사회적이고 파괴적인 방법으로 부정적인 가치를 표현하는 것을 막아야 한다. 학교는 친 사회적이고 타인을 배려하는 가치를 표현할 기회를 제공해야만 한다. 예를 들어, 만약 학생들이 거짓말을 한다면 그들이 진실을 말할 수 있도록 체계를 변화시켜야 한다. 그래서 학교는 공존의 인문학을 배우고 실천할 수 있는 장이다. 학교 교육이 사회적 성공을 위한 경쟁 방법을 알려주는 곳이 아니라 '인간다움'을 배우고 함께 공존하는 지혜를 습득하는 장소이어야 한다.

가치 선택은 내적 활동이다. 미래세대들은 반드시 공평함과 용기와 같은 가치들을 배울 기회를 받아야 한다. 그래서 학생들은 복잡한 논쟁점에 대해 숙고하는 경험이 필요하다. 그들이 어떤 사람이 되고 싶은지, 어떠한 전통들이 지켜나가야 할 가치가 있는지, 두 가치들이 갈등하는 상황에서 어떻게 해결해야 하는지, 이것은 학생들이 각자의 생각과 어떻게 가치를 선택하였는지 토론하는 대인관계의 과정이다. 시민성, 즉 시민 가치를 가르치는 가장 기본적인 방법은 시민 가치가 교실과 학교생활의 모든 면에 배어들게 하는 것이다. 경쟁적, 개별적, 그리고 협동적인 상황 저변의 가치 체계는 학교생활의 잠재적 교육과정이다. 이러한 잠재적 가치 교육과정은 어린이들과 청소년, 청년들의 사회적 · 인지적 발달을 촉진한다. 상호의존성의 각 유형은 본래 그것에 담긴 일련의 가치들을 가지며, 이러한 가치들은 다양성을 긍정적으로 또는 부정적으로 여길 것인가를 결정한다.

경쟁적으로 구조화된 상황에서, 사람들은 오직 혼자 또는 소수만이 얻을 수 있는 목표를 달성하기 위해 대립하여 일한다. 그들의 목표달성은 서로 부정적으로 관련되어 있다. 사람들은 어떤 사람이 그의 목표를 달성할 때 관련된 다른 사람들은 목표달성에 실패한다는 것을 안다. 그리하여, 사람들은 개인적으로 이익을 얻지만 다른 사람들에게 불리한 결과를 추구한다. 사람들이 경쟁에 관련될 때마다 경쟁이 가지는 일련의 가치들은 반복적으로 학습된다.

- 다른 사람들보다 더 많이 얻기 위해 노력한다. 자신이 성공하고 다른 사람들은 실패하게 하도록 개개인은 더 영리하고, 빠르고, 강하고, 유능하고, 성공적이어야 한다고 생각한다.

- 성공은 이기고 지는 것, 다른 사람들보다 더 많이 얻는 것에 달려있다고 믿는다. 다른 사람을 넘어 승리하고 최고가 되는 것을 가치 있게 여긴다. 승리는 탁월함과는 거의 관련이 없으며 어쩌면 그 반대이다. 경쟁은 탁월함의 가치 대신에 승리의 가치, 즉 다른 참가자들보다 더 잘하고 더 많이 얻는 것을 가르친다.

- 타인의 성공에 대한 반대, 방해, 파괴행위는 자연스러운 것이다. 승리는 공격(다른 사람보다 더 잘하는 것)과 방어(다른 사람을 견제하는 것)를 얼마나 잘 해내느냐에 달려있다. 이기기 위한 두 가지 방법은 더 잘하는 것과 타인의 노력을 방해하는 것이다. 영리한 경쟁자는 이기기 위해 언제나 상대방을 반대하고 방해하고 파괴할 방법들을 찾아낸다.

- 승리의 기쁨과 실패한 다른 사람의 실망은 연관되어 있다. 승리자는 자신의 성공과 다른 사람들의 실패에 매우 기뻐한다. 어떤 사람이 실패하는 것은 다른 사람이 승리의 기회를 얻게 되는 것이므로, 이는 행복과 기쁨의 근원이 된다.

- 한 사람의 성공에 다른 사람들이 위협을 가한다. 영리한 경쟁자는 다른 사람들을 방해하거나 파괴행위를 일삼으며, 경쟁자들은 서로 믿지 못한다. 다른 사람이 성공하기 위해 기울이는 노력과 파괴행위는 곧 위협이 된다. 경쟁은 급우들을 적대자로 만들며, 서로의 성공을 위협하게 한다.

- 성공이 한 사람의 가치를 판단하는 기준이 된다. 승리한 사람은 곧 가

치 있는 사람이다. 실패한 사람은 가치 없는 사람이다. 한 사람의 가치는 결코 고정된 개념이 아니라 그가 거둔 가장 최근의 성공에 따라 달라진다. 승리하지 못하는 사람은 더 이상 한 개인으로서의 가치를 지니지 못하며, 경쟁은 쉽게 이길 수 있는 몇몇 자질에만 가치를 부여한다. 이길 수 있는 사람의 수는 제한되어 있어서 대부분 사람은 가치가 없다. 학교를 예로 들면, 읽기나 수학 시험에서 상위 5~10%에 들지 못한 학생은 학문적으로 거의 또는 전혀 가치가 없으며, 패배자가 될 뿐이다.

- 자기 가치는 성공 여부에 따라 결정된다고 믿는다. 경쟁은 승리가 자기 가치의 조건이라고 가르친다. 승리하지 못하는 사람은 인간으로서의 가치를 포기하는 사람이며, 학생들이 자기 자신에 대한 믿음을 갖지 못하게 함으로써 경쟁은 끝없는 불안을 야기한다.

- 외재적 동기는 배우고자 하는 노력보다는 이기고자 하는 노력이라고 생각한다. 학습과 발달이 아닌 승리만이 목표가 된다. 다른 외재적 동기들처럼, 사람들이 서로를 이기기 위해 노력하게 하는 것은 과제 그 자체에 대한 학생들의 관심을 감소시킨다.

- 다른 사람들을 두려움 또는 멸시의 대상으로 간주하는 태도를 보인다. 다른 사람들은 자신의 성공에 있어 잠재적 장애물로 여겨진다. 만약 그들 각자에게 유리한 방식이 다르다면 그 차이는 두려움의 대상이 되며, 그들을 능가하는 한 사람에게만 유리하다면 그들은 도외시될 것이다. 자신보다 학업 성취도가 높은 학생들을 염려하며, 학업 성취도가 낮은 학생들을 무시한다.

우리나라의 교육은 미래 세대들에게 경쟁학습을 강조하고 있다. 교육 과정에서는 6대 핵심역량(자기 관리 역량, 지식정보처리 역량, 창의적 사고 역량, 심미적 감성 역량, 의사소통 역량, 공동체 역량), 4대 인재상(자주적인 사람, 창의적인 사람, 교양 있는 사람, 더불어 사는 사람) 등 각종 좋은 표어는 다 걸고 정말 훌륭한 내용이 존재한다. 그러나 학교의 현실은 입시 준비만 분주하다. 그래서 어떻게 점차 다양해져 가고 있는 다문화 사회의 시민이 될 수 있을까 하는 의문이 든다. 이런 맥락에서 앞에 거론한 경쟁적인 구조는 개인도 사회도 결코 행복할 수 없게 하는 무한 게임을 연출한다. 그래서 경쟁적인 구조를 지양해야 한다.

개인주의에 토대를 둔 개별적으로 구조화된 상황은 참가자들 개개인의 목표달성 사이에는 상관관계가 없다. 개개인은 다른 사람들이 그들의 목표를 달성하는 것과 상관없이 목표에 도달할 수 있다는 것을 안다. 그러므로 사람들은 다른 사람의 성과를 고려하지 않으며 자신의 개인적인 성과만을 추구한다. 개별적인 경험에서 배우는 가치는 앞에서 다룬 경쟁에서 배우는 가치와 차이가 있다.

- 자신의 이기적 성향에 충실하다. 자신의 성공만이 중요하며, 다른 사람들의 성공은 상관없는 것으로 간주한다. 고립되어 타산적으로 행동한다. 다른 사람의 곤경은 무시하며, 오로지 자기중심적일 뿐이다.
- 성공은 자신의 노력에 달려있다고 믿는다. 성공을 위해 어떠한 기준에 도달하는 것이 가치 있게 여겨진다. 개별적인 작업은 독립적인 노력의 가치를 가르친다.
- 다른 사람의 성공이나 실패는 상관하지 않으며, 문제가 되지 않는다.

- 성공의 기쁨은 개인적으로 누리는 것으로 생각한다.

- 개인의 성공은 다른 사람들과 관계가 없다고 생각한다. 자신은 다른 이들의 성공이나 실패는 아무런 관련이 없다. 자신의 성공에도 다른 사람들은 역시 관련이 없으며 그들을 피해야할 상대로 생각한다.

- 다른 사람들은 자신이 성공하기 위해 기울이는 노력에 아무런 관련성이 없기 때문에 그들은 가치가 없다는 태도를 보인다. 다른 사람들을 평가할 때, 성공에 가장 큰 영향을 미치는 표면적인 자질(읽기나 수학 능력)에만 초점을 맞춘다.

- 자기가치는 오로지 자기 자신에게 달려있다는 관점이다. 한 사람을 성공하도록 만드는 특성만이 가치 있다. 학교에서는 보통 읽기나 쓰기 능력을 말한다.

- 배우고자 하는 노력보다 기준을 달성하고 보상을 받는 외재적 동기를 보다 가치 있게 여기는 개인적인 경험이다. 학습과 발달이 아닌, 기준을 달성하는 것이 목표이다. 성공함으로써 받게 되는 보상이 외재적 동기이다.

- 자신과 다른 사람들은 배척하고, 비슷한 사람들은 선호한다. 다른 사람들을 자신의 성공에 불필요하고 상관없는 존재로 생각한다.

점차 우리의 미래세대는 '혼밥' 등과 같은 개인의 문화가 확장되어 있다. 분명히 개인주의의 장점은 존재하며, 개인의 성취와 성공에 초점화되어 있어서 다른 개인이나 타자가 배려되고 있지 않은 단점이 있다. 이런 경쟁주의, 개인주의를 극복하기 위해 협동이 도입된다.

3. 협동의 미덕과 공존 윤리

협동이란 서로가 공유한 목표를 달성하기 위해서 함께 활동하는 것이다. 협동적인 활동을 할 때 개인들은 자신들에게 도움이 되고 다른 모든 모둠 구성원에게 도움이 되는 성취 결과를 추구한다. 협동학습이란 학생들이 자신을 포함한 다른 학생들의 학습을 극대화하기 위하여 함께 활동하는 모둠 활동에 적합한 교수 학습 방법이다. 협동학습 모둠의 구성원인 학생들에게는 두 가지 책무가 주어진다. 바로 자기가 맡은 학습 주제를 공부하는 것과 다른 모든 구성원들도 똑같이 한다는 것을 확신하는 것이다. 협동학습 상황에서는 모둠의 다른 학생들과 마찬가지로 학생들이 자신의 학습 목표에 도달할 수 있다는 것을 깨닫는다. 협동에 의한 노력이 가지고 있는 고유의 가치들은 개별적인 노력이나 경쟁적인 노력과는 사뭇 다르다.

- 공익에 대한 책임을 진다. 협동하는 상황에서는 개인의 작업이 자신의 복지뿐만 아니라 다른 모든 협력자의 복지에도 기여를 한다. 공익과 다른 사람들의 성공에 관한 관심이 형성된다. 왜냐하면, 다른 사람들도 자신의 복지에 이바지하기 때문이다.
- 성공이 공동의 목표를 이루기 위한 모든 사람의 협력에 달려있다고 믿는다. 협동에 참여하는 사람들은 함께 가라앉거나 함께 수영하게 되기 때문에 구성원들 사이의 밀접한 유대 관계가 발달하게 된다. 협동 작업과 공동의 책임은 가치 있게 여겨진다. 모든 구성원이 자신의 역할을 완수할 때 성공할 수 있다. 협동을 통해서 공동의 목표를 이루기

위해 함께 활동하는 것의 가치를 배우게 된다.

- 다른 구성원들의 성공에 응원과 격려를 보내는 것은 자연스러운 삶의 한 방식이다. 모든 사람이 각자의 일을 잘할 때 성공할 수 있다. 성공에 도달하는 두 가지 방법이 있다. 협력해야 할 일에 자신이 할 수 있는 모든 힘을 기울이는 방법과 다른 구성원들이 최선을 다할 수 있도록 격려하는 방법이다. 영리한 협력자는 항상 다른 구성원들의 의욕을 높이고, 격려하는 방법을 알게 된다.

- 다른 구성원의 성공에 함께 기쁨을 느낀다. 협력자들은 성공에 대하여 크게 기뻐하고, 다른 사람들의 성공에 대하여서도 저절로 기뻐한다. 누군가가 성공한다면 그것은 기쁨과 행복의 원천이 된다. 왜냐하면, 그것은 자신의 도움과 원조가 성과를 거두었다는 것을 의미하기 때문이다.

- 다른 사람들이 자신의 성공에 잠재적으로 기여한다고 생각한다. 영리한 협력자들은 다른 사람의 작업을 원활하게 촉진시키기 때문에 신뢰를 받는다. 그들은 성공하려는 자신의 노력으로 자기 자신의 성공을 촉진시킨다.

- 다른 사람들의 가치가 무조건적이라는 신념을 가진다. 모든 사람은 언제나 가치 있는 다양한 방법으로 공동의 노력에 기여한다. 이와 같은 고유한 가치는 모두의 성공을 위해서 활동하면서 다시 확인된다. 협동은 공동의 성공을 촉진하는 다양한 자질에 가치를 부여한다. 따라서 모든 사람이 가치를 가지게 된다.

- 자존감이 무조건적이라고 믿는다. 개인이 가지고 있는 어떤 능력이든 협력과 공익에 도움이 된다는 사실에서 자존감이 형성되며, 이는 협동

을 통해 배우게 된다. 누구라도 결코 가치를 잃지 않는다. 협동이라는 경험은 자신과 자신의 가치에 대한 믿음에서 생긴다.

- 내적인 동기는 배우고, 성장하고, 발전하고, 성공하기 위해서 노력하는 것에 기반을 두어야 한다고 생각한다. 학습은 획득이 아니라 목표이다. 다른 본질적인 동기들처럼 사람들이 공익에 기여하도록 설득하는 것이 과제 자체에 대한 학생들의 흥미를 증가시킨다.

- 서로 다른 사람들이 모두 가치 있다는 태도를 보인다. 다른 사람들이 자신의 성공에 필요한 잠재적인 도움을 준다는 것을 인식하게 된다. 사람들이 서로 다르다면 그것은 협력을 위해 더욱더 다양한 자원이 이용 가능하다는 것을 의미한다. 따라서 그 차이점이 가치 있게 된다. 구성원들의 다양한 기여는 결국 그들의 성별이나, 인종, 문화, 사회계층이나 능력과 관계없이 모든 사람이 평등한 가치를 가지고 있고, 똑같이 가치 있게 여겨지는 데에서 나온다.

협동학습은 민주주의를 위한 교수법이며 공존의 인문학을 실천할 수 있는 가장 훌륭한 첩경이다. 협동학습은 학생들이 공익을 추구하고, 자기 자신보다는 다른 사람을 중심에 놓도록 권장하도록 동기를 유발하는 학급의 실천 활동이다. 그뿐만 아니라 협동학습은 권위적 인물이 아닌 사람들에게 권한을 위임한다. 협동학습은 공동 관심사에 관한 대화, 다양한 관점 갖기, 집단적인 판단·행동과 같은 시민의식과 역할의 발달을 장려한다. 이 협동학습에서 협동은 중요한 요인인데, 이는 공동체에서 각각의 개인이 서로에게 의존되어 있음을 전제해야 성립한다.

사회적인 상호의존은 세 가지 방식으로 형성된다. 첫 번째가 긍정적인 상호의존인 '협동', 두 번째가 부정적인 상호의존인 '경쟁', 세 번째가 상호의존 없음, 즉 '개별적인 노력'이다. 각각의 상호의존 유형은 고유한 가치들을 지니고 있다. 이와 같은 가치들은 다양성이 긍정적이거나 부정적인 결과를 산출하는 데에 영향을 미친다. 그러나 이것이 경쟁적이고 개별적인 노력이 학교에서 금지되어야 한다는 뜻은 아니다. 학생들은 흥미나 기쁨을 위해서 적절하게 경쟁하는 방법을 배워야 하고, 개인적인 목표를 달성하기 위해서 개별적으로 공부해야 하는 방법도 익혀야 한다는 이야기이다. 아울러 모둠의 일원으로서 협동하여 공부하는 방법도 배워야 한다. 그럼에도 불구하고 협동학습은 학교생활에서 중점적으로 다루어져 미래세대들이 '함께', '더불어 삶'의 시민 가치를 배워야 한다. 왜냐하면, 협동학습은 미래 생활에서 학생들과 미래 사회의 행복을 위해서 다른 문화를 지닌 타자와의 공존의 삶에서도 가장 바람직한 가치를 증진시키기 때문이다.

이 글에서 공존을 우리가 일반적으로 알고 있던 정적인 개념을 넘어 사회적 상호작용을 나타낸 역동적인 개념으로 이해하였다. 나아가 인간 자체, 인간 대 인간, 인간 대 자연의 공존에 대한 공존의 역학을 설명하고, 공존인문학을 정립하기 위한 토대를 세웠다. 아울러 공존인문학의 실천으로서 시민성교육의 방향을 제안하였다. 필자의 생각은 던져졌고 향후 이 생각이 교육현장에 적용되어야 공존인문학이 실천의 영역으로 이어질 것이다.

이 글을 통해 필자는 공존인문학의 생각을 좀 더 정리할 기회가 되어 기쁜 마음이다. 나아가 인하대 다문화융합연구소에서 개최한 두 학술행사 〈포스트 코로나 시대의 다문화 인문학〉, 〈다문화 사회와 다종교 교육

포럼〉에 참여한 '과학과 신학의 대화' 편집팀장인 백우인 선생이 필자를 인터뷰하고 기고한 인터뷰 "역동적인 공존을 말하다"를 소개한다.

인하대에는 다문화융합연구소가 있습니다. 우리나라에서 최초로 다문화에 대한 관심을 두고 연구소를 설립한 곳입니다. 다문화 융합연구소는 다문화 연구 관련 학과를 만들고, 타 학교와 연계해 공동 연구를 하면서 다문화의 감수성을 일깨워 주고 있습니다. 학교의 담장을 넘어 일반 시민사회 속으로까지 다문화인지 코드를 확산시키는 데 앞장서고 있는 곳입니다.

다문화융합연구소는 7월 7일에 〈포스트 코로나 시대의 다문화 인문학〉이라는 주제로 콜로퀴움을 개최했고, 7월 17일에는 〈다문화사회와 다종교 교육포럼〉이 개최되었습니다. "과학과 신학의 대화"는 과학과 신학만의 대화에 선을 그을 수 없습니다. 과학과 신학의 관계와 대화의 장은 사회 전반의 주도적인 이슈와 무관할 수 없기 때문이며, 다양한 분야가 서로 상호작용하기 때문입니다.

이러한 이유에서 과신대 백우인 팀장님(이하 백팀장)이 다문화융합연구소장으로 활동하고 계신 김영순 교수님(이하 김교수)을 인터뷰하게 되었습니다. 아랫글은 교수님과의 인터뷰 내용입니다.

백팀장 다문화라는 말에는 휴머니티의 울림이 있는 것 같습니다. 다양한 문화 안에는 어쩐지 차이보다는 공통점이 더 크게 다가오는데요. 어떤가요. 교수님?

김교수 혹시 어린 왕자 읽어보셨어요? 앙트완 드 생텍쥐베리는 휴머니스트입니다. 그의 관심은 사람입니다. 그러니까 인간의 문제에 관심을 가졌습니다. 그는 민족과 인종을 이어줄 수는 없을까? 고민했고 누구라도 공감하는 따뜻한 이야기를 하고 싶었습니다. 인종, 종교, 언어, 사회적 환경이 다르다고 해서 인간의 가슴의 온도까지 다르지는 않을 테니까요. 그의 책 어린 왕자는 그렇게 탄생했습니다. 어린왕자는 실제로, 너무나 다른 그 수많은 사람의 친구가 되었잖아요. 남녀노소를 가리지도 않습니다.

백팀장 어린 왕자는 전 지구적인 차원에서, 서로 친구가 되어 공존하게 하며 같은 진동수로 공명하게 한다는 말씀인 거죠?

김교수 네 맞습니다. 사실 이상적인 다문화 사회의 키워드는 공존입니다. 함께 하는 것이 공존이며 공존은 공감으로 나아갑니다.

백팀장 공존의 중요성은 알지만, 우리 피부에 와 닿지는 않습니다. 왜냐하면, 위협적이라고 느껴지고, 꺼려지고, 배타적인 마음이 앞서잖아요. 이번 코로나의 근원지인 중국을 혐오하는 정서도 그런 예가 되지 않나요? 또 종교 간의 갈등은 각 종교의 신념과도 밀접한 관계가 있고요.

김교수 물론 공존이 잔잔한 물결 같은 평화로운 상태만 있는 것은 아닙니다. 바다를 생각해 봅시다. 바람에 물결이 일렁이고 커다란 파도가 치고, 밀물과 썰물이 있듯이 그러한 모든 변화를 함께 겪습니다. 그러니까 때로는 경쟁도 있고, 갈등도 있는 공존인 것이죠. 협동도 하고 교환도 하는 공존, 다시 말해 꿈틀꿈틀하는 역동적인 공존을 말하는 것입니다.

백팀장 자연의 본래 모습은 다채로움, 다양성이니까, 자연은 다양성들의 조화를 지향한다고 생각합니다. 공존의 대상 혹은 주체, 혹은 범위는 어디까지 인가요?

김교수 좋은 질문입니다. 공존은 인간과 인간, 인간과 자연, 인간과 사회라는 관계성 안에서 이루어져야 합니다. 다양성은 창조적이고 지속적이며 균형 잡힌 관계를 만들 수 있게 합니다. 다양성은 창의적인 새로움을 창발해 냅니다. 공존의 공동체는 자연의 본성이며, 따라서 자연의 일부인 인간도 당연히 공존체적입니다.

백팀장 인류의 기원을 보면, 인간은 어머니에게서 태어날 때부터 누군가가 옆에서 돕지 않으면 온전한 생명의 탄생은 위험하다고 말합니다. 생명의 탄생은 늘 누군가의 손길과 눈길을 필요로 한다는 것이죠. 교수님! 다종교 교육 관련 포럼에서 연구소 일원 중 한 분 가정에 아이가 태어났다는 소식이 있었죠? 모두들 박수를 치는 모습이 정말 인상적이었습니다.

김교수   생명의 탄생에 대한 기쁨은 모든 민족과 인종과 나라의 경계를 허물고 긴장과 분열, 갈등을 녹여버립니다. 생명의 탄생만큼 하나 된 마음으로 온전히 기뻐하는 것은 없을 겁니다. 누구나 심장은 뜨겁고 생명을 갈구하며 조화를 희망하니까요.

백팀장   〈포스트 코로나 시대의 다문화 인문학〉 콜로키움에서는 인류세와 자본세로 인한 전 지구적인 위기에 대해 미래를 조망하는 시간이었습니다. 언컨택트 시대에 뉴노멀에 대한 논의도 있었고요. 긍정적인 전망과 비관적인 전망이 엇갈렸는데, 공존이라는 키워드에서 바라본 교수님의 의견을 듣고 싶습니다.

김교수   어느 한 나라의 위기나 아픔 혹은 고통은 이제 그 나라 혼자만의 것일 수 없습니다. 예컨대 어느 나라의 경제적인 파산은 세계 경제에 영향력을 미치며, 어느 나라의 테러 사건이나 스트라이크는 전 세계적인 시민들의 정서에 영향을 줍니다. 이것은 지독한 얽힘이죠. 촘촘한 그물망으로 엮어진 전 지구적 시민의식, 즉 세계시민이라는 의식이 저절로 요구되는 상황입니다. 그래서 우리는 다문화, 다종교, 다민족, 다인종, 다국가를 하나의 원자화된 개체로 보아서는 안 됩니다. 관점의 지평을 거시적으로 넓혀야 하는 시대적인 요청에 응답해야 합니다.

백팀장   세계시민의식의 함양이 중요시된다는 말씀인데요. 그것은 실천의 문제와 직결될 텐데 어떻게 해야 할까요?

김교수   맞습니다. 실천의 문제죠. 이러한 세계시민의식과 공존체라는 인식은 하루아침에 자연스럽게 체화되지 않습니다. 연습과 훈련이 요청된다는 의미죠. 일차적으로는 나와 타자 사이에서 타자를 이해하고 경청하고 배려하며 양보하는 훈련이 필요합니다. 이때 타자의 범위는 내 이웃, 내가 속한 공동체와 사회, 그리고 국가, 다문화에 속한 이들, 다민족, 다국가 등이 될 것이며, 결국은 전 세계가 하나의 커뮤니티로 연결될 것입니다. 전 지구적인 세계시민으로 공존하는 세상, 나는 이런 아름다운 세상을 희망합니다.

2부

사회·문화 현상의
탐구와 해체

5장

개인의 사회화와 사회적 상호작용

1. 개인과 사회의 만남

우리가 세우려는 시민의 가치와 윤리는 사회 안에서의 개인과 개인, 개인 간의 관계로 표상되는 사회를 읽는 데부터 시작한다. 이를 위해 우리는 인간 개체로서 개인, 개인과 개인이 이루는 사회와의 연관 관계를 이해하고자 한다. 특히 이번 장에서는 개인, 사회 구조, 사회화, 사회적 상호작용, 사회화 기관, 사회집단, 사회 조직 등을 다룰 것이다. 학문수행자로서 시민은 자신이라는 개인을 사회와의 관계 속에서 조망하고, 자신이 속해 있는 사회를 이해해야 할 필요가 있다.

인간이 사회적 동물이라는 것은 홀로 살아갈 수 없다는 집단성보다도 해당 사회 속에서 다른 사람들과 상호작용을 한다는 사회화 과정 속의 존재라는 의미이다. 어떤 동물들은 태어나고 몇 시간에서 몇 주 만에 걷는데 인간은 6개월이 지나도 기어 다니는 것조차 하지 못한다. 하물며 이성을 만나 혼인을 하고 가정을 갖기 전까지 독립적인 생활을 하지 못한다. 우리나라에서는 결혼 이후 자녀를 낳았음에도 자식의 양육에 이르기까지 자신의 부모와 아주 긴 기간을 정서적 교감을 나누고 및 경제적 협력을 갖고 산다. 인간이 태어나서 가정이라는 1차 사회화 기관으로부터 직장 등의 2차 사회화 기관에 이르기까지 이들 기관에서 사회적 지위를 부여받고 그 역할을 수행한다.

개인은 모두 특정한 사회 집단의 구성원으로 존재한다. 사회 집단 중에서 구성원의 지위와 역할이 체계적으로 정해져 있으며, 특정한 목표를 달성하기 위하여 조직된 집단을 사회 조직이라고 한다. 우리는 사회 집단과 사회 조직 속에서 해당 구성원들과 사회적 상호작용을 통해 자신을 성장시키고, 사회 발전에 기여한다. 다른 한편, 인간은 사회가 요구하는 규범의 틀 속에서 생활하지만, 사회적으로 용인되는 행동의 범주를 벗어나게 될 경우가 있다. 이 경우에 그에 따른 제재를 받게 된다. 이렇게 사회 규칙이나 사회 규범을 벗어나는 행동을 일탈 행동이라고 한다. 이 일탈 행동은 개인의 아노미 상태는 물론 사회 문제로 확대될 수 있다.

위에서 살펴본 사회학적 개념들은 개인과 사회 간에 이루어지는 범주에 맞닥뜨릴 수 있는 것들이다. 우리가 시민이 되기 위해서는 인간을 둘러싼 사회라는 테두리를 명확하게 읽어내야 하는 능력을 갖추어야 한다. 일단 우리는 사회 구조에 관한 정확한 이해가 필요하다. 한 사회 내에서 개인 간 혹은 개인과 집단들 간에 상호작용이 지속적으로 반복되면 일정한 사회적 관계가 형성된다. 이러한 사회적 관계가 오랜 기간 유지되면서 안정된 틀이 형성되는데, 이를 사회 구조라고 한다.

사회 구조란 사람들이 사회의 사회관계가 통일적이고 조직적인 총체를 이루는 상태를 말한다. 다시 말하면, 부모님이나 친구들과의 관계에서 바로 자신의 모습을 떠올렸을 때 사회가 나로 하여금 어떠한 행위를 하도록 하는 큰 프로그램이 존재한다는 것이다. 사회 구조를 이해하기 위해 나와 사회 간의 관계를 자신의 하루 일과에 대입해서 살펴보자.

아침 7시 정각에 알람이 울리면 잠에서 깨어 기상한다. 그런데 어쩌면 내가 일어난 것이 아니라 일으켜진 것은 아닐까? 출근 시간이 정해져 있어서 조금만 늦게 일어나도 차가 막히어 직장에 지각하게 될 것이 뻔하다. 지각하지 않으려면 그 시간에 반드시 일어나야만 한다. 그러니까 7시에 일어나는 것이 나의 선택에 의한 행동인 것 같지만 사실은 그렇지 않다는 것이다. 그리고 매일 습관적으로 일어나서 직장에 가고, 맡겨진 업무를 수행하며 매일 반복적인 일과를 보낸다. 나의 하루는 동료의 하루와 다른 것 같지만 가만히 살펴보면 유사한 점이 많다. 이처럼 우리의 하루는 유형화되고 정해진 틀 안에 있다. 이를 고려하면 나의 삶이 사회 구조에 따라, 즉 정해진 사회의 경향성에 따라 자신의 행동을 선택하기 때문이다.

개인은 사회 구조 속에서 개인 또는 집단과 상호작용을 하며 사회 구성원으로의 삶을 영위한다. 이때 개인은 구조화된 행동을 통해 사회 구조를 안정적으로 재생산하기도 하지만, 새로운 행위를 통해 사회 구조를 변화시키기도 한다. 즉 개인은 오랜 세월 유지되면서 안정된 틀로 이루어진 가정이나 학교 등의 사회 구조로부터 사고와 행동에 구속을 받으며, 예측 가능한 사회적 행위를 한다. 하지만 사회 구조는 개인의 행위를 완전히 구속하거나 강제하는 것은 아니다. 개인의 의지나 요구, 또는 집단적인 행위는 가정, 학교, 지역사회, 직장 등의 규칙, 환경 등을 변화시키기도 한다.

또한, 사회 구조는 지속성, 안정성, 변동성이라는 세 가지 특성을 보인다. 사회 구조의 지속성은 개인 또는 세대가 바뀌어도 구조 자체가 쉽게 변화하지 않는 것을 의미한다. 사회 구조가 안정성을 지닌다는 것은 사회 구성원들이 자기 지위에 기대되는 역할에 따른 구조화된 행동을 해서 어느 정도 유형화된 행동 양식이 예측 가능함을 말한다. 그로 인해 사회는 안정적으로 유지된다. 사회 구조의 변동성은 말 그대로 사회 구조가 사회 형태 및 정책의 변화 때문에 또는 사회 구조에 대한 구성원들의 저항으로 인해 이전과는 다른 모습으로 변화함을 말한다. 이러한 특성을 가진 사회 구조는 개인의 행위와 밀접한 관련이 있다. 사회 구조가 개인의 행동 방향을 제시해 주는 사회적 틀로 작용하지만, 때에 따라 이와는 역으로 개인의 행위가 사회 구조의 변동에 영향을 주기도 한다. 그러므로 다양하게 변화하는 사회를 이해하고, 변화에 따라 발생하는 문제를 해결하기 위해서는 개인 행위에 영향을 미치는 사회 구조의 힘과 사회 구성원의 요구와 동기를 균형 있게 바라보고 조화를 추구해야 할 필요가 있다.

우리가 사회를 읽어내기 위해서는 위에서 살펴본 사회 구조의 개념과 더불어 개인과 사회를 바라보는 관점을 이해할 필요가 있다. 사회를 탐구하고자 할 때 개인과 사회의 관계를 바라보는 관점에 따라 사회 문제의 원인과 해결 방안을 찾는 방법이 달라질 수 있다. 개인과 사회를 바라보는 관점에는 사회실재론과 사회명목론이 있다.

사회실재론에서 사회는 개인의 외부에 독립적으로 존재하는 실체이고, 단순히 개개인의 총합을 뛰어넘는 독자성을 지닌 존재이다. 이는 사회를 마치 살아 있는 생명체와 같이 바라보는 사회유기체설과 일맥상통한다. 유기체를 구성하는 개별 요소들은 사회 유지를 위하여 상호의존적으로 기능하지만, 사회로부터 분리하여 생존할 수 없다고 보는 것이다. 더 나아가 사회실재론은 사회가 개인에 대하여 구속력을 행사하며, 개인의 사고나 행위는 그에서 벗어날 수 없다고 본다. 사회실재론은 사회 현상을 바라볼 때 개인보다는 사회 제도나 사회집단에 주목한다. 따라서 사회가 개인의 사고나 행위에 어떤 방식으로 영향을 미치는지를 설명하는 데 유용하다. 그러나 주체적이고 능동적인 개인의 행위를 합리적으로 설명할 수 없고, 개인이 지닌 자유 의지를 간과한다는 한계가 있다.

사회명목론은 말 그대로 사회가 명목상으로만 존재한다는 관점이다. 다시 말해 개인만이 참다운 실재이고, 사회는 개인들의 집합체에 불과하다고 보는 관점이다. 이러한 사회명목론은 개인주의와 자유주의를 토대로 하고 있으며, 사회계약설과 그 이념을 같이하고 있다. 즉 사회명목론은 사회 구성원의 자율성과 능동성을 전제로 개인의 능력과 노력으로 사회가 지속되고 발전한다고 보는 견해다. 사회 문제의 원인 역시 개인의 특성에서 찾고, 개인의 노력을 통해 해결할 것을 강조한다. 따라서 사회명목론은 개인이 사회에 어떻게 영향을 미치는지 설명하는 데 유용하다. 하지만 사회가 개인에게 미치는 영향을 소홀히 한다는 점에서 한계가 있다.

사회실재론과 사회명목론의 관점을 명확히 이해하기 위해 우리는 뒤르켐과 로크의 주장을 살펴보도록 하자. 뒤르켐은 사회란 사회 구성원 각각의 행위와 이해관계의 단순한 집합체가 아닌 고유한 실체라고 생각한다. 사회는 개인의 삶과 지각의 범위 밖에 존재하고, 개인에게 강압적인 힘을 발휘하기도 한다. 사람들은 자신의 선택에 따라 행동한다고 믿으면서 살아가지만, 사실은 사회적 사실에 순응하면서 살아가는 것이다. 단지 이를 잘 인식하지 못할 뿐이며, 또한 사회적인 처벌이나 사회적으로 거절하는 방식 등을 통해 사회는 개인의 행위를 규제하거나 강제한다고 생각한다.

이에 반해 로크는 사회란 그 사회 구성원들의 의식적인 행위와 노력으로 만들어진 산물로 본다. 인간은 자연 상태에서 침해를 받거나 양도할 수 없는 자연권을 가진 존재로서 자유롭고 평화로운 생활을 할 권리가 있다. 하지만 인간이 계약을 맺고 국가를 형성하여 통치자에게 권리를 위탁한 것은 이러한 자연권을 더욱 더 확실히 보장받기 위해서이다. 만약 통치자가 계약을 위반하고 개인들의 자유를 침해한다면 시민들은 이에 저항할 권리를 가지고 있다. 그러므로 이러한 국가 공동체는 개인의 자유를 보장하기 위한 가공물에 불과한 것으로 볼 수 있다.

위의 뒤르켕의 주장은 사회실재론적 관점을, 로크의 주장은 사회명목론적 관점을 보여준 것이다. 이 두 관점은 개인과 사회 둘 중에 무엇을 우위에 두느냐에 따라 구분되는 것이다. 위에 기술한 사회실재론과 사회명목론은 사회 현상을 이해하는 데 유용성과 한계를 동시에 지니고 있다. 그러므로 학문수행자로서 시민들은 사회실재론과 사회명목론의 입장을 상호보완하여 개인과 사회의 관계를 총체적으로 이해하려는 자세가 필요하다.

2. 인간의 사회화와 상호작용

갓 태어난 아기들은 몇 가지의 울음소리와 몸짓만으로 자신의 감정이나 욕구를 표현하고 소통하려고 한다. 아기의 엄마를 제외하고 대부분 사람은 유아들의 의사 표현에 대해 정확하게 이해하고 의사소통하는 것이 어려우며, 안정적인 상호작용을 하는 것이 불가능할 것이다. 그러나 유아기의 아동이 점차 성장해 가면서 우리가 사용하는 언어를 학습하고, 우리와 비슷한 행동 양식을 보이면서 비로소 안정적인 상호작용이 이루어지는 것을 볼 수 있다.

아리스토텔레스는 인간은 사회적 존재라고 했다. 인간은 무리를 지어 생활하며 집단을 만들고 문명을 이룩해 냈다. 놀라운 기술의 발전과 오늘날 도시의 발전은 모두 인간이 모여 일구어낸 증거물이다. 하지만 우리는 인간이기 이전에 동물이다. 어떻게든 치열한 자연환경에서 생존해야 했다. 하지만 인간 혼자서는 존재할 수 없다. 그렇다면 어떻게 인간은 집단생활을 하게 되었을까?

유아가 한 가정과 사회에서 성장의 과정을 거치면서 사회 구성원이 되는 것처럼 한 개인이 그가 속한 사회에서 요구하는 행동 양식과 규범, 가치 등을 배워 가는 과정을 사회화라고 한다. 인간은 이러한 사회화 과정을 통해 비로소 사회적 존재가 된다. 이때 중요한 것은 사회마다 요구하는 행동 양식과 규범, 가치 등이 다르므로 서로 다른 사회에 속한 사람들은 서로 다른 사회화 과정을 거치게 되며, 이로 인해 갈등을 겪게 되기도 한다. 또한 개인의 지위, 소속 집단, 나이, 개인적 생활 환경 등이 바뀌는 경우뿐만 아니라, 변화가 심한 현대 사회에 적응하기 위한 수단으로 새로운 규범, 가치관, 행동 양식 등을 학습하는 성인의 재사회화가 필요하게 된다.

재사회화란 급격한 사회적 변화로 인해 기존의 가치관이나 사고방식으로는 적응하기 어려워짐에 따라 발생하는 것이다. 대표적인 재사회화는 직업상의 재교육, 대중 매체를 통한 사회 교육, 각종 사회교육 단체에 의한 평생교육 등을 들 수 있다. 또한 새로운 사회화를 하는 과정에서 기존의 사회화된 요소 중 현재의 사회에 적응하는 데 불필요하거나 방해가 되는 요소는 버리기도 한다. 이를 탈 사회화라고 한다.

인간의 사회화를 바라보는 이론적 시각에는 기능론적 관점, 갈등론적 관점 그리고 상징적 상호작용론적 관점이 있다. 먼저, 기능론적 관점에서 사회화는 해당 사회의 안정과 질서 유지 그리고 사회통합을 위해 필요한 것이다. 또한 개인의 지위 및 환경의 변화로 균형이 깨지면 재사회화를 통해 적응시킴으로써 사회의 안정성과 지속성을 유지할 수 있다고 본다. 반면 갈등론적 관점에서 사회화는 기득권층의 이익이나 의사를 대변하는 중요한 수단이 된다. 그리고 지배층의 지배를 정당화하려는 특권층의 가치관이나 규범을 보편적이고 일반적인 것으로 규정하여 그들이 원하는 사회를 만들려고 하는 도구적 역할에 불과하다고 본다. 또한, 상징적 상호작용론적 관점에서 사회화는 상징적 상호작용을 통한 개인의 신체적, 정신적 성숙의 과정이며, 이러한 과정에서 개인들 간의 의사소통 수단으로 몸짓이나 언어와 같은 상징을 중요하게 여긴다. 이에 개인은 사회화 과정을 통해 타자를 이해하고, 역으로 이 타자를 통해 자신의 사회화 과정을 이해하고 학습하기도 한다.

사회화를 바라보는 세 가지 관점에서 이론적 시각의 차이가 있으나,

사회화에 대한 접근방식이 다를 뿐 서로 배타적인 것은 아니므로 사회화를 이해하기 위해서는 세 가지 관점을 상호보완적으로 이해하는 것이 필요하다. 사회화는 우리 생활 전반에 걸쳐 이루어지며, 태어나서부터 죽을 때까지 끊임없이 이루어질 수 있다. 이러한 사회화 과정이 이루어지는 곳, 즉 사회화 기능을 수행하는 곳을 사회화 기관이라고 한다. 이 중에서 자연 발생적으로 형성되어 사회화가 이루어지는 곳을 1차적 사회화 기관이라고 하고, 의도적으로 형성되어 사회화가 이루어지는 곳을 2차 사회화 기관이라 한다.

1차적 기관에는 가족, 친족, 또래 집단, 이웃 등이 있으며, 이를 통해 시기적으로 유아기와 유년기 동안 기본적인 예의와 사회적 행위를 주로 습득한다. 2차적 기관에는 학교, 직장, 대중 매체 등이 있으며 시기적으로 유년기 이후의 사회적 행위를 습득한다. 현대 사회에서 그 역할이 점점 커짐에 따라 과거 1차적 사회화 기관이 맡았던 인성 발달과 예절 교육까지 담당하기도 한다.

사회화 기관을 공식적 사회화 기관과 비공식적 사회화 기관으로 구분하기도 한다. 계획적으로 사회화를 수행하는, 즉 성원의 사회화를 주목적으로 하는 기관을 공식적 사회화 기관이라고 한다. 또한 일상 생활에서 사회화하는, 즉 부수적으로 사회화를 담당하는 기관을 비공식적 사회화 기관이라고 한다. 공식적 사회화 기관에는 유치원, 학교, 직업 훈련소 등이 있다. 비공식적 사회화 기관으로는 또래 집단, 회사, 가족 등이 있으며, 최근 들어서는 대중 매체도 이에 포함된다.

최근 2차적 사회화 기관에 의한 사회화 기능의 비중이 더 확대되고 있다. 2차적 사회화 기관 중 가장 큰 영향력을 미치는 것은 대중 매체이다.

대중 매체는 텔레비전, 영화, 신문, 인터넷 등의 여러 매체로 이전에 비해 많은 양의 정보를 전달하면서 사회적 가치관과 태도를 전달하기 때문에 대중 매체의 위력이 다른 사회화 기관보다 커져 최근 들어 더욱 중요하게 주목받고 있다.

인간은 사회생활을 영위하면서 끊임없이 개인 간 또는 집단 간에 지속적인 상호작용을 하게 된다. 이때의 상호작용은 개인마다 주어진 사회적 위치에 따라 기대되는 행동 양식에 의해 이루어지게 된다. 이렇게 어떤 집단이나 사회적 관계 속에서 차지하고 있는 위치를 지위라고 하고, 그 지위에 대해 기대되는 행동 방식을 역할이라고 한다.

사람들은 동시에 여러 가지 집단에 속할 수 있어서 한 개인이 지니는 지위는 여러 개가 될 수 있다. 속한 집단에 따라 지위가 다를 수 있으며, 그 지위에 따라 한 개인에게 여러 개의 다양한 호칭이 존재한다. 이러한 지위에는 귀속 지위와 성취 지위가 있는데, 귀속 지위는 태어나면서 자연적으로 획득하게 되는 지위이며, 성취 지위는 개인의 노력이나 재능에 의해 후천적으로 획득하게 되는 지위이다.

혈통이나 신분을 중시하던 전통 사회에서는 귀속 지위가 개인의 사회적 위치를 결정하는 데 큰 영향력을 발휘하였으나, 오늘날과 같은 개방화된 현대 사회에서는 자신의 능력과 적성에 따라 획득되는 성취 지위가 더 강조되고 큰 영향을 미친다. 한편 동일한 지위라고 해서 누구나 같은 방식으로 혹은 유사한 방식으로 역할을 수행하는 것은 아니다. 같은 지위에 대한 역할 기대가 다를 수가 있으며, 또한 사람에 따라 각자의 지위에 적합하다고 생각하는 역할이 다를 수 있다. 이는 역할 수행을 하는 사람에게 처한 환경이나 이를 수행하려는 의지와 노력이 다르므로 같은 역할일지라도 개인마다 역할 행동이 다르게 나타날 수 있다.

맡은 역할에 따른 역할 행동을 수행하면 이에 대한 적절한 보상을 받게 되지만, 이를 잘 수행하지 못하게 되면 제재를 받게 된다. 학생이 학업을 충실하게 행한다면 즉 역할을 잘 수행한다면 학업 우수상과 같은 보상을 받게 되지만, 학업에 불성실하고 불량 행동을 한다면 훈계 및 징계 등의 제재를 받게 된다. 여기서 간과하지 말아야 할 것은 역할 행동에 대한 보상과 제재이지 역할에 대한 보상과 제재는 아니라는 것이다. 따라서 각각의 지위에 따른 역할을 잘 이해하는 것뿐만 아니라, 일상생활 속에서 이를 행동으로 실천하는 태도가 중요하다고 할 수 있다.

개인은 사회 내에서 하나의 지위만을 갖는 것이 아니다. 예를 들면 학교에서는 교사이지만, 집에서 아버지나 어머니 또는 남편이나 아내 등 자신의 사회적 위치에 따라 그 수는 다르며, 둘 이상의 지위를 갖게 된다. 마찬가지로 하나의 지위에는 하나의 역할만이 있는 것이 아니다. 예를 들면 의사는 환자와의 관계에서 기대되는 역할, 동료 의사와의 관계에서 기대되는 역할 등 의사라는 지위로 맺어지는 사회관계에 따라 여러 개의 역할이 부여된다. 그 때문에 한 개인이 여러 다양한 지위를 갖고 있으며, 그 지위에 따른 역할들은 역할의 수만큼 다양하다. 따라서 두 가지 이상의 지위에서 요구하는 역할들이 서로 충돌하는 역할 모순 현상이 나타날 수 있으며, 하나의 지위에 상반되는 두 가지 역할이 동시에 요구되는 역할 긴장의 현상이 나타난다. 이와 같은 현상 모두를 포함하여 역할 갈등이라고 한다.

예를 들면, 매달 말에 이루어지는 정산 때문에 야근해야 하는 은행원과 아이가 아파 일찍 귀가하여 돌보아 주어야 하는 엄마라는 두 개의 지위에 기대되는 두 개의 역할이 서로 일치되지 않아 부딪히는 현상을 역할 모순이라 한다. 또한, 교사라는 지위는 학생들과의 친밀한 관계를 형성해야 하는 역할이 있지만, 학생들을 올바로 교육하고 지도하기 위해 엄해져야 하기도 한다. 이렇게 하나의 지위에 따른 두 개 이상의 역할이 상반되어 충돌을 일으키는 현상을 역할 긴장이라고 한다. 이러한 역할 갈등의 해결 방안은 역할 간에 우선순위를 정하여 수행하거나, 그중에서 어느 하나의 역할을 선택하여 수행하는 것이 필요하다.

우리는 일상생활 속에서 다른 사람과 함께 살아간다. 물론 시간과 장소에 따라 개인이 혼자 행동하는 경우도 있고, 다른 사람과 말과 행동을 주고받으며 함께 생활하는 등 다양한 생활을 하게 된다. 등교할 때의 지하철 또는 버스 안에서의 모습을 생각해 보자. 모르는 친구들과 함께 타고 올 경우와 아는 친구들과 함께 타고 올 경우 그 모습은 어떻게 달라지겠는가? 만약, 아는 친구가 없다면, 침묵을 지키며 줄곧 창밖을 쳐다보았을 것이며, 아는 친구가 있다면 웃으며 인사를 나누고, 즐겁게 이야기하며 등교했을 것이다. 여기에서의 차이는 상호작용이 있느냐와 없느냐이다. 이처럼, 인간이 가지고 있는 상징을 사용하여 다른 사람들과의 관계를 형성하고 서로 행위를 주고받으며 의사소통하는 것을 사회적 상호작용이라고 한다.

사회적 상호작용에는 교환, 협동, 경쟁, 갈등의 네 가지 유형이 있다. 첫째, 교환적 상호작용은 행동에 따른 대가를 받으려는 목적으로 서로에게 행위를 하는 것이다. 이 유형의 특성은 교환하고자 하는 각각의 대상에 대한 합의가 이루어질 때만 나타난다는 것이다. 교환의 예로 노동 행위에 대한 보수 지급이나 시장에서의 물건 구매 행위 등을 들 수 있다.

둘째, 협동적 상호작용은 여러 사람이 공통의 목표를 추구하기 위해 협조하여 함께 행동하는 것이다. 이 유형의 특성은 평등한 참여 기회의 보장과 목표 달성시 그 혜택을 공평하게 나누어야 한다는 것이다. 만약 이것이 잘 지켜지지 않을 경우 협동은 깨지게 되며 갈등을 유발할 수 있다. 협동은 일상생활에서 흔히 볼 수 있는 유형으로 스포츠 경기에서 팀 내 구성원 간의 상호작용 등을 들 수 있다.

셋째, 경쟁적 상호작용은 둘 이상의 개인 또는 집단이 동일한 목표를 정해진 규칙이나 절차에 따라 먼저 달성하려 하는 행위이다. 이 유형의 특성은 경쟁에 참여하는 행위자들의 합의 아래 만들어진 규칙이 존재한다는 것과 그 경쟁 과정이 공정해야 한다는 것이다. 만약 이것이 지켜지지 않을 경우, 무효가 되거나 처벌이 가해질 수 있다. 경쟁의 예로 입시 및 취직 시험, 스포츠 경기 등을 들 수 있다.

넷째, 갈등적 상호작용은 둘 이상의 개인 또는 집단이 각각의 목표를 달성하기 위해 이해관계가 상충하게 되는 경우 서로를 적대시하거나 싸우게 되는 행위에서 나타난다. 이 유형의 특성은 목표가 제한적일 때 그것을 이루기 위한 재화나 자원이 부족하거나 서로의 가치관이나 이념의 격차를 조정하지 못하면 더 파괴적인 상황으로 이어질 수 있다는 것이다. 극단적인 경우 한 집단이 다른 집단을 지배하거나 파멸시킬 수 있으며, 갈등의 예로 노사 갈등과 전쟁 등을 들 수 있다.

이러한 사회적 상호작용의 유형은 서로 다른 행위로만 구분되는 것이 아니라 상대방과 어떤 관계에 있느냐에 따라 하나의 행위도 여러 유형으로 구분해 볼 수 있다. 예를 들면 축구 경기에서의 상호작용은 팀 내에서는 협동적 상호작용이지만, 팀 간에는 경쟁적 상호작용이 된다. 또한 외부에서의 갈등이 발생하거나 강화될 경우 내부의 협동적 상호작용이 더욱 강화되는 특징을 나타낸다.

3. 사회집단과 사회 조직

버스 정거장이나 지하철 승차장에 모여 있는 사람들을 사회집단이라고 할 수 있는가? 사회집단이란 학교나 동호회처럼 비슷한 관심과 목적을 가진 둘 이상의 사람들이 소속감을 느끼고 지속적인 상호작용을 통해 모임이 형성되는 집합체를 의미한다. 그러므로 버스나 지하철, 야구장이나 영화관 등 일시적으로 형성되는 모임을 사회 집단이라고는 하지 않는다. 또한 사회집단은 해당 집단에 따라 일정한 규범이 있으며, 그 구성원들에게 지위와 역할이 정해져 있다. 인간은 탄생과 동시에 가족이라는 사회집단에 속하게 되고, 성장하면서 학교, 직장 등의 여러 사회집단에 소속되어 살아간다. 따라서 개인의 일상생활은 자신이 속한 사회집단에 따라, 집단에서의 지위와 역할에 따라 달라지므로 사회집단이 개인 생활에 미치는 영향은 매우 크다.

사회에는 여러 집단이 존재하며, 사회학자들은 이러한 사회집단을 다양한 방법으로 분류하고 있다. 먼저, 섬녀Sumner W. G.는 구성원들의 소속감에 따라 내집단과 외집단으로 분류한다. 내집단은 소속감이 강하고 공동체 의식이 강한 집단으로 우리We 집단이라고도 한다. 반면에 외집단은 소속감을 느끼지 못하고 이질감이나 적대 의식을 느끼는 집단으로 그들They 집단이라고도 한다.

쿨리Cooley, C. H.는 구성원들의 접촉 방식에 따라 1차 집단과 2차 집단으로 분류한다. 1차 집단은 직접적인 접촉으로 형성되는 집단으로 강한 연대감과 친밀감을 바탕으로 인간관계를 형성한다. 1차 집단은 자아 형성의 근원이 되며, 사회 유지에 중요한 기능을 담당한다는 점에서 원초 집단이라고도 한다. 가족, 놀이 집단 등이 대표적인 예이다. 반면에 2차 집단은 간접적인 접촉으로 형성되는 집단으로 특수한 이해관계를 바탕으로 공식적이고 합리적인 인간관계가 유지된다. 이러한 인간관계는 일시적이며, 필요에 따라 한정되며 다수가 관계를 맺는다. 2차 집단은 1차 집단보다 사회화 효과는 적으며, 학교, 회사, 정당 등이 대표적인 예이다. 그런데 집단에 따라 정도의 차이는 있겠지만, 1차 집단과 2차 집단의 성격을 모두 가지고 있을 수가 있다. 특히 현대 사회와 같이 복잡다단해지고 전문화가 심화되어 2차 집단의 비중이 커지게 되자 2차 집단 내에서 친목회나 동호회와 같이 1차 집단의 성격을 지닌 다양한 집단들이 생겨났다. 다시 말해 2차 집단 내에서도 1차 집단의 특성이라고 할 수 있는 구성원들의 친밀한 인간관계가 나타나고 그 관계가 유지되기도 한다.

퇴니에스Tönnies, F.는 구성원의 결합 의지에 따라 공동 사회와 이익 사회로 분류한다. 공동 사회는 구성원의 의지와 관계없이 자연 발생적으로 구성된 집단으로 구성원들의 관계가 매우 긴밀하며 상호 이해와 공동의 가치관 및 관습이 집단을 구성하는 바탕이 된다. 반면에 이익 사회는 구성원의 필요 때문에 의도적으로 구성된 집단으로 구성원들의 이해관계에 따라 일정한 계약과 절차에 따라 마련된 규칙이 집단을 구성하는 바탕이 된다. 따라서 공동 사회는 인간관계 자체가 목적인 경우가 많으며, 가족, 친족, 지역사회 등이 대표적인 예이다. 이익 사회는 인간관계가 수단적이며, 이를 통해 다른 목적을 달성하기 위해 모인 집단으로 회사, 정당, 자치 단체 등이 대표적인 예이다. 이와 같이, 사회학자들은 소속감, 접촉 방식, 결합 의지 등의 기준에 따라 집단을 분류하고 있으며, 최근에는 인터넷상의 동호회와 같이 컴퓨터 네트워크에 의해 커뮤니케이션을 하는 집단이 새롭게 등장하고 있다.

소속 집단은 한 개인이 실제로 소속된 사회집단을 의미하며, 준거 집단은 한 개인이 행동할 때 판단의 기준으로 삼는 집단을 의미한다. 따라서 한 개인이 준거 집단으로 삼고 있는 집단이 어떠한 특성을 지니고 있는가를 알아보는 것은 개인을 이해하는 데 중요한 근거를 제공한다. 왜냐하면, 준거 집단은 개인이 의식적으로든 무의식적으로든 자신이 처한 상황을 평가하거나 비교를 할 때 기준이 되는 집단이기 때문이다. 준거 집단은 소속 집단일 수도 있고, 아닐 수도 있으며, 또한 소속 집단이 많을 경우, 그 중에 어느 하나가 준거 집단이 될 수도 있다. 만약 준거 집단이 소속 집단일 경우에는 자신의 경험이나 태도 및 가치를 중요하게 생각하여 소속 집단에 대한 만족감과 충족의 정도가 높아지고, 자신의 행동에 자신감을 느끼게 되는 장점이 있다. 예를 들어, 자신이 다니는 종교 집단을 준거 집단으로 삼을 경우, 집회와 봉사 등의 활동을 열심히 함으로써 만족감과 충족감을 느낄 수 있다.

한편, 준거 집단이 소속 집단이 아닌 경우에는 소속 집단과 준거 집단 사이에서 많은 갈등을 겪거나, 예기 사회화와 상대적 박탈감을 경험할 수 있다. 즉, 준거 집단이 소속 집단이 아닌 다른 집단일 경우, 그 집단이 원하는 방향으로 행동하고, 그 집단에서 선호하는 특성들을 갖추려고 노력할 것이다. 그러나 어떤 집단에서 선호하는 특성을 갖추려는 노력에도 불구하고, 결국 갖출 수 없게 될 경우 심한 상실감을 느낄 것이며, 소속 집단의 구성원들에게서 거부되거나 배척당하여 주변인이 될 수 있다. 그뿐만 아니라, 객관적인 조건과 관계없이 자신의 조건이 다른 구성원의 조건에 비해 불리하다고 느끼게 되는 박탈감이 생기는 등 부정적 기능을 하기도 한다. 따라서 가치 판단 능력이 부족한 청소년들이 적절하지 못한 집단을 준거 집단으로 삼는 경우, 그 집단의 생활 방식을 비판 없이 수용하고 모방하게 되어 청소년 비행의 원인이 되며, 그에 따라 학교생활에 적응하기 힘들게 된다. 따라서 청소년들에게 준거 집단의 역할은 매우 중요하며, 그들에게 올바른 방향을 제시해 줄 수 있는 바람직한 준거 집단이 필요하다.

사회집단 중에서 구성원들이 특정한 목표를 설정해 이를 달성하기 위하여 지위와 역할이 체계적으로 정해져 있는 집단, 즉 조직화된 집단을 사회 조직이라고 한다. 이러한 사회 조직의 1차적 관심은 목표를 설정하고 과업을 달성하는 것이다. 따라서 구성원의 능력을 평가하거나 보상 또는 제재도 조직의 목표 달성 차원에 이루어지며, 이러한 차원에서 구성원의 개인적인 행동을 제한하게 되므로 구성원 간에는 권위적 관계가 형성된다. 사회 조직은 현대 사회가 분화되고 전문화되면서 등장했는데 기업체, 정당, 노동조합 등의 2차 집단에서 많이 볼 수 있다.

산업화 이후에 인구가 늘어나고 사회가 복잡해지면서 사회 조직은 다양해지고 그 규모가 커졌다. 전문적이고 복잡해진 사회 조직의 업무를 더욱 빠르고 효율적으로 처리하기 위해 관료제가 등장하였다. 관료제는 공공적 업무를 수행하기 위한 피라미드형 조직 형태로 수많은 사람의 활동을 체계적으로 조직할 수 있는 가장 효율적인 제도이다.

관료제는 대규모 조직을 합리적으로 관리하는 방식으로 국가 기관, 기업체, 종합 병원, 은행 등이 관료제가 적용되는 대표적인 예이다. 이러한 관료제는 다음과 같은 장점을 지닌다. 첫째, 업무의 분화와 전문화로 조직의 복잡한 업무를 효율적이며 능률적으로 처리할 수 있다. 둘째, 업무의 수행이 정해진 규칙과 절차에 의해 이루어지므로 책임과 권한이 분명하여 업무의 안정성과 지속성이 유지된다. 셋째, 규칙과 절차에 의한 업무 집행이 이루어지기 때문에 공정성이 유지된다. 넷째, 업무가 표준화되어 있으므로 구성원이 교체되더라도 지속적인 업무 수행이 가능하다.

그러나 관료제는 다음과 같은 단점을 지닌다. 첫째, 수단과 목적이 바뀌는 목적 전치의 문제가 발생한다. 즉, 관료제 조직에서 전문화, 위계 서열화, 규약과 절차는 조직의 목표 달성과 과업의 효율성 제고를 위한 수단에 불과한데, 그 수단들을 지나치게 중시한 나머지 본래의 목표를 그르치게 되는 경우가 발생한다. 둘째, 연공서열에 따른 승진 제도로 인해 무사안일주의 문제가 발생한다. 셋째, 인간의 소외 현상을 증대시킨다. 이 현상이 일어나는 원인은 조직의 효율성을 위해 규칙과 절차를 중요시하고, 지나친 업무의 분화로 인해서이다. 넷째, 경직적인 관료제 운용으로 인해 과업 수행의 비효율성이 야기될 수 있다. 이와 같이, 관료제는 현대 사회의 대규모 조직을 합리적으로 관리하는 방식임에도 불구하고, 관료제 자체의 문제점으로 인해 조직의 효율성이 낮아지고 있다.

오늘날에는 전통적인 관료제에서 벗어나 새로운 조직 형태가 다양하게 나타나고 있다. 이는 관료제 자체의 문제점도 한 요인이기도 하지만, 다른 한편으로는 근대 산업 사회에서 탈산업 사회로의 이행이 또 다른 요인이기도 하다. 즉, 관료제는 소품종 대량 생산 체제에 적절한 조직 형태지만, 탈산업 사회에서는 컴퓨터 발달 그리고 개성과 다양성의 추세로 다품종 소량 생산을 특징으로 하므로 적용하기 힘든 조직 형태가 되어 버린 것이다. 이와 같이 관료제의 대안 조직으로 나타난 새로운 형태의 사회 조직을 탈관료제라고 한다.

탈관료제의 형태와 그 특징을 살펴보면, 첫째, 팀제 조직의 경우 공동의 목표를 가지고 산술적인 합 이상의 시너지 효과를 얻기 위해 만드는 유연한 조직으로, 변화에 빠르게 적용하며 신속하게 조직되고 해체되는 것이 특징이다. 둘째, 네트워크 조직은 전통적인 피라미드 형태와 반대되는 조직 형태로 핵심 부서를 중심으로 각각의 전문가들이 평등한 구성으로서 점과 점으로 이어지는 네트워크 형태이다. 그 조직 내에서는 조직 간의 커뮤니케이션과 접촉 방식이 중요한 문제로 드러난다.

이 외에도 자율성과 유연성을 기본 원칙으로 조직의 과업과 목적에 따라 조직의 형태가 변경되는 아메바형 조직과 조화를 이루어 훌륭한 연주를 하는 오케스트라 단원들처럼 구성원들이 협동하고 동등한 지위와 각자의 역할에 책임을 다하는 심포니 오케스트라형 조직 등이 있다.

이처럼, 21세기형 조직의 형태는 현장 적용 능력이 높은 조직의 형태가 효율적이다. 따라서 일시적인 업무를 위해 신속하게 조직되고 해체되는 팀제 조직의 증가와 동등한 전문가로서 지위와 역할에 대한 책임을 강조하며 조직이 소규모화되는 것이 그 특징이라고 할 수 있다. 그러나 구성원의 입장에서 볼 때 소속 부서가 자주 바뀌게 되면 심리적 불안감이 가중되며, 공동 작업으로 인해 책임의 경계가 불분명할 수 있다는 한계점을 지닌다.

사회 조직은 공식 조직과 비공식 조직으로 나뉜다. 공식적 조직은 구성원들의 지위와 역할 분담 및 업무 수행의 절차가 명시적으로 규정되어 있는 조직을 의미한다. 반면 비공식 조직은 공식적 조직과는 별도로 공식 조직 내의 구성원들이 공동의 관심이나 취미에 따라 친밀한 인간관계를 바탕으로 자연 발생적으로 형성되는 조직을 의미한다.

공식 조직의 예로는 학교, 회사 등을 들 수 있으며, 비공식 조직의 예로는 직장 내에 형성된 동호회, 동창회 등을 들 수 있다. 이처럼 한 조직 내에서 존재하는 공식적 조직과 비공식적 조직은 상호작용하면서 영향을 주고받는다. 비공식 조직은 구성원들에게 만족감을 주고 사기를 높여 과업의 능률을 올리고 조직의 효율성을 높일 수 있어서, 오늘날 많은 사회 조직이 비공식 조직을 활성화하기도 한다. 그러나 이처럼 비공식 조직이 공식 조직의 목적과 활동에 긍정적으로 기여하기도 하지만, 때로는 양측의 입장이 적대 관계에 있는 경우나 비공식적 관계의 지나친 친밀감으로 인해 공식 조직의 절차나 규칙을 깨뜨려 운영을 저해하기도 한다. 따라서 비공식 조직은 공식 조직의 목표와 조화를 잘 이루도록 하는 것이 중요하다.

최근에는 공동의 이해관계에 관심을 가진 사람들이 공동의 사회적인 목표를 위하여 자발적으로 조직된 집단에 소속되는 경우가 늘어나고 있는데, 이를 자발적 결사체라고 한다. 누구든지 일정한 자격을 갖추게 되면 자발적 결사체의 가입이 자유로울 뿐만 아니라 탈퇴 역시 자유롭다. 자발적 결사체는 해당 조직 내 구성원들의 자발적인 의사에 의해서 형성되는 만큼, 구성원들의 지속적인 참여가 단체를 유지하는 데 중요한 요인이 된다.

자발적 결사체는 조직의 관심과 목표의 성격에 따라 나뉜다. 즉 소속원의 취미 또는 친목에 관심을 두는 친목 집단, 소속원의 이익에 관심을 집중시키는 이익 집단, 어렵고 힘든 사람들을 돕기 위한 사회봉사 집단 등이 있다. 이와 같이, 자발적 결사체는 그 종류도 다양하고, 조직의 형태나 운영 방식도 일정하지 않지만 다른 조직체와 구별되는 몇 가지 특징을 지닌다. 첫째, 강제력이나 경제적 또는 물리적 보상에 근거해서 조직이 운영되기보다는 구성원 각자의 자발적인 참여를 통해 조직이 운영된다. 둘째, 조직 구성원들은 조직의 목표에 대해 신념이 뚜렷하고, 조직 활동에도 적극적으로 참여한다. 셋째, 대부분 구성원은 각자의 직장 및 학교생활 등을 하고 남은 시간을 이용하여 단체 활동에 참여한다. 넷째, 구성원들은 특정한 자격을 지닌 사람들이 아니라 가입 의사를 가지고, 조직 활동에 시간과 돈, 노력 등을 기울이는 사람들이다. 다섯째, 구성원들의 토론과 합의를 통하여 업무의 지속성이 유지된다.

오늘날 자발적 결사체는 개인들의 이해관계와 관심의 다양화, 인간 소외를 극복하기 위해 그 역할이 증대되고 있다. 또한 정치·사회적인 관행을 변화시키고, 국민의 의식을 개혁하는 등 활동의 범위와 영향력이 커지고 있다. 다양한 미디어를 통한 자발적 결사체의 움직임은 더욱 활발해지고 있다. 그렇지만 자발적 결사체가 지나치게 타 집단을 배척하고 자기 집단만의 이익만을 추구하게 되면 집단 이기주의에 빠져 사회 발전을 저해할 수도 있다.

4. 사회적 일탈 행동

인간은 사회가 요구하는 규범의 틀 속에서 생활하며, 사회적으로 용인되는 행동의 범주를 벗어나게 되면 그에 따른 제재를 받게 된다. 어떤 사회이든지 그 사회가 정한 규칙이나 사회 규범을 벗어나는 행동을 하게 되면 일탈 행동으로 간주된다. 일탈과 범죄는 많이 중복되기는 하지만 같은 말은 아니다. 일탈 개념이 범죄 개념보다 훨씬 더 광의의 개념이며, 범죄는 법을 위반하며 순응하지 않는 행동만을 의미한다. 또한 범죄는 반드시 법에 따른 처벌, 즉 공식적인 제재를 받게 된다. 하지만 일탈 행동은 그에 따르는 제재를 받을 수도 있고 안 받을 수도 있다. 이러한 제재는 공식적인 제재 또는 비공식적인 제재일 수 있다는 점에서 두 개념은 구별된다. 예를 들면, 다른 사람의 물건을 훔쳤을 때 실형을 받아 교도소에 가게 되고, 줄서기에서 새치기를 하는 경우 주변 사람들에게 비난을 받거나 쫓겨난다. 전자는 법원과 교도소에 의한 공식적 제재를 받는 범죄인 반면에 후자는 질책과 비난 등의 비공식적 제재를 받는 일탈 행동이다.

일탈 행동은 실제로 쉽게 정의되는 개념이 아닐 뿐만 아니라, 범죄와의 관계를 따질 때도 단순하지 않다. 왜냐하면, 사회 규범이 해당 사회에서 얼마나 널리 인정받고 있으며, 어디까지 일탈로 볼 것인가의 범주가 명확하게 정해져 있지 않기 때문이다. 예를 들어, 살인이나 강도, 폭력 등과 같이 반사회적인 행위들은 대부분 사회에서 범죄 행위로 규정하지만, 간통이나 파업, 시위 등은 사회에 따라 범죄로 규정하기도 하고 그렇지 않기도 한다. 또한 동성애나 신체 노출과 같은 행위도 사회적 규범에 따라 일탈 행위로 취급되기도 하고 그렇지 않기도 한다. 이는 사회에 따라서 특정한 행위를 기존의 사회 질서나 가치관을 유지하기 위해 특정 집단이나 개인에게 제한하기도 한다는 의미이다. 따라서 동일한 행동일지라도 사회나 적용 대상에 따라 일탈 행동으로 규정될 수도 있고, 그렇지 않을 수도 있다. 이와 같이, 사회적 행동을 평가하는 가치관이나 규범이 사회적 조건이나 상황에 따라 달라지기 때문에 일탈 행동은 상대성을 지니고 있다.

또한 일탈 행동을 규정하는 기준은 시간에 따라 변할 가능성이 있기 때문에 어떠한 행동도 본질적으로 일탈이라고 평가하기는 어렵다. 그러므로 일탈 행동이란 한 개인이 구체적으로 무엇을 했는가에 의해 규정되는 것이 아니라, 어떠한 상황에서 어떤 행동이 발생하고 해당 사회의 구성원들이 그 행동을 어떻게 보느냐에 따라 좌우되는 것이다. 이러한 일탈 행동은 개인적인 문제에 그치는 경우도 있지만, 이로 인해 직·간접적으로 다른 사람에게 영향을 주어 사회적인 문제로 확산되는 경우도 있다. 예를 들어, 약물이나 알코올 중독의 경우, 개인적인 생활 장애를 겪기만 하는 경우도 있지만, 이로 인해 성폭력 및 절도 등 각종 범죄 행위를 우발적으로 행하는 등 사회적 물의를 빚는 예도 있다. 또한, 간혹 있는 연예인의 자살과 같이, 개인의 일탈 행동이 자살 신드롬을 가져와 사회적으로 큰 영향을 미치게 되는 경우도 있다.

일탈 행동은 왜 발생하는가? 일탈 행동의 원인은 일반적으로 두 가지로 구분할 수 있다. 하나는 일탈 행위가 개인의 특성에서 기인한 것으로 보는 것이며, 또 다른 하나는 일탈 행위가 사회적 특성에서 기인한 것으로 본다.

우선 일탈 행동의 개인적 원인을 살펴보면 주로 생물학적인 면과 심리학적인 면으로 구분되어 설명할 수 있다. 첫째, 19세기 말에서 20세기 초에 생물학과 유전학계의 연구자들은 일탈 행동의 원인을 그들의 학문분과에서 밝힐 수 있다고 주장하였다. 일탈 행동과 정상적인 행동 사이에 명백한 기준이 있고, 이를 정확하게 결정하는 것이 가능하다고 한다. 다시 말해 특별한 신체 유형, 혈액형, 두개골 모양, 염색체 등에 따라 범죄 성향을 지닐 수 있을 거라고 규명하였다. 그러나 이러한 생물학적인 분석은 인과 관계가 불분명하거나 사회적 배경을 설명하는 데 어려움을 겪는 경우가 많았다.

둘째, 일탈에 대한 심리학적 접근은 일탈 행동을 개인의 인성 문제나 적응 문제로 보며, 일종의 정신질환이나 비정상적인 정신 상태에서 발생하는 심리적 문제로 본다. 그러나 이러한 접근은 정신질환 자체에 대한 정의에서부터 문제가 될 수 있으며, 일탈 행동을 한 사람의 일부만으로 보게 해 준다는 문제를 갖고 있다.

일탈 행동의 사회적 원인에는 주로 아노미 이론, 차별적 교제 이론, 낙인 이론 그리고 신범죄학 등이 있다. 첫째, 아노미 이론에서는 목표 달성을 위한 적절한 제도적 수단이 강구되지 못할 때 일탈이 발생할 가능성이 크다고 본다. 즉, 다양하게 불거지는 사회적 욕구를 적절하고 공평하게 해소시켜 줄 수 있는 사회 제도가 부재하고, 이에 따른 사회적 불평등과 억압이 일탈을 발생시키는 원인이라고 할 수 있다.

둘째, 차별적 교제 이론에서는 일탈적인 사회 환경 속에서 일탈자 또는 일탈 집단과 접촉하면서 그들의 문화와 행동을 학습한 사회화의 결과로 보며, 일탈자와 상호작용의 빈도가 높을수록 일탈이 발생할 가능성이 크다고 본다.

셋째, 낙인 이론에서는 일탈이 사회적 낙인에 의해서 발생한다고 본다. 한 번 일탈을 경험한 사람이 사회적으로 낙인이 찍히면 지속적으로 일탈을 반복하게 된다는 것이다. 즉, 일탈자에게 비행아 또는 범죄자라는 낙인을 찍으면 이것이 일탈자의 자아 형성에 결정적인 영향을 미쳐 일탈에서 벗어나기보다는 오히려 일탈적 행위를 지속하도록 만든다는 것이다. 그러므로 낙인 행위는 일탈자가 2차적 일탈을 하도록, 즉 사회적 규범을 지속적으로 어기도록 사회화하는 과정이 된다.

넷째, 신범죄학에서는 사람들이 자본주의 체제의 불평등에 대한 적극적인 대응으로 일탈 행위에 가담한다고 본다. 일탈로 간주되는 반문화 집단의 성원들은 사회 질서에 도전하는 정치적 행동에 가담하는 것으로 사회 구조와 지배 집단의 권력 유지라는 점에서 일탈은 모든 수준에서 발생하고, 불평등과 사회집단 간 대립되는 맥락에서도 발생한다. 이와 같이, 사회적 접근은 일탈을 일탈자의 본래적인 성격이라기보다는 사회적 환경에 의해 형성된 사회화의 산물로 보고 있다.

한편, 일탈의 발생 원인에 대한 다양한 이론적 접근을 미시적 측면과 거시적 측면으로 분석해 볼 수 있다. 미시적 측면은 일탈 행동의 원인을 개인 행위들 간의 상호 관계에서 찾는 것이고, 거시적 측면은 일탈 행동의 원인을 사회 구조의 틀에서 찾는 것이다.

이러한 측면에서 아노미 이론이 목표 달성을 위한 사회 제도의 부재와 사회적 불평등과 억압 등을 그리고 신범죄학이 자본주의 체제의 불평등한 사회 구조를 일탈의 원인으로 보고 있다는 점에서 거시적 측면의 관점이라 할 수 있다. 반면 차별적 교제 이론이 일탈의 원인을 일탈자 또는 일탈 집단과의 접촉으로 보고 있다는 점에서 미시적 측면의 관점이라고 할 수 있다. 한편, 사회적 낙인에 의해서 일탈이 발생한다는 낙인 이론은 낙인을 어떻게 규정하느냐에 따라 접근방식이 달라질 수 있다. 즉, 낙인을 개인 간의 상호작용에서 이루어지는 행위로 규정할 경우에는 미시적 측면에서, 반면에 사회 제도 및 제재에 의한 수단으로 규정할 경우에는 거시적 측면에서 분석된다.

이처럼 일탈의 발생 원인을 무엇으로 보고, 어떻게 접근하는가 하는 다양한 이론적 시각은 일탈의 올바른 해결 방안을 찾는 데 중요한 역할을 하게 되므로 매우 중요하다. 물론 사회적으로 발생하는 수많은 일탈 행동들을 하나의 이론적 접근만으로는 이해할 수도 설명할 수도 없을 것이다. 따라서 다양한 시각에서 일탈 행동을 분석하고, 이를 줄일 수 있는 합리적인 대처 방안을 모색하는 자세가 필요하다.

일탈 행동은 일반적으로 한 사회에 존재하는 기본 질서와 규범을 깨뜨리고 사회 구성원들의 결속을 약화시키는 것으로 인식하고 있다. 그러나 일탈은 어느 사회에든지 존재하며, 역기능뿐만 아니라 순기능도 지니고 있다. 즉, 일탈 행동은 동조 행위의 가치와 기존 규범을 더욱 강화시키는 기능을 수행한다. 예를 들면, 최근 사회적으로 물의를 빚고 있는 미성년자를 대상으로 한 성범죄자를 낙인찍을 경우, 그들에 대한 제재 이상으로 다른 구성원에게 성범죄 예방 효과를 가지며, 이로 인해 기존 규범이 더욱 확고해질 수 있다.

일탈 행동을 대처하는 방안은 일탈 행동의 원인을 무엇으로 보느냐에 따라 달라진다. 먼저, 일탈 행동에 대한 생물학적 접근과 심리학적 접근은 일탈이 사회보다는 개인의 잘못으로 인해 발생한다고 본다. 개인의 통제밖에 있는 요소들인 신체나 정신에 내재된 요인들인 그 원인을 정확하게 찾아내어 제거하면 해결될 것으로 보고 있으며, 범죄에 대한 보다 강력한 법 집행이나 경찰력 증강 등을 대처 방안으로 제시하였다. 그러나 일탈이 일어나는 사회·문화적 환경을 강조하는 이론들 즉, 사회적 접근은 이와는 다른 사회적 원인을 제거하는 대처 방안을 제시한다. 먼저 거시적 측면의 아노미 이론과 신범죄학은 다양한 사회적 욕구를 적절하고 공평하게 해소시켜 줄 수 있는 사회 제도를 만들고, 사회적 불평등과 억압을 제거하면 일탈을 줄일 수 있다고 본다. 미시적 측면에서의 차별적 교제 이론은 일탈자 또는 일탈 집단과의 접촉을 최소화하거나 격리함으로써 일탈의 학습이 일어나지 않도록 하는 것이다. 낙인 이론은 일차적 일탈이 발생한 경우 일탈 행위가 정상적인 행위로 돌아갈 수 있으므로 일탈자로 낙인찍지 않도록 해야 하며, 이들을 통제하기 위해 일탈 집단으로 규정해서도 안 된다. 이처럼 사회적 접근론자들은 거시적으로는 나쁜 사회적 환경을 개선하면서, 미시적으로는 도덕 교육을 병행하는 것이 일탈 행위에 대한 보다 바람직한 해결책이 된다고 보고 있다.

6장

사회적 불평등과 사회복지

1. 사회적 불평등과 사회 계층

우리에게 이상적인 사회는 어떤 사회인가? 모든 시민이 평등하게 살 수 있는 사회는 과연 이 지구상에 존재할 수 있을까? 우리는 이번 장에서 사회적 불평등과 이를 극복하기 위한 사회복지에 대해 알아보고자 한다. 사회적 불평등 현상이 발생하는 이유는 과연 무엇일까? 이는 사회적 희소가치가 불평등하게 분배되어 있기 때문이다. 이렇게 사회적 불평등으로 인해 개인과 집단이 서열화되어 있는 현상을 사회 계층 또는 사회 계층 현상이라고 한다. 다시 말해 사회적 불평등이 사회 계층화를 가져온다고 볼 수 있다. 수행자로서 시민들은 다양한 사회 불평등에 도전하고 이를 타파하고 방지하는 데 노력해야 할 것이다.

사회 계층 현상은 사회를 구성하는 개인들의 삶과 행동 나아가 사고 방식 등에 큰 영향을 미치는 사회 현상 중 하나이다. 사회 계층이 심화되면 개인과 집단의 불평등이 나타난다. 그러므로 사회가 존재하는 곳에 정도의 차이는 있지만, 어디나 불평등이 존재한다. 사회적 불평등을 받는 사회 계층을 사회적 소수자라고 한다. 사회적 소수자란 신체적 또는 문화적 특징으로 인해 자기가 소속된 사회의 다른 구성원들로부터 구분되고 불평등한 처우를 받는 집단, 또는 그런 집단에 속해 있는 사람들을 말한다.

사회복지는 이러한 사회계층화 현상을 방지하고 사회적 불평등을 불식시키기 위해 구상한 사회적 노력을 말한다. 오늘날 대부분 국가는 사회 구성원 모두가 평등하게 인간다운 삶을 영위할 수 있도록 정책적으로 지원하는 법과 제도를 만들어 나름 복지 사회를 지향하고자 노력하고 있다.

우리가 살아가는 사회 내의 사람들은 서로 다르다. 각자의 생김새도 다르고 성격도 다르며, 가지고 있는 재능이나 경제적 가치인 재산도 다를 것이다. 이때 우리가 간과하지 말아야 하는 것은 "서로 다르다"는 말이다. 이 말은 단순히 차이가 난다는 수평적 분화의 의미와 더불어 차등적인 위치의 서열화를 포함하기도 한다는 것에 주목해야 한다. 우리는 사람들이 서로 다르며, 이것이 사회적 위치의 서열까지를 포함할 때 불평등이라 한다. 이러한 사람들 사이의 불평등은 용모, 체격, 지능, 재능 등의 선천적인 차이인 자연적 불평등과 재산, 명예나 위신, 권력 등 사회경제적 후천적인 차이인 사회적 불평등으로 구분할 수 있다. 정도의 차이는 있지만, 사회가 존재하는 모든 곳에는 어디나 불평등이 존재한다. 사회에는 재산, 권력, 위신 등과 같이 구성원들이 더욱 가치 있게 생각하고 서로 갖고 싶어하는 사회적 가치가 존재한다. 그러나 이러한 가치는 희소하므로 사회 구성원들에게 공평하게 분배될 수 없고 이에 따라 개인과 집단의 불평등이 나타난다.

이렇게 사회적 희소가치가 불평등하게 분배되어 개인과 집단이 서열화될 수밖에 없다. 이로 인해 발생하는 사회 계층 현상은 인류가 이 지구상에 도래했을 때부터 지금에 이르기까지 여전히 존재해 오고 있다. 이를테면, 조선의 신분 제도, 인도의 카스트 제도처럼 서열화된 위치가 엄격하고 지위가 세습되는 경직된 사회 계층이 존재했다. 그렇지만 근대 이후는 사회적 가치의 다원화로 사회 계층에 따른 구별과 차별이 점차 약화되고 있는 것은 사실이다. 그러나 현대 사회에서도 여전히 사회 불평등, 즉 사회 계층 현상은 존재하고 있으며 집단 간 갈등을 초래하고 사회통합을 저해할 수 있다는 점에서 꼭 살펴보아야 하는 사회 현상이다. 현대에 들어 대부분 민주주의를 지향하는 국가들에서는 사회 계층 현상을 억제하거나 해소하기 위한 다양한 복지정책들을 수립하고 실천한다.

마르크스는 경제적 생산 수단의 소유 여부를 기준으로 구분되는 사람들의 집합, 즉 계급class이라는 개념을 도입하고 사회적 불평등이 어디서 비롯되었는지를 설명하고자 했다. 그는 사회의 불평등 구조가 생겨나는 이유를 다음과 같이 설명한다. 생산 수단을 소유한 자본가 계급과 그렇지 못한 노동자 계급이 지배와 피지배 관계에서 서로 대립과 갈등상태에 있기에 사회 불평등 구조가 발생한다는 것이다.

반면 베버는 경제적 기준을 강조한 마르크스의 계급론을 포괄하면서도 사회 불평등 현상을 여러 가지 측면에서 분석하고자 했다. 그는 우선 다양한 사회적 희소가치에 의해 서열화되어 있는 개인과 집단의 복합적인 서열을 계층stratum이라고 이름 짓고 사회 계층화는 경제적 계급, 사회적 위신, 정치적 권력이라는 세 가지 측면으로 이루어진다고 주장했다. 그는 이 세 가지 사회적 희소가치의 불균등한 배분으로 개인이나 집단 간의 위치가 결정되고, 사회 불평등 현상이 발생한다고 보았다.

베버가 주창한 계층 이론은 경제적인 부를 기준으로 정립한 마르크스의 일원론적 계급 이론과는 달리 사회적 희소가치의 불평등한 분배 상태를 다양한 기준으로 범주화하여 제시하였다. 그러므로 마르크스의 계급 이론은 초기 자본주의 시대의 사회적 불평등 문제를 설명하기에 적절하며 베버의 계층 이론은 다원화된 현대 사회를 설명하기에 적합한 이론으로 평가받는다.

사회 계층 현상을 바라보는 관점은 크게 기능론과 갈등론으로 나눌 수 있다. 기능론에서는 사회 기능이 잘 운영되기 위해서는 사회적 위계의 존재, 즉 사회 계층 현상이 불가피하다고 보는 경향이 있다. 이에 반해 갈등론에서는 힘 있는 집단이 자신의 기득권과 지배적 위치를 유지하고자 인위적으로 만든 것이기 때문에 사회 계층 현상에 대해 비판적이다.

기능론적 관점에 따르면 사회에는 보다 중요한 일과 그렇지 못한 일이 있으며, 각각의 일은 적절한 자질과 능력을 갖춘 사람들이 맡게 된다고 본다. 그리고 역할의 중요성과 역할 수행 능력의 차이에 따라 보수가 평등하지 않게 배분된다. 그 때문에 사회 계층 현상은 불가피하게 발생할 수밖에 없다. 물론 현재의 불평등한 상황을 합리화하고 기득권자의 권익을 대변한다는 비판을 받기도 한다. 하지만 기능론자의 주장에 따르면 사회 계층 현상은 사람들이 더욱 많은 분배를 얻기 위해 노력하려는 동기를 부여하게 된다고 본다. 이에 따라 개인적인 자질과 능력이 발전하게 되며, 사회도 그만큼 발전할 수 있다. 더불어 능력있는 인재들을 적재적소에 배치할 수도 있다. 그래서 사회 계층 현상은 개인과 사회가 최선의 기능을 하도록 하는 사회적 장치이다. 기능론적 관점에 따르면 자원 배분은 사회 구성원들의 합의와 동의로 이루어지며, 개인의 자질과 능력에 따라 사회적 합의를 거쳐 공정하고 합법적으로 이루어진다.

갈등론적 관점은 기능론적 관점과 대립하는 입장에서 사회 계층 현상을 바라보고 있다. 갈등론에서는 사회 계층 현상이 불가피하다는 기능론적 관점의 설명이 현재 사회에 존재하는 불평등 현상을 정당화하기 위한 변명에 불과하다고 비판한다. 갈등론적 관점에 따르면 사회 계층 현상은 사회적 희소가치를 많이 분배받는 지배 집단이 현재의 기득권을 지키기 위해 자원을 불공정하게 분배하고 있어서 발생한다고 본다. 즉 개인의 능력과 노력보다는 권력이나 가정 배경과 같은 요인으로 사회적 희소가치가 차등 배분됨으로써 사회적 불평등이 발생한다고 주장한다. 따라서 사회 계층 현상은 개인과 사회가 최선의 기능을 다하도록 하기보다는 오히려 구성원의 상대적 박탈감과 집단 간 갈등, 그리고 사회적 혼란을 유발하는 장애 요소라 말할 수 있다. 갈등론적 관점에서는 어떤 직업이든 간에 사회적 중요성이 있기에 우열을 가릴 수 없다고 본다. 그래서 어떤 사회 집단이나 조직에 필요한 일이라면, 그 중요성은 모두 같다고 본다. 현실적으로 존재하는 기능적 중요성의 기준은 그것을 정하고 평가하는 힘을 가진 사람들, 즉 지배 집단들이 자의적으로 정한 것일 뿐이라고 본다.

위와 같이 대립하는 두 가지 관점 중에서 어느 하나의 관점으로만 사회 계층 현상을 이해하려는 태도보다는 사회적 불평등 체계에 대한 비판적 분석의 준거로서 기능론과 갈등론을 절충하여 조화롭게 바라보는 태도가 요구된다.

2. 사회 계층 이동과 사회 계층 구조

사회 계층이 발생하는 배경은 빈곤이 가장 큰 요인이 된다. 빈곤을 정의할 때 절대적 빈곤과 상대적 빈곤으로 구분된다. 절대적 빈곤은 한 가계가 지닌 경제적 능력이 객관적으로 결정된 최저한도의 수준에 미치지 못하는 상태를 이르는 말이다. 최저한도의 수준이란 말은 일반적으로 생존에 필요한 의·식·주 등의 욕구를 충족시킬 수 있는 수준이라는 의미를 지닌다.

절대적 빈곤이란 정말로 못산다고 표현할 수 있는 가난함의 상태를 일컫는다. 우리나라에서는 가구 총소득이 국민 기초 생활 보장제도에서 사용하는 최저 생계비에 미치지 못하는 계층을 절대 빈곤층, 즉 극빈층이라 한다. 상대적 빈곤이란 한 가계의 경제적 능력이 그 가계가 속해 있는 사회의 다른 가계들에 비해 낮은 상태를 의미한다. 즉 한 사회 안에서 다른 사람과 비교하여 상대적으로 부(富)를 적게 가지고 있는 상태를 일컫는 개념이다. 이는 특정 사회의 전반적인 생활 수준과 밀접히 관련되어 있다. 일반적으로 OECD 기준을 적용하여 중위 소득의 50% 미만인 가구를 상대적 빈곤층이라 정의한다. 상대적 빈곤층이 전체 인구에서 차지하는 비율을 상대적 빈곤율이라 하며 우리나라의 상대적 빈곤율은 지속해서 상승하고 있다. 일반적으로 상대적 빈곤율이 높아지게 되면 계층 간 격차는 심화되며 사회 구성원의 상대적 박탈감은 더 커진다고 말할 수 있다.

주관적 빈곤이란 자신의 욕구를 충족하기 위한 경제적 능력을 충분히 소유하고 있지 않다고 스스로 느끼는 상태를 말한다. 이는 제3자의 판단으로 객관적인 수준이 정해지는 것이 아니라 개인의 주관적인 판단 수준에서 빈곤의 기준이 결정된다. 즉 절대적인 기준으로도 빈곤하지 않고 다른 사람들과 비교해 봐도 빈곤하지 않음에도 불구하고 스스로 가난하다고 느끼는 상태를 일컫는 개념이다.

절대적 빈곤의 문제는 아직도 일부 후진국에서는 심각한 문제로 존재하지만 산업화되고 선진화된 국가들에서는 경제 발전과 더불어 복지 제도가 정착되면서 많은 부분 개선되고 있다. 그러나 상대적인 빈곤이나 주관적인 빈곤은 사회 내의 다른 구성원들과의 상대적인 관계 속에서 발생하는 문제들이기 때문에 경제 발전만으로는 해결하기가 쉽지 않다.

빈곤의 가장 큰 특징은 불안정하고 건강하지 못한 삶과 함께 나타난다는 점이다. 빈곤은 주로 저임금 단순 노동과 같은 불안정한 일거리 등과 함께 나타나기 때문에 삶 자체를 불안정하게 만들고 주거 환경도 열악하므로 질병에 걸릴 확률도 높다. 또한 사고와 질병으로 인한 건강 상실은 실직으로 이어져 빈곤층에게 더 불안정한 삶을 살게 할 가능성이 크다.

빈곤의 또 다른 특징은 대물림되면서 악순환된다는 것이다. 다양한 이유로 빈곤에 진입한 사람들은 나름대로 빈곤 탈출에 대한 기대와 희망을 품고 노력한다. 그렇지만 사회적 지원 부족과 가족 해체 등 여러 가지 요인들로 인해 빈곤에서 탈출하지 못하는 사람들이 많아진다. 빈곤이 장기화하면서 경제적 어려움이 심화되고 부모 세대의 빈곤은 자녀 세대에 대물림될 가능성이 커진다. 이처럼 조부모의 빈곤을 부모를 통해 다시 세습 받아 심각한 빈곤화 과정을 밟는 악순환 구조가 생기는 것이다.

중세 시대의 사람들은 빈곤을 신의 의지라고 생각했지만 시민혁명을 통해 신분제가 타파되고 개인의 능력이 중시되면서 빈곤에 대한 시각이 바뀌기 시작했다. 빈곤의 원인을 사회 체제에 대한 개인의 적응 실패, 즉 개인의 결함에 초점을 두게 되면서 가난한 사람은 불성실하고 열등한 존재로 파악되었으며 낮은 성취동기, 게으름, 의타심 등을 가진 존재로 여겨져 사회에서 천대를 받기도 했다. 하지만 20세기 복지 사회가 도래하면서 사람들은 빈곤이 개인의 결함뿐만 아니라 질병, 장애, 실업, 부양 의무자의 사망 그리고 사회 체제의 구조적 결함으로도 나타날 수 있다는 사실에 주목하기 시작했다. 즉 빈곤을 사회적으로 해결해야 할 문제로 인식하기 시작했고 그에 따라 개인적 차원뿐만 아니라 제도적 차원에서 빈곤 문제를 바라보고 해결하려는 시도들이 이루어지고 있다.

빈곤층의 자활 의식을 고취하는 것과 같은 개인적 차원에서의 의식과 태도의 혁신적 노력은 물론 빈곤층의 자활을 돕고 일정한 수준의 소득을 보장할 수 있는 사회 보장제도를 확대하고 일자리를 창출하는 제도적 차원의 정책 지원들이 이루어지고 있다. 특히 일자리 창출에서는 취약 계층에게 사회 서비스를 제공하는 '사회적 기업Social Enterprise'을 육성하는 것도 고려해 볼 만하다. 더불어 교육 기회를 확대하여 빈곤의 대물림을 조기에 차단하는 노력도 기울여야 한다. 그리고 빈곤층에 대한 물질적 지원과 취업 지원 등에 대한 서비스뿐만 아니라 빈곤층의 정서적 안정과 자신감을 회복시켜 주는 정신적 지원 또한 확대할 필요가 있다. 더불어 최근에 논의되고 있는 근로 장려 세제처럼 조세 제도의 개혁을 통한 빈곤 문제 해결 노력도 요구된다. 빈곤은 주로 기회의 불균등으로 인해 나타나는 사회적 문제이기에 개인의 게으름이나 나태함으로만 바라보는 것은 바람직하지 못하다. 수행자로서 시민들은 빈곤은 충분히 극복 가능하다는 긍정적 시각을 가지고 개인적, 사회적 노력을 다해야 할 것이다.

우리 주위에는 아직도 의·식·주 등 기본적인 생계유지조차 어려운 상태에 놓여 있는 사람들이 있다. 우리가 흔히 가난함이라고 부르는 빈곤은 '욕구를 충분히 만족시킬 수 있는 경제적 능력이 부족한 상태'를 일컫는 말이다. 여기서 우리가 관심을 가져야 할 부분은 어느 정도의 경제적 능력을 갖추어야 기본적인 욕구를 충족시켜 빈곤에서 벗어날 수 있느냐?'의 문제이다. 이 문제는 빈곤의 기준을 정하는 것뿐만 아니라 빈곤 문제를 해결하기 위한 정책을 입안하고 집행하는 데도 아주 중요하기 때문에 절대적 빈곤, 상대적 빈곤, 주관적 빈곤의 개념과 관련지어 꼼꼼히 살펴볼 필요가 있다.

사회 계층을 이루는 원인에 빈곤이 자리하고 있는데, 사람들이 빈곤하게 되는 이유를 사회 구조적인 원인과 개인적인 노력에 기인한 것으로 구분하여 볼 수 있다. 사람들은 누구나 보다 높은 계층에 소속되려는 욕망을 가지고 살아간다. 사회적 희소가치의 불평등한 분배로 인해 현재의 계층에 속하게 된 개인과 집단은 노력을 통해 상위 계층으로 올라가고자 한다. 물론 여러 가지 이유로 하위 계층으로 내려가는 경우도 있다. 이처럼 사회적 불평등 체계에서 개인이나 집단의 계층적 지위나 위치가 변화되는 현상을 사회 계층 이동이라 한다.

개인의 노력으로 계층 이동이 가능한 사회에서는 사회 계층 이동이 개인적 노력의 계기로 작용하고, 결국 사회 발전의 촉매제가 된다. 반면 사회 계층 이동이 제한될 경우 계층 간, 집단 간 갈등이 유발되고 사회적 혼란이 발생하기도 한다. 사회 계층 이동은 세 가지 측면에서 파악해 볼 수 있다.

첫째, 사회 계층 이동은 그 이동 방향에 따라 수직 이동과 수평 이동으로 구분될 수 있다. 수직 이동은 계층적 위치가 위아래로 변하는 것으로써 하위 계층에서 상위 계층으로 올라가는 상승 이동과 그 반대인 하강 이동으로 나눌 수 있다. 예컨대 회사의 사원이 사장으로 승진했다면 수직 이동 중 상승 이동에 해당된다. 수평 이동은 동일한 계층 내에서의 위치 변화, 즉 계층적 위치의 높낮이는 바뀌지 않은 상태에서 비슷한 위치의 다른 직업이나 소속으로 옮겨가는 것을 말한다. 제약 회사의 총무부장이 영업부장으로 자리를 옮겼다면 수평 이동에 해당된다.

둘째, 사회 계층 이동의 세대 범위 또는 이동 범위에 따라 세대 간 이동과 세대 내 이동으로 분류할 수 있다. 세대 간 이동이란 부모 세대와 자녀 세대 사이에서 나타나는 계층적 위치의 변화 혹은 한 세대와 그다음 세대 간에 걸쳐 일어나는 사회 이동을 말한다. 가난한 농부의 아들로 태어나 대통령이 된 링컨이 세대간 이동의 대표적 예이다. 세대 간 이동이 잘 이루어지지 않으면 계층적 지위의 세습이 이루어질 가능성이 크다. 세대 내 이동은 한 개인의 생애에 걸친 계층적 위치 변화를 일컫는 것으로 평범한 회사원에서 열심히 노력하여 기업의 최고 경영인이 되었다면 세대 내 이동이라 말할 수 있다.

셋째, 사회 계층 이동의 원인에 따라 개인적 이동과 구조적 이동으로 구분될 수 있다. 개인적 이동은 주어진 계층 체계 내에서 개인의 노력으로 계층적 위치가 변화되는 것을 말한다. 반면 구조적 이동은 전쟁, 혁명, 산업화 등의 급격한 사회 변동으로 기존의 계층적 위치가 변화되거나 새로운 계층이 생겨남에 기인한다. 이에 따라 기존의 계층적 위치가 변하는 것을 의미한다. 예를 들면, 남북 전쟁에 의한 노예제 철폐, 시민 혁명에 의한 시민 계급의 부상, 산업화의 진전에 따른 직업별 취업자 구성비 변화, 정보화로 인한 골드 칼라의 등장 등이 이에 해당된다.

어느 사회이든지 사회 계층의 모습이 일정한 정형화된 구조를 보이는데 이를 일반적으로 사회 계층 구조라고 부른다. 어떤 사회의 계층 구조를 보면 해당 사회에서 희소한 자원이 어떤 모습으로 분배되었는지를 알 수 있다. 대부분 사회 계층 구조는 다음의 두 가지 측면에서 살펴볼 수 있다.

첫째, 사회 이동의 가능성에 따라 폐쇄적 계층 구조와 개방적 계층 구조로 구분한다. 폐쇄적 계층 구조란 말 그대로 계층 간의 사회 이동 가능성이 자유롭지 못한 구조로서 과거 신분 질서가 엄격했던 사회의 계층 구조이다. 개방적 계층 구조란 세대 간 이동이나 수직 이동이 자유롭고, 개인적 능력이나 노력으로 사회 이동이 가능한 사회에서 주로 나타나는 계층 구조이다.

둘째, 계층 구성원의 비율에 따라 피라미드형 계층 구조와 다이아몬드형 계층 구조로 나눈다. 피라미드형 계층 구조는 하류층의 비율이 가장 높고 상류층으로 갈수록 낮아지는 구조로 사회 이동이 부자연스러운 전근대적 봉건제 사회나 신분제 사회에서 주로 나타난다. 소수의 상층이

다수의 하층을 지배하고 통제하는 형태를 띤다.

　다이아몬드형 계층 구조는 중류층의 구성 비율이 가장 높아 안정된 사회 구조를 이루고 있는 것이 특징이다. 이 계층 구조는 비교적 사회 이동 현상이 자유로운 개방 사회, 고도의 산업 사회, 현대 복지 사회 등에서 주로 나타난다. 다이아몬드형 계층 구조는 지속적인 복지 제도의 발달로 중산층이 성장하면서 보편화되었으며, 민주주의 사회에서 지향해야 할 계층 구조로 간주되기도 한다.

3. 사회적 불평등과 사회적 소수자

사회적 불평등에 있어서 우리에게 가장 가깝게 느끼는 것은 사회적 성과 성 역할일 것이다. 남성과 여성을 구분하는 이유는 생물학적인 성$_{sex}$이 다르기도 하지만 사회적 성$_{gender}$이 다르다는 데서 기인한다. 사회적 성이란 생물학적 남성과 여성에 대하여 사회가 부여한 사회·문화적 차이와 이를 공유하는 사회 구성원들의 의식을 의미한다. 이러한 차이와 의미는 남자다움과 여자다움에 관련된 믿음, 가치, 행동, 기대 등을 포함한다. '생물학적 성'은 지칭 그대로 생물학적으로 결정되는 데 비해 '사회적 성'은 사회·문화적으로 구성되고 사회적으로 학습된다. 따라서 사람의 행동에 대한 사회적 기대도 남녀에 따라 차이가 나며, 시대에 따라 다르게 나타나기도 한다. 이를테면, 남성다운 행동 유형과 여성다운 행동 유형은 과거 전통 사회에서 기대되었던 남자다움과 여자다움의 속성을 보여주는 것으로서 우리가 사는 현대 사회의 성 역할과는 많은 차이가 있음을 알 수 있다. 이러한 행동유형의 학습에는 가족, 또래, 집단, 학교, 대중 매체 등과 같은 다양한 사회화 기관들이 연결되어 있다.

인간은 생물학적 남성과 여성으로 태어나서 문화적으로 그리고 사회적으로 '남자답게masculine' 되거나 '여자답게feminine' 되는 것을 배운다. 문제는 학습자들이 이러한 성 역할을 학습하는 것이 서로의 차이를 인정하고 배려하는 평등한 구조 속에서 이루어지고 있지 못하다는 점이다. 어느 한 성이 다른 성을 차별하는 불평등 구조 속에서 성 역할이 학습되면서 사회의 여러 부문에서 성의 차이를 둘러싼 차별의 문제, 즉 성 불평등 현상이 발생하고 있다. 성 불평등이란 남녀 모두에게 적용될 수 있는데, 특히 여성에 대한 편견과 차별이 보편적으로 존재해왔다. 남성이 우월하다는 편견이 지배하다는 편견이 지배하는 가부장제 사회 속에서 여성들은 사회적 불이익과 부당한 대우를 지속해서 받아왔다.

이러한 성 불평등 현상은 우리의 여성 비하적인 언어생활, 남녀 간의 임금 격차, 직업 선택의 제한, 왜곡된 여성상을 표현하는 미디어, 아직도 가부장제적 가치관을 담고 있는 법률, 여성의 영향력과 입지가 약한 정치계 등 다양한 분야에서 쉽게 찾아볼 수 있다. 생물학적으로 부여받은 여성의 성sex이 차별적 시각으로 인해 왜곡된 사회적 성gender으로 낙인되면서 현실 속에서 여성들에게 불평등한 모습으로 나타나고 있다. 여성과 남성이 동등한 권리를 지니고 인간다운 삶을 가로막는 요인은 무엇일까? 성 불평등 현상이 발생하는 원인에 대해서는 다양한 시각들이 존재한다.

첫째, 여성차별은 주로 불완전한 제도의 결과라는 입장에서 나타난 시각이다. 여성의 사회 진출과 자아 성취를 가로막는 제도적, 법적 제한들이 남성들이 여성의 종속을 가속화하는 데 기여하고 있다는 것이다. 따라서 여성과 남성의 차별을 조장하는 제도들을 철폐하고 여성들이 남성과 동등한 기회를 가질 수 있도록 법적, 제도적 장치를 재정비한다면 성 불평등 현상은 줄어들 수 있다고 본다. 최근에 수립된 남편의 출산 및 육아 휴직제 인정, 고용 및 직장에서의 성차별을 금지하는 법의 제정, 평등의 원칙에 어긋나는 민법 조항의 개정, 재산 상속과 분할에 있어 여성의 동등한 권리 부여 등은 성 불평등 현상을 제도적으로 개선하기 위한 노력이라 할 수 있다.

둘째, 성 역할에 대한 왜곡된 사회화가 여성에 대한 불평등을 심화시킨다는 시각이다. 남성과 여성은 서로 다르지만 동등하다고 생각하는 '차이'의 사회화보다는 하나는 우월하고 다른 하나는 열등하다는 '차별'의 사회화가 진행되고 있는 현실에서는 성 불평등 현상이 사라지기가 쉽지 않다. 따라서 더욱 평등한 남녀 관계와 성 역할을 강조하는 사회화와 재교육을 통해 양성평등의 인식을 심어주는 것이 필요하다. 남성성과 여성성을 동시에 갖추도록 하는 양성성 개발 교육이나 양성 중 어느 특정한 성에 대하여 부정적인 감정이나 고정 관념, 차별적인 태도를 보이지 않고 남녀 모두에게 잠재된 특성을 충분히 발현하여 자발적으로 삶을 계획하고 세상을 볼 수 있게 하는 양성평등 교육이 좋은 대안이 될 수 있다. 물론 이를 위해서는 전통적 성 역할과 태도를 가르쳤던 가정, 학교, 미디어가 점진적으로 변할 수 있도록 노력을 기울이는 것이 필요하다.

성 불평등 현상은 역사적으로 오랜 시간에 걸쳐 형성된 것이기에 우리의 삶 속 깊숙이 내재화되어 있다. 따라서 성 불평등 현상을 개선할 수 있는 법과 제도의 정비는 물론 우리의 마음에 내재되어 있는 성 역할에 대한 뿌리 깊은 고정 관념과 편견을 버리려는 의식의 전환이 함께 이루어질 때 성 불평등 현상은 우리의 삶 속에서 사라질 수 있다.

사회가 개방화, 다원화, 세계화됨에 따라 사회적 차별 현상이 더욱 다양화되고 있다. 특히 최근에는 사회적 소수자minority에 대한 차별이 많은 관심을 받고 있다. 일반적으로 사회적 소수자란 그들이 지닌 신체적 또는 문화적 특징에서 기인한다. 이로 인해 자기가 사는 사회의 다른 구성원들로부터 구분되고 불평등한 처우를 받는 집단, 또는 그런 집단에 속해 있다는 의식을 가진 사람들을 일컫는다. 그러나 소수자라는 단어의 뜻이 작은 수, 즉 '소수(小数)'의 사람이라고 해서 구성원의 수가 적음을 의미하지는 않는다. 예를 들어, 미국 사회에서 인구의 15퍼센트 정도를 차지하는 아프리카계 미국인에게는 소수자 문제가 제기된다. 그렇지만 3퍼센트도 되지 않는 유대인에게는 소수자라고 부르지 않는다. 소수자 문제란 양적 소수 문제가 아닌 불평등과 차별, 소외와 같이 질적으로 불합리한 대우를 받는 수(数)가 아니라 사회적 권력과 사회적 영향력의 크기라고 보아야 한다.

특정 사회에서 소수자를 규정하는 요인으로는 국적, 민족, 인종, 지역, 연령, 종교, 장애 등 다양한 특성이 있다. 일반적으로 사회적 소수자라고 하면 소수 민족이나 인종, 어린이, 여성, 장애인뿐만 아니라 외국인 노동자, 결혼 이주 여성, 성 소수자, 소수 종교를 믿는 사람들, 특정 지역에 사는 사람들도 함께 포함된다. 사회적 소수자를 분류하는 기준은 다음과 같다.

첫째, 식별 가능성이다. 소수자들은 외양이나 신체 또는 문화적으로 다른 집단과 구별되는 뚜렷한 차이가 있거나 그럴 것이라고 여겨진다. 대다수가 백인인 미국 사회에서 흑인은 신체적 특징으로 식별되며, 일본에 살면서 한복을 입고 '민족 학교'에 다니는 재일동포 학생들이나 유럽에서 히잡이나 차도르를 착용한 무슬림 여성들은 문화적 특징에서 다른 사람들과 구별된다.

둘째, 권력의 열세이다. 여기서 말하는 권력은 정치 권력만이 아니라 경제적·사회적 측면의 권력을 모두 포함한다. 소수자는 권력으로부터 주변부에 있고 열세에 있거나 여러 가지 자원을 동원하는 능력에서 뒤처진 사람들이다.

셋째, 차별적 대우다. 만약 식별할 수 있고 권력에서 열세에 놓여 있더라도 차별이 없는 상태라면 살아가는 데에 특별히 불리할 것이 없을 것이다. 하지만 소수자는 그 해당 집단의 구성원이라는 이유만으로 사회적 차별의 대상이 된다.

넷째, 집단의식 또는 소속 의식의 공유이다. 어떤 사람에게 위의 세 특징이 모두 있더라도 소수자 집단의 구성원이라는 공유적인 소속감이 없다면 그 사람은 그냥 차별받는 개인일 뿐이며, 스스로 개인 차원에서 따돌림을 당한다고 느끼는 사람이다. 그 자신이 차별받는 소수자 집단에 속한다는 것을 느낄 때야 비로소 개인이 아닌 소수자가 된다.

기대할 만한 것은 사회가 민주적으로 진보하면서 우리 사회에 존재하는 사회적 소수자에 대한 차별이나 편견은 최근 다양한 법적·제도적 장치에 의해 개선되고 있다는 점이다. 과거의 선언적인 의미의 법안과는 달리 실질적이고 구체적인 차별 철폐 방안들을 통해 사회적 소수자들이 인간다운 삶을 살 수 있는 환경으로 변화되고 있다. 교사 혹은 공무원 등의 임용 시 장애인 특별 채용 제도처럼 형식적 평등의 차원을 넘어서 참된 평등의 단추를 채울 수 있는 사회적 소수자 우대 정책들이 함께 시행·추진된다면 사회적 소수자에 대한 차별 문제는 많이 개선될 것이다.

사회적 소수자에 대한 차별을 근절하기 위해서는 법적·제도적 개선 장치와 더불어 개선 사례를 발굴하고 나아가 구성원들의 인식을 전환할 수 있는 대책을 함께 추진해야 할 것이다. 사회적 소수자에 대한 국민의 인식 전환이 법과 제도의 변화 속도를 따라잡지 못하고 있는 만큼 의식 개선을 위해서는 특별한 노력이 필요하다. 또한 인권의 차원에서 사회적 소수자들이 해당 사회에서 차별받지 않고 인간다운 삶을 살 수 있도록 모든 여건을 마련하는 것도 아주 중요하다.

4. 사회복지의 이념과 실천

사람들은 누구나 행복한 삶을 살기 원한다. 하지만 우리 삶의 현실적 조건들은 사람들에게 언제나 행복을 보장해 주는 것은 아니다. 빈곤이나 실업과 같은 어려움에 부닥칠 때도 있고 질병으로 인해 고통받을 때도 있다. 이런 위험들은 처음에는 개인의 삶을 위협하지만, 시간이 지날수록 사회적인 위험으로 발전하여 사회 문제화될 가능성이 크다. 따라서 언제 닥칠지 모르는 위험에 대비하고 이런 사회 위험들이 가져다주는 여러 문제를 해결하기 위해서는 광범위한 사회적 노력이 필요한데, 사회복지는 바로 이런 사회적 노력 중의 하나다.

사회복지는 사회를 구성하는 구성원들이 잠재되거나 혹은 현실적 위험에서 벗어나 행복하고 편안하게 잘 살 수 있도록 돕는 사회적 노력을 일컫는 말이다. 특히 빈곤, 불평등, 차별, 실업 등 사회 문제의 해결과 예방, 생활 수준의 질적 향상 등에 직접적으로 관심을 두는 공동체의 노력이다. 오늘날 대부분 국가는 그 정치형태와 관계없이 사회 구성원 모두가 인간다운 삶을 영위할 수 있도록 정책적으로 지원하는 복지 사회를 지향하고 있다.

경제적 자유를 무한대로 보장했던 자유방임적 자본주의는 빈부 격차 심화와 노동 조건의 악화라는 병폐를 근대 사회에 안겨다 주었다. 이에 위기를 느낀 자본주의 국가들은 초기 자본주의가 초래한 폐단을 해결하기 위해 국가가 적극적으로 개입하여 국민들이 최소한의 인간다운 삶을 살 수 있도록 보장해야 한다는 생각을 가지기 시작했다. 이를 계기로 사회복지라는 새로운 사회 실천 이념이 형성되었으며 국민의 삶의 질 향상이 국가의 새로운 과제로 인식되기에 이르렀다.

초기 자본주의 시대에서 정부는 빈곤의 책임이 개인에게 있다고 인식하고 자선에 의한 빈민 구제를 정책의 중심으로 삼았다. 반면 현대 복지 사회는 구성원 모두 빈곤에 대한 사회적 책임과 노력을 다해야 한다고 강조한다. 그러면서 모든 국민이 최소한의 인간다운 삶을 넘어 최적의 삶을 살 수 있도록 국가가 제도적으로 보장하는 데 초점을 맞추고 있다. 즉 사회적 약자를 위한 복지에서 사회의 모든 구성원이 인간다운 생활과 높은 삶의 질을 누리는 복지로 그 이념이 변천되고 있다.

사회 보장이란 국가가 나서서 해당 사회 구성원들이 어떠한 불행에 처하더라도 최소한의 인간다운 생활을 하면서 살 수 있도록 정책적으로 보장하는 것을 말한다. 용어 '사회 보장'은 1935년 미국의 '사회보장법'에서 유래했으며, 널리 사용하게 된 것은 1942년 영국의 베버리지 보고서 공표 이후이다. 사회 보장의 정의를 내릴 때 가장 많이 이용되는 것은 국제 노동 기구의 정의이다. 국제 노동 기구는 사회 보장은 사회 구성원들이 처하게 되는 일정한 위험 및 사고에 대해서 사회가 적절한 조직을 통해 부여하는 보장이라고 정의했다.

우리나라에서 사회 보장에 대한 법적 정의는 사회보장 기본법에서 찾을 수 있다. 이 법에서 사회보장이란 질병, 장애, 노령, 실업, 사망 등의 사회적 위험으로부터 모든 국민을 보호하고 빈곤을 해소하며, 국민 생활의 질을 향상하기 위하여 제공되는 사회 보험, 공공 부조, 사회복지 서비스, 그 밖의 관련 복지 제도를 말한다. 사회복지가 삶의 질 향상을 강조하는 용어라면 사회 보장은 위험의 제거를 통한 생활의 안정과 보장에 초점을 둔 용어이다. 우리나라에서 시행되고 있는 사회 보장 제도는 주로 금전적, 물질적 지원을 하는 사회 보험과 공공 부조, 그리고 비물질적인 지원을 하는 사회복지 서비스 세 가지로 분류할 수 있다. 이들은 수혜 대상의 범위, 비용의 부담, 지원의 형태 등에서 차이가 있다.

사회 보험은 국민에게 발생하는 사회적 위험을 보험 방식에 의하여 대치함으로써 국민 건강과 소득을 보장하는 제도를 말한다. 혜택을 받는 수혜자와 국가 혹은 고용주가 비용을 공동으로 부담하여 이들의 생활상 위협, 즉 고령, 장애, 소득 중단, 재해 사망, 질병 등에 대비하는 상호 부조적인 성격을 지닌다. 이 제도는 소득별 부담을 특징으로 해서 강제 가입이 원칙이며 미래의 위협에 대비할 수 있다는 점에서 근로 의욕을 고취한다는 장점이 있지만 소득 재분배 효과를 기대하기 어렵다는 단점이 있다. 흔히 4대 보험이라 불리는 국민 건강 보험, 고용 보험, 산업 재해 보장, 보험, 국민연금 등이 대표적이며 공무원 연금, 사학 연금, 군인 연금 등도 사회 보험에 해당된다.

공공 부조는 국가 및 지방 자치 단체의 책임하에 생활 유지 능력이 없거나 생활이 어려운 국민의 최저 생활을 보장하고 자립을 지원하는 제도를 말한다. 비용은 국가나 공공 기관이 전액 부담하여 저소득층에게 혜택을 주기 때문에 사회 보험과 비교하면 소득 재분배 효과가 크다. 그러나 공공 부조는 경우에 따라 국가의 재정 부담을 가중시키고 수혜자에게 사회적 의타심을 조장하는 부작용이 생길 수 있다는 단점을 지니고 있다. 공공 부조 제도의 대표적인 것은 국민 기초 생활 보장 제도, 의료 급여, 주택 보호, 재해 구호 등이다.

사회복지 서비스는 국가, 지방 자치 단체 및 민간 부문의 도움이 필요한 모든 국민에게 상담, 재활, 직업 소개 및 지도, 사회복지 시설 이용 등을 제공함으로써 국민들이 자립할 수 있는 생활 능력을 높여 사회 구성원들의 정상적인 사회생활이 가능하도록 지원하는 제도를 말한다. 주로 장애인 복지 서비스, 노인 복지 서비스, 여성 복지 서비스 등이 있으며, 대표적인 예로는 고령자 고용 촉진, 장애인 의무 고용 제도 및 실업자, 무직자 대상의 직업 훈련 등이 있다.

사회복지의 목적은 모든 국민인 인간다운 생활을 누리며 '인간의 존엄성을 누리는 것'에 궁극적 목적이 있다. 따라서 국가는 해당 국가 구성원들에게 인간이 최소한 품위 있는 '인간다움'을 유지하며 살아갈 수 있도록 그들에게 필요한 도움을 주고 문제를 해결하도록 돕는 것이 목표다. 더불어 국가의 개입을 통해 계층 간의 갈등과 사회 불안을 일으키는 빈곤이나 불평등의 문제를 해결하고자 한다.

오늘날 전 세계 시장에서 나타나는 자유 무역과 무한 경쟁은 '20대 80의 사회' 혹은 승자가 부를 독식하는 약육강식 풍의 사회를 만들어 내고 있다. 이로 인해 일부 소수가 부를 독식해서 부의 집중과 다수의 상대적 박탈감의 확산에 따른 양극화 현상은 사회의 안정과 통합을 저해하고 있다. 이런 상황에서 사회복지 제도는 사회적 불평등 현상을 극복하고 사회 구성원을 위한 실질적 평등의 원리를 실현할 수 있는 좋은 대안이 될 수 있다. 또한 사회복지 제도는 사회 문제에 대한 구성원들의 현안을 넘어 지자체는 물론 정부의 사회적 책임을 강조함으로써 사회적 유대와 상부상조의 정신을 구현할 수 있다. 아울러 복지 사회가 지향하는 궁극적 가치인 인간 존엄성을 실질적으로 보장해 주는 제도적 장치가 될 수 있다.

이러한 사회복지 제도는 한 국가의 경제적인 경쟁력과도 비례한다. 이를테면 1970년대 석유 파동은 유럽의 복지 국가들에 큰 타격을 주었다. 어떤 국가의 경제 성장률이 떨어지면 국가의 조세 수입이 감소하게 된다. 이 경우 정부의 복지비용 부담이 심하게 증가하는 한편, 오랫동안 국가의 복지 혜택에 의존적이던 시민들은 스스로 노력하여 소득을 올리기보다는 실업 수당을 비롯한 정부의 보조에 의존하는 경향을 더욱 강하게 나타나게 된다. 특히 영국에서는 베버리지의 '요람에서 무덤까지'라는 과감한 복지 슬로건의 그늘이 1960~70년대에 나타나기 시작했다. 이 복지 정책 배경 하에 구성원들이 노동하지 않고 사회 보장에 기대려는 도덕적 해이감이 극에 다른 적이 있다. 과도한 사회 보장이 오히려 구성원들의 노동 의욕을 후퇴시키고 사회 전반적으로 생산성과 효율성을 떨어뜨리는 결과를 가져온 것이다. 그로 인해 영국은 실업률이 증가하였고 만성적인 인플레이션에 이르렀다. 이 여파로 영국에서는 복지병 해결을 위해 복지 축소를 주장하는 신자유주의 이념이 등장하였다.

신자유주의 정책은 국가의 간섭과 개입을 줄이고 개인과 기업의 경제 활동의 자유를 촉진하는 데 중점을 둔다. 그래서 복지의 역기능이 줄어들고 경제가 활성화되었으나 사회 보장 제도 축소로 인해 빈부 격차가 심화되고 구성원들의 반발을 불러일으켰다. 이에 따라 사회 보장 제도의 부작용과 신자유주의 개혁의 폐단을 동시에 해결할 수 있는 새로운 정책이 필요하게 되었다. 이것이 바로 복지와 노동을 연계하는 생산적 복지 정책이다. 생산적 복지란 정부의 역할에만 의존하는 과거의 복지 정책과는 달리 복지 수혜자의 노동 능력과 복지를 연계한 효율적 복지를 일컫는 말로써 '근로 복지'라고도 한다. 예를 들어 저소득 가구가 매달 일정액을 저축하면 정부가 본인이 모은 금액만큼 돈을 함께 적립해 2~3년 후에 돌려주는 제도 등이 생산적 복지에 해당한다. 우리나라의 생산적 복지 관련 제도는 서울시의 '희망 플러스 통장', 국세청의 '근로 장려 세제' 등이다.

생산적 복지 정책은 경제적 효율성과 복지의 형평성을 조화시키려는 제3의 길 이념과 부합하며 장기적으로는 정부의 재정 부담을 줄이고 복지 수혜자들의 자존심과 자립심을 높여줄 수 있는 일석이조의 정책이다. '제3의 길'이란 표현은 원래 앤엔서니 기든스의 저서에서 유래되었다. 그러나 토니 블레어 영국 총리가 총선에서 앤서니 기든스의 논조와 유사한 정책 노선을 주장하여 당선되어 토니 블레어를 상징하는 말로 간주되기도 하였다. 앤서니 기든스는 신자유주의와 사회 민주주의를 모두 반대하고 자신이 '제3의 길'이라 주장한 새로운 사회 발전 모델을 제안한 바 있다. 이 '제3의 길'은 국가가 개인의 역할을 대신해 주는 전통적 사회 민주주의를 반대하지만, 연대와 평등의 개념이 없는 신자유주의적 개인주의도 반대한다. 따라서 앤서니 기든스가 복지 국가와 신자유주의 국가의 한계를 넘어 새롭게 제시하는 사회 정책은 자율성과 개인적·집단적 책임을 결합하는 '적극적 복지'의 개념에 해당한다.

우리가 살아가는 사회에서 구성원들이 평화롭게 공존하기 위해서는 적극적 복지를 실현하기 위해 연대를 구성해야 하며, 적극적 복지의 현실화된 제도를 모색하기 위해 끊임없이 노력해야 한다.

7장

문화의 특성과 현대의 문화변동

1. 문화의 개념과 본질

우리는 일상생활에서 '음식 문화', '청소년 문화', '문화의 달', '대중문화'라는 말들을 듣고, 보고, 사용한다. 이들의 공통점은 문화라는 단어를 포함하고 있다는 것이다. 이런 말 속에서 문화는 문명이나 교양을 의미하기도 하고 생활 양식을 뜻하기도 한다. 이와 같이 문화는 해석하는 사람에 따라 다양한 의미로 사용된다.

우리는 텔레비전을 통해 종종 세계 여러 나라의 다양한 인사법을 볼 기회가 있다. 잘 살펴보면 우리나라처럼 절을 하며 인사를 하는 풍습이 있는가 하면, 다른 나라에서는 악수나 합장을 통해 인사하기도 하고, 코를 비비거나 포옹을 하는 경우도 있다. 인사법은 대부분 여러 문화권과 민족, 나라에서 오랜 시간에 걸쳐 시행하여온 생활 양식이다.

이처럼 문화는 한 사회에서 특징적으로 나타나는 생활 양식이라고 할 수 있다. 생활 양식 총체로서의 문화는 눈에 보이지 않는 사회 제도, 이데올로기 등과 눈에 보이는 의식주, 풍습, 풍물 등의 구체적인 형태들을 모두 포함한다. 따라서 한국의 문화나 사회·문화 현상이라는 말 속의 문화는 해당 사회 구성원들의 공통된 생활 양식으로서 넓은 의미의 문화로 이해할 수 있다. 그렇지만 영화를 보고 악기를 익히거나 주민자체센터와 평생교육관 등에서 문화 관련 강좌를 수강하는 등 문화생활을 즐길 때의 문화라는 단어는 특별히 세련되거나 예술적인 것을 나타내는 것으로 좁은 의미의 문화를 뜻한다.

모든 사회의 문화에는 인간의 생리적 구조와 사고 능력의 유사성으로 인해 공통적인 양상이 나타나기도 한다. 특히 삶을 유지하기 위해서는 음식을 만들고 이를 섭취해야 하는데 이와 같은 현상은 어느 지역에나 존재한다. 이처럼 시공간을 막론하고 인간 사회 어디에서나 볼 수 있는 공통의 속성을 문화의 보편성이라고 한다.

또한, 문화는 주어진 자연환경의 영향으로 다양하게 나타난다. 예를 들어 한국, 중국, 일본은 지리적으로 근접해 있음에도 불구하고 각자 독특한 음식 문화를 형성해 오고 있다. 우리나라 음식은 여러 가지 재료를 넣고 물을 부어 끓이는 탕, 찌개, 국이 발달되어 있어 음식을 먹을 때 숟가락을 이용한다. 중국 음식은 대부분 기름을 많이 사용하고 있으므로 음식의 느끼한 맛을 없애기 위하여 차를 즐겨 마시는 문화가 발달하였다. 섬나라인 일본은 초밥과 같은 해산물을 사용하여 만든 음식이 발달하였다.

이런 현상이 나타나는 이유는 우리나라, 중국, 일본이 각각 다른 자연환경과 역사·사회적 상황에 적응하면서 나름의 생활 양식을 개발해 왔기 때문이다. 이처럼 모든 사회는 각각의 독특한 생활 양식을 취함으로써 독자적인 문화를 갖게 되는데 이를 문화의 특수성이라고 한다.

어떤 문화든지 보편적인 요소와 특수한 요소가 있다. 따라서 이 두 요소를 모두 고려해서 이해해야 올바르게 문화를 평가할 수 있다. 그렇기에 보편성과 특수성을 존중하는 방법을 찾는 것이 바람직하다. 특히 다른 문화를 평가할 때 문화의 특수성을 무시하지 말아야 하며 특정 기준을 적용하여 이해하는 것을 삼가야 한다. 나아가 그 문화가 형성된 사회적 맥락을 이해하고 이를 존중할 수 있는 자세를 가져야 한다.

문화에는 몇 가지 공통적인 속성이 존재한다. 첫째, 문화는 한 사회의 구성원들에게 공유되는 특성을 갖는다. 대표적인 사례가 바로 언어의 사용이다. 우리나라 사람들은 한국어로 의사소통을 하고 감정과 정서를 공유하며 서로의 관계를 유지한다. 이러한 문화의 공유성은 주위 사람들의 행동을 예측할 수 있게 하여 사회를 유지하는 데 중요한 역할을 한다.

둘째, 문화는 유전적으로 이어지는 것이 아니라 사회화 과정을 거치면서 후천적으로 획득되는 특성이 있다. 이를 문화의 학습성이라고 하는데, 태어날 때는 언어생활을 하지 못하다가 성장 과정에서 부모님과 또래 집단과의 접촉, 학교생활을 통해 말과 글을 배우게 되는 예가 여기에 해당한다.

셋째, 한 세대에서 만들어진 문화는 다음 세대로 연이어 계승·전달되어 축적되는 경향이 있다. 이를 문화의 축적성이라 한다. 예를 들어 세종대왕의 한글 창제 이후 한글은 지금까지 우리말과 우리글로 축적되어 사용되고 있으며 심지어 컴퓨터의 아래 한글 프로그램으로 발달하였다. 이처럼 전승된 문화는 시대 환경에 적합한 방식으로 수정·보완되면서 축적되어 전통의 형태로 나타나기도 한다.

넷째, 문화는 새로운 기술이나 지식을 축적하면서 변화하기도 하며, 다른 문화와의 접촉으로 새로운 특성이 추가되거나 기존의 특성이 소멸하기도 한다. 이를 문화의 변동성이라고 한다. 어떤 사람에 의해 발견된 새로운 지식이 사회생활에 효과적으로 활용될 수 있다. 이렇게 되면 이 지식은 사회의 다른 구성원들에 의해서 학습되고 전체 사회에 확산된다. 인터넷이 발달되기 이전에는 편지로 멀리 떨어진 친구와 펜팔을 했다면 지금은 전자 우편, 메신저, 트위터, 페이스북 등의 전자매체를 통해 소통한다. 그렇지만 기성세대와 디지털 세대와의 정보 격차로 인해 소통의 어려움을 겪기도 한다.

다섯째, 문화를 구성하는 세부 요소들은 각기 별도로 떨어져 존재하는 것이 아니라 다양한 요소들의 유기적인 상호작용으로 이루어진다. 이를 문화의 총체성이라고 하는데, 이를테면 과학기술의 발달로 공업화가 일어났고, 공업화가 도시화 현상을 불러일으켰으며, 도시화 현상이 가족 형태를 변화시킨 것은 문화의 이런 속성을 잘 보여준다. 그리고 이러한 변화는 문화의 다른 부분들과 상호작용하는 과정에서 연쇄적인 변동을 유발한다.

만물의 영장이라고 하는 인간이 신체적으로 불리하지만 다른 동물보다 우월한 근본적인 이유는 무엇일까? 그것은 인간만이 문화를 가지고 있는 유일한 존재이기 때문이다. 이렇게 인간만이 문화를 창조할 수 있는 것은 인간이 학습 능력을 지녔기 때문이다. 한 개인이 평생 얻을 수 있는 지식과 정보의 양은 한계가 있다. 즉 다른 사람들의 지식과 정보를 배워야 하고, 이전 세대가 쌓아 놓은 지식과 사상을 전수받아야 한다. 그럼으로써 축적된 문화가 계승되고 더욱 깊이 있게 발전된다.

또한 인간이 상징체계의 활용 능력이 문화 창조를 가능하게 한다. 대표적인 상징체계는 언어와 문자로 구성된다. 이와 같은 상징을 통해 인간은 자신의 생각과 의지를 나타내기도 하고, 이들을 서로 교환하면서 독특한 문화를 창조하였다. 그뿐만 아니라 인간이 한 사회 구성원으로 성장하는 데 걸리는 시간은 그 어느 동물보다 길다. 또한 인간은 자신의 외부 위협으로부터 보호하거나 반격을 하는 데 적합한 신체적 조건을 갖고 있지 않다. 그래서 인간은 무리를 지어 집단생활을 하면서 도구를 개발하고 안전한 주거 공간을 마련하는 등 문화 창조 활동을 수행한다. 이와 같이 문화를 창조하면서 인간은 변화·발전하고 사회·문화 현상에 적응할 수 있으며 나아가 새로운 행위와 관념을 형성할 수 있다.

문화는 기술, 언어, 상징, 예술, 가치, 규범 등의 다양한 요소로 구성된다. 이들에 대해 각각 살펴보면 다음과 같다. 기술은 인간이 자연과 관계를 맺고 이용하는 방식 및 그 결과물을 총칭한다. 그렇지만 더욱 넓은 의미로 인간의 욕구나 욕망에 적합하도록 주어진 대상을 변화시키는 모든 인간적 행위를 말한다. 따라서 기술은 새로운 문화를 창조하기 위한 발명의 영역에서 중요한 위상을 차지한다.

언어는 생각이나 느낌을 성대방에게 나타내거나 전달하기 위하여 사용하는 음성·문자·몸짓 등과 같은 소통 수단 또는 해당 사회의 관습적 체계를 말한다. 언어는 인간이 다른 동물과 구분될 수 있는 특징 중 하나이다. 지구상 모든 인류는 언어를 가지지 않은 경우가 없으나 아무리 고등한 유인원(類人猿)일지라도 인류와 같은 언어를 가지고 있지는 않다. 따라서 인간은 다른 동물이 지니지 않은 언어 능력을 선천적으로 보유한 채 태어난다고 할 수 있다. 그러므로 언어는 문화를 기록하거나 후세에 전수하는 데 결정적인 역할을 한다.

상징은 사물이나 의미를 나타내는 데 매개 역할을 하는 것을 이르는 말로 심벌이라고도 한다. 밤거리의 네온사인은 단지 어둠 속에서 휘황찬란하게 빛나는 빛으로서 기능할 뿐만 아니라, 일정한 사물이나 의미를 나타내거나 그 장소의 쓰임새를 알려주는 지표 역할도 한다. 상징은 그 자체를 매개로 하여 다른 것을 알게 하는 작용을 함으로써 인간에게만 부여된 고도의 정신 작용의 하나라고 할 수 있다. 그러므로 상징은 문화를 구성하고 매개하는 역할을 하게 된다.

예술은 원래 생활상 특정한 목적을 효과적으로 달성하기 위해 어떤 재료를 가공·형성하여 성과물이나 물건을 만들어내는 능력 또는 활동으로서의 기술을 나타내는 용어였다. 아리스토텔레스는 넓은 의미에서 기술을 둘로 나누었다. 하나는 생활상 필요에 의한 기술, 다른 하나는 기분전환과 쾌락을 위한 기술이라고 했다. 전자는 실용적인 여러 기술을, 후자는 우리가 흔히 '예술'이라고 하는 것을 가리킨다. 그러나 현대적 의미의 한정된 예술 개념은 18세기에 들어서서야 비로소 부각된 것이고, 예술을 일반적인 기술과 구별하기 위해 특별히 미적 기술fine art이라는 표현을 사용하였다. 따라서 예술 활동을 통해 문화가 창조된다고 말할 수 있다.

가치란 옳고 그름, 좋고 나쁨 등에 관한 판단과 태도, 신념 등을 말한다. 구체적으로 인간의 육체적인 활동 및 인간의 정신적 활동에 만족을 주는 가치가 있다. 논리적 가치와 도덕적 가치, 미적 가치, 종교적 가치 등이 그 예이다. 이러한 가치들은 모두 문화의 모든 영역에 내재될 수 있다. 규범이란 인간이 사회생활을 하는 데 있어, 구속(拘束)되고 준거(準據)하도록 강요되는 일정한 행동 양식을 말한다.

규범은 단순히 강제적인 구속만을 의미하는 것은 아니다. 경우에 따라 규범을 따름으로써 사회생활이 순탄하게 이루어지는 측면도 있다. 일반적으로 규범은 사회적 규범으로서 존재하며, 이를 어길 때는 사회적인 제재가 따르기도 하는 특성이 있다. 이처럼 규범은 한 개인의 사회화 과정에서 중요한 역할을 한다.

이와 같이 기술, 언어, 상징, 예술, 가치, 규범 등의 요소는 문화를 구성하고, 이들은 서로 간에 긴밀한 영향을 주고받는다. 따라서 문화가 발전하기 위해서는 이 요소들이 균형을 갖추어야 한다. 만약 이 요소들의 불균형이 심하다면 안정적이고 지속적인 문화 발전을 기대할 수 없게 된다.

인간에 의해 만들어진 문화는 다시금 인간들의 사회생활을 규정하기도 하는데, 개인이 습득해야 할 적응 방식뿐만 아니라 주위 상황에 대한 해석 방식을 제공한다. 이런 적응과 해석 행위를 통해 상황을 판별하고 그것에 맞게 적절하게 대처하는 방법을 가르쳐 준다. 다시 말해 문화는 인간에게 변화하는 환경에 적응하도록 해 준다. 원시 인류들이 불과 도구를 사용하여 다른 동물들과의 생존 경쟁에서 이겼던 경우를 생각한다면 문화가 인간과 사회에 미치는 영향이 얼마나 큰지를 알 수 있다.

또한 문화는 집단 구성원의 심리적인 욕구를 충족시킬 뿐만 아니라 사회 통합에 기여하기도 한다. 같은 언어를 사용하거나 같은 종교를 믿는 사람들 간에는 쉽게 친근감이 형성될 가능성이 크다. 이를테면, 재외 한인 교포 사회에서는 친인척이 아니더라도 같은 언어를 사용하고 같은 문화를 공유한다는 이유로 비교적 단결된 모습을 보여 준다. 반면에 같은 사회 속에 살고 있다 하더라도 서로 다른 문화를 가지고 있고, 상호 이해하려고 하지 않으면 대립 의식이 생기고 사회 분열이 생길 수 있다.

어떤 공동체이든 해당 집단이 지닌 문화가 그 공동체 구성원에게 미치는 영향력은 실로 크다. 그 이유는 문화가 인간에 의해서 만들어졌지만 인간의 삶은 다시 문화에 의해 지배되거나 결정될 수 있기 때문이다. 이처럼 문화와 개인 간에는 순환적 인과 관계가 존재하며, 개인은 태도, 가치, 목표를 정하는 데 있어서 해당 사회가 지닌 문화에 의해 영향을 받는다. 때때로 문화는 그 다양성으로 인해 사회 통합을 위한 순기능을 하지 못하고 개인들을 혼란 상태에 빠지거나 개인들 간 갈등과 경쟁 구도를 만들기도 한다. 구성원들은 이런 문화적 갈등 속에서 이른바 '아노미' 상태에 빠질 수 있는 악순환을 겪기도 한다. 또한 현대 사회에서 고도로 발달된 기술 문화에 인간이 따라가지 못하여 오는 지체 현상을 갖기도 하며, 경쟁적으로 개발되는 이 기술 문화는 인류의 생존을 위협하는 무기 경쟁, 환경 오염 등의 문제를 가져오기도 한다. 따라서 학문수행자로서 시민들은 무엇이 바람직한가를 학문수행을 통해 따져 볼 수 있어야 할 것이다. 또한 시민들은 문화가 인류의 평화와 사회 발전을 위해 바람직한 방향으로 창조되고 향유되고 있는지를 비판적으로 견지하는 안목을 가질 필요가 있다.

2. 다양한 문화의 이해

다양한 문화를 올바르게 이해하기 위해서는 다음과 같은 세 가지 관점이 필요하다. 첫째, 문화는 모든 사회 구성 요소와 긴밀하게 연결되어 있다고 보는 총체론적 관점이 있다. 총체론적 관점은 어떤 문화를 이해할 때 항상 전체와의 연관 속에서 다른 문화 요소와의 상호 관련성을 파악해야 한다. 예를 들어 인도에서는 소를 힌두교의 교리에 따라 잡아먹지 않는다. 이는 소가 여러 가지 용도로 사용되기 때문이다. 배설물은 땔감 혹은 주택 재료로 사용되고, 죽은 뒤 가죽과 고기는 여러 재료로 이용된다. 인도 사회에서는 소와 같은 유용한 동물에 대하여 종교적인 의미를 부여하여 효과적으로 보호할 수 있었다. 이처럼 문화는 인간 생활의 경험이 집적되었기 때문에 특정 문화를 정확하게 이해하기 위해서는 문화를 다각적으로 해석하는 총체론적 시각이 필요하다.

둘째, 문화의 특수성을 인정하고 문화를 그 해당 사회의 특수한 맥락 속에서 이해하려는 상대론적 관점이 있다. 각 사회의 문화는 그 사회의 자연환경 및 역사적 환경에서 산출된 결과이다. 따라서 문화에는 고급스럽다든가 저급하다는 기준이 없으며 편견을 갖고 타문화를 평가하거나 비판하는 것은 올바른 태도가 아니다. 예를 들어, 우리 선조들이 보릿고개와 같은 어려운 시기에 개를 식용으로 사용한 것은 비난의 대상이 될 수 없다. 상대론적 관점은 타문화에 대한 오해나 편견을 최소화하여 문화를 올바로 이해하도록 한다.

셋째, 두 가지 이상의 문화를 비교하여 해당 문화의 특징을 뚜렷이 이해하게 하는 비교론적 관점이 있다. 예를 들어 가족 제도는 모든 사회에 있으나 그 모습이나 형태는 사회에 따라 다양하게 나타난다. 이러한 다양한 형태의 가족 제도를 비교하여 유사성과 차이점을 밝히고 보편성과 특수성을 명확하게 함으로써 가족이라는 문화 현상을 이해할 수 있다.

이와 같은 총체론적 관점, 상대론적 관점, 비교론적 관점은 자신이 속해 있는 문화와 다른 문화와의 관계를 객관적이고 조화롭게 인식할 수 있는 능력과 태도를 길러 준다.

다른 문화를 이해할 때 상대성을 부정하는 경우가 있는데, 대표적인 경우가 문화 사대주의와 자문화 중심주의이다. 문화사대주의란 특정한 다른 문화를 우수한 것으로 믿고 숭상한 나머지 자신의 문화가 지닌 고유한 가치를 낮게 평가하고 업신여기는 태도를 말한다. 우리나라의 거리에 우리말 대신 영어로 표기된 간판이 많은 것이 그 사례이다. 이 관점은 새로운 문화 수용에는 유리하지만 자문화의 정체성을 상실할 우려가 있다는 문제점을 갖는다.

자문화중심주의란 자신이 지닌 문화를 가장 우수한 것으로 믿고, 다른 문화를 평가 절하하는 태도를 말한다. 이 관점은 문화의 주체성 확립과 사회통합에 기여한다는 긍정적인 측면도 있으나, 다른 문화에 대한 올바른 이해를 가로막고 국제적 고립을 초래할 수 있다.

한 사회의 문화를 바람직하게 이해하기 위해서는 그들이 처해 있는 환경과 역사를 우선적으로 이해해야 하며, 그 사회의 맥락과 그 구성원의 생활적 관점에서 문화를 이해하려는 문화 상대주의적 태도를 지녀야 한다. 그러나 문화적 상대주의에는 일정한 한계가 있다. 인권을 침해하고 인간에게 고통을 주는 생활 관습이나 통과 의례의 가치를 모두 인정하고 이해할 수는 없다. 이처럼 문화의 특수성 및 다양성을 지나치게 강조하여 인류의 보편 가치를 무시하는 문화마저도 인정하려는 태도를 극단적 문화 상대주의라고 한다.

일부 사회에서는 식솔을 함께 묻는 순장 제도가 있기도 하고, 지참금이 적다는 이유로 결혼한 여자를 살해하는 관습이 있기도 하며, 집안의 여성이 가족의 명예를 더럽혔다는 이유로 향해지는 '명예 살인'이 있기도 하다. 또한 극히 비위생적이고 고통을 주는 할례를 어린 소녀에게 행하는 의례가 있고, 상복을 입은 여성의 손가락을 절단하는 관습이 있는 지역도 있다. 의료적인 시설도 없이 행해지는 이러한 의례는 큰 고통과 세균 감염의 문제가 발생하며, 여성의 인권을 침해하는 문제가 발생한다. 이처럼 인류의 보편적 가치인 인간 존엄성, 자유, 평등 등을 침해하는 문화적 관습까지 상대론적 시각으로 이해해서는 안 된다.

최근 들어 우리나라는 초국적 이주민들이 급격하게 증가하면서 다문화 사회를 맞이하게 되었다. 이제 수행자로서 시민들은 이주민들의 다양한 문화를 그들의 관점에서 이해하려는 태도를 보임으로써 도리어 우리 문화를 객관적으로 이해하는 데 도움이 될 것이다.

3. 현대 사회의 다양한 문화 양상

인간 사회에는 다양한 문화가 존재하므로 문화의 범위에 따라 다양한 구분이 가능하다. 크게는 한 사회의 구성원이 대부분 공유하고 있는 전체 문화와 한 사회 내의 특정 집단에게서만 공유되는 하위문화가 있다. 전체 문화에는 사회의 전반적인 대중이 공유하는 대중문화, 민족을 범위로 한 민족 문화가 대표적인 예이다.

이와 대비되는 하위문화는 그 사회의 주류 문화와 상호작용을 하는데, 그 상호작용은 사회의 통합 방향으로 발현되기도 하고 갈등 방향으로 발현되기도 한다. 하위문화의 대표적인 예로는 지역 문화, 세대 문화, 반문화(反文化) 등이 있다. 하위문화는 주류 문화와 구별되는 독특한 성격을 지닌다. 그 때문에 사람들은 하위문화에 참여함으로써 주류 문화 내에서 채워질 수 없는 욕구를 충족시킬 수 있다. 이러한 특성은 문화의 획일화를 방지하고 주류 문화에 활력을 불어넣으면서 사회의 결속력을 강화하지만 지나치게 발달하면 사회 통합을 저해할 수 있다.

한 지역의 생활 공간에 사는 사람들은 오랫동안 상호작용을 통하여 생활에 필요한 공동 시설을 만들며, 동질적인 소속감과 함께 서로 비슷한 신념, 태도, 관습, 생활 방식 등을 가지게 된다. 다른 지역에서는 언어, 의례, 종교, 가옥 등 다른 생활 양식을 가지고 공동체를 유지해 나간다. 이와 같이 경계 지워진 특정 지역에서만 공유되는 문화 현상을 지역 문화라고 한다. 또한 지역 문화는 지역 공간 속에서 문화의 창조와 향유, 문화의 생산과 소비가 지속적으로 일어나는 일련의 과정을 뜻한다. 따라서 지역 문화란 지역 주민들의 동류의식을 바탕으로 형성되는 각 지역의 고유한 생활 방식과 사고방식으로 볼 수 있다.

지역 축제는 지역 문화를 드러내는 대표적인 문화 행사이며, 지역의 문화적 정체성 형성에 기여한다. 예를 들어 강릉 단오제, 이천 도자기 축제, 부산 국제 영화제, 보령의 머드 축제 등과 같은 지역 축제는 지역 주민들에게 지역의 문화적 자부심을 불러일으킬 뿐만 아니라 지역 관광 상품으로 개발되어 경제 성장에 도움을 주기도 한다.

최근 교통·통신의 발달로 주민의 이동이 증가함에 따라 공동체적의 성격이 줄어들거나 아예 없어지고 있는 지역에서는 점차 문화의 동질화 현상이 나타나기도 한다. 이 현상은 사회 통합에 대한 일체감과 통일성을 제공해 주는 장점이 있지만 오랜기간 자연스럽게 형성된 지역의 고유성을 유지하는 것도 필요하다. 나아가 지역 문화를 현대 문화와 단절되는 방향으로 간주하기보다는 연속성을 가진 문화로 보존하고 발전시켜 나가야 한다.

세대(世代)란 특정한 역사적 경험을 함께 공유한 경험이 있거나 사고방식과 생활 양식이 비슷한 일정 범위의 연령층을 말하며, 이들은 같은 시대를 살면서 동일한 문화를 경험해 왔다. 그러나 과거 농업 사회에서 공업 사회로, 다시 정보화 사회로 진화하는 과정에서 급격하게 변화된 사회·문화적 상황과 변화는 서로 다른 세대 간에 문화적 이질감을 유발하였다. 정치·경제·사회·문화 등의 급속한 변화는 출생 시기와 성장 시대가 다르고 문화적인 감수성과 개인적인 특성, 가치관, 가치관 등이 다른 세대들에게 의식 차이와 심리적 격차를 초래한 것이다.

세대 간 차이는 음악 성향, 문화, 정치 등에서 크게 나타나며, 최근에는 정보 기술에 의한 문화 소비 양식에서 두드러지게 나타나고 있다. 특히 선거에서 젊은 세대들의 등장은 세대 혁명으로 평가되고 있으며, 월드컵의 응원 문화는 하나의 새로운 문화 행태로 정착되고 있다. 반면에 급격한 경제 발전은 부모님과 자식의 세대 간 갈등으로 번져 심각한 사회 문제로 대두되고 있다. 다른 세대 문화를 수용하여 서로 융합될 수 있는 새로운 공동체적인 틀을 마련하게 된다면, 세대 간 부조화로 인한 사회 병리적 문제를 해결하고 앞으로 다가올 미래를 더욱 건강한 사회로 만들어 나갈 수 있을 것이다.

청소년기는 질풍노도의 시기라고 할 만큼 감수성이 대단히 예민하고 반항적인 시기이다. 따라서 청소년기라는 배경은 자연스럽게 청소년들만의 문화가 형성된하였다. 청소년 문화는 몇 가지 특징을 나타낸다.

첫째, 청소년 문화는 미래 지향적이고 변화 지향적이다. 현실 지향적인 기성세대의 문화를 부정하거나 사회 부조리에 맞서기도 하며, 기존의 틀에 얽매이지 않고 새로운 것을 추구하는 경향이 있다.

둘째, 청소년 문화는 소비적인 속성을 지니고 있다. 청소년들은 새로운 문화 요소에 대한 수용이 빨라 현대 사회의 소비 주역으로 주목받기도 한다. 한편으로는 청소년을 단순한 소비자가 아닌 프로슈머로 간주하기도 한다.

최근 들어 인터넷과 사이버 문화로 대변되는 청소년 문화가 대중문화 전반에 미치는 영향력이 증대되었다. 가정과 지역사회 기능의 축소로 청소년들은 또래 집단을 중심으로 자신들의 독특한 문화를 형성하고 있다. 따라서 바람직한 청소년 문화의 정립을 위해서는 청소년 스스로 문화적 정체성을 확립하여야 한다. 이를 위해 수용 대상에 대한 비판적 의식과 자기 성찰적 의식을 함양해야 한다. 나아가 청소년 문화가 그릇된 방향으로 흐를 때는 가정과 학교 그리고 지역사회에서 이를 바로 잡아야 하며 청소년들에게 설득력 있는 대안적인 문화를 제시해야 한다.

반문화란 어떤 집단의 문화가 그 사회의 지배적인 문화에 정면으로 반대하거나 가치가 대립할 때, 일반적인 하위문화와 구분하기 위해 쓰는 개념이다. 반문화는 현대 사회와 기술문명으로부터 소외된 인간과 개인의 자유를 회복하기 위해 시작된 문화적 대안물로 하위문화 중 지배 문화와 대치되는 문화를 말한다. 반문화의 대표적인 예로는 히피 집단과 그들의 문화를 들 수 있으며 이 외에도 비행 청소년 집단, 과격한 여성 해방 운동가 모임, 종교적인 급진 종파 운동, 동성애자 자유 운동 등이 있다.

반문화를 지배적 문화에 대립·저항한다는 의미에서 대항문화(對抗文化)라고도 한다. 때로는 반문화가 지닌 독자성이 강하여 지배적 문화에 대하여 비판적이며 적대적이고, 더욱이 그것이 사회에서 어느 정도의 영향력을 가지게 될 때는 대항문화의 기능을 갖게 된다. 반문화의 형성은 지배 문화를 단순히 파괴하는 것을 포함할 뿐만 아니라 지배 문화 구조를 동요하게 하고 그 구조의 변동을 유도함으로써 새로운 문화 형성의 계기가 되기도 한다.

하위문화 중 대중문화는 우리의 일상생활 속에서 대중가요, 영화, 예술 또는 유행 등과 같이 많은 대중이 즐기고 누릴 수 있는 문화를 말한다. 초기의 대중문화는 주로 도시를 중심으로 형성되었으며, 대중이란 개념이 만들어지기 시작한 현대 사회의 산물이었다. 오늘날에는 대중 매체가 발달하여 많은 사람이 문화를 누릴 수 있게 되었다. 특히, 전국적으로 텔레비전이 보급되고, 출판물과 신문, 인터넷이 눈부시게 발전함에 따라 사회 구성원 모두가 문화를 누릴 수 있게 되었다.

넓은 의미에서 대중문화는 산업 사회 이후에 대중의 개념이 출현하면서 그들이 생산하는 유·무형의 문화를 모두 지칭한다. 그러나 오늘날의 대중문화는 대중들이 즐기고 향유하는 문화 전체를 지칭하는 좁은 의미로 사용된다. 일반적으로 가요, 영화, 드라마, 게임처럼 대중이 소비하는 문화 일체를 대중문화로 볼 수 있다. 이러한 대중문화는 대중 매체의 발달로 인해 문화적 내용이 대중들에게 쉽고 빠르게 전달될 수 있게 되면서 더욱 발달하였다. 특히 최근에는 인터넷과 통신기기의 발달로 이러한 대중문화의 보급과 확산이 더욱 가속화되고, 유행의 주기가 짧아지고 있다. 또한 트롯과 같은 대중가요 장르의 경우 예전에 유행했다가 쇠퇴했던 문화였지만 다시금 주목받는 예도 있다.

대중문화의 가장 큰 특징은 대량적으로 생산되고 소비한다는 데 있다. 이로 인해 대중문화는 상업성을 지니는데, 과도한 상업성으로 인해 선정적이고 폭력적인 내용이 경쟁적으로 반복되고 심화되어 사회 문제로 부상되기도 한다. 또한 문화의 획일화로 인해 대중들이 주체성을 상실할 수 있다는 문제점이 제기되고 있다. 또한 문화를 하나의 상품으로 취급하는 문화의 상품화로 인해 퇴폐적이고 선정적인 문화가 양산되는 문제점도 있다.

그럼에도 불구하고 대중문화는 대중들에게 다양한 지식과 정보를 제공하고 휴식과 오락의 기회를 제공하여 스트레스 해소에 도움을 주기도 한다. 또한 기존의 고급문화라는 이름으로 특정 계층에게만 소비되던 문화 향유의 기회를 대중들에게 확산시킴으로써, 문화 보급의 확대에 기여했다는 점에서 의의가 있다.

이러한 대중문화를 보다 올바르게 향유하기 위해서는, 대중문화를 생산·보급하는 과정에서 과도한 상업성을 지양하고, 보다 수준 높은 문화를 창조하기 위한 생산자의 노력이 요구된다. 또한 대중문화를 누리는 소비자는 맹목적으로 대중문화를 추종하기보다는 비판적인 시각에서 대중문화를 바라보고 수용하려는 자세가 필요하다.

4. 문화변동의 원인과 양상

우리 사회의 문화적 특성들은 빠르게 변화하고 있다. 하나의 문화 체계를 구성하고 있는 다양한 문화 요소들은 사회 구성원들의 일상생활을 통해 끊임없이 상호작용을 계속하면서 문화변동을 발생시킨다. 이러한 문화변동의 원인은 내재적 요인으로서 발명과 발견이 있으며, 외재적 요인으로는 문화 전파를 들 수 있다.

인간은 살아가면서 다양한 경험을 하게 된다. 이를 통해 형성되는 지식은 다른 사회 구성원에게 전해지면서 축적된다. 이렇게 축적된 지식 위에 새로운 지식이 추가되어 새로운 행동이나 사고 양식이 나타난다. 외부에서의 전파 또는 내부의 발견이나 발명으로 인해 새로운 생활 양식이 처음으로 발생하는 것을 혁신이라 한다. 발명은 기존의 물질적 또는 비물질적 요소들을 조합하거나 변경하여 그때까지 없었던 새로운 것을 만들어내는 것이지만, 발견은 이미 존재하고 있지만 세상에 알려지지 않은 것을 찾아내는 것을 말한다. 발명과 발견은 한 사회의 내부에서 생기는 것으로 이것이 개인적인 것에 그치지 않고 사회 구성원들에게 널리 수용되면 사회의 생활 양식이 바뀌게 되며 자연스레 문화 변동이 일어나게 된다.

사회 내부에서 발생하는 발명·발견과 달리, 전파는 한 사회의 문화 요소가 다른 사회에 전달되어 그 사회의 문화에 정착되는 현상이다. 문화 전파의 유형은 사람의 직접적인 접촉 때문에 문화가 전파되는 직접 전파와 텔레비전, 인터넷, 스마트폰 등의 매체를 통해 전해지는 간접 전파가 있으며, 타문화로부터 아이디어를 얻어 새로운 문화 요소가 발명되는 자극 전파도 있다. 세계화, 개방화된 오늘날에는 내부적 요인인 발명이나 발견에 의한 것보다는 외부로부터의 문화 전파에 의한 문화변동이 훨씬 더 많다.

하나의 문화 체계 내에서 다양한 문화 요소가 구성원의 삶에서 지속적인 상호작용을 하는 것을 문화과정이라고 한다. 이런 문화과정에 있어서 한 가지 문화 요소가 변화하면 다른 문화 요소도 변화를 겪게 되고 나아가 전체적인 문화 체계의 변화가 나타나기도 한다.

문화가 변동할 때 진행되는 상태적 변화를 문화변동 양상이라고 한다. 이 양상을 구분하는 기준은 우선 변동의 원인이 발생한 근거지에 따른 구분이다. 발견과 발명으로 인해 하나의 문화 체계 내에서 이루어지는 문화변동 양상을 내재적 변동이라고 한다. 외부적인 요인, 즉 한 사회의 문화가 다른 사회로 전파됨에 따라 기존 문화가 전파된 문화와 상호작용을 하면서 변화가 나타나는 것을 문화 접변이라고 한다.

문화 접변은 강제적 문화 접변과 자발적 문화 접변으로 구분된다. 강제적 문화 접변은 무력에 의한 정복이나 식민 통치 등을 통해 한 문화 체계의 강제적인 외부적 힘으로 일어나는 현상이다. 자발적 문화 접변은 강제적으로 이루어지는 것이 아니라 문화 체계 내부의 구성원들이 새로운 문화 요소의 효율성을 자발적으로 판단하여 수용하는 것을 뜻한다.

문화변동은 내재적 변동과 문화 접변으로 수행되며 그 결과는 다양하게 나타난다. 첫째, 문화 공존을 들 수 있다. 문화 공존은 두 문화가 고유한 성격을 잃지 않고 함께 존재하는 것이다. 침대 문화가 들어오면서 요를 깔고 생활하는 좌식 문화와 침대를 사용하는 입식 문화가 함께 나타나는 것이 그 예이다.

둘째, 문화 저항이 일어나기도 한다. 하나의 문화 체계 내에 다른 문화가 들어 올 때 기존 문화의 정체성이 흔들리게 됨에 따라 정체성 확립의 차원에서 일종의 복고 운동이 일어날 수 있는데 이를 문화 저항이라고 한다. 이는 새롭게 들어온 문화 요소를 거부하고 기존의 문화를 지키려는 움직임으로, 과거 서구 열강의 식민지하에 있었던 여러 나라에서 이 같은 저항 운동이 일어난 경우가 있다.

셋째, 문화 동화를 들 수 있다. 문화 동화는 문화 접변으로 인해 한 문화가 다른 문화에 합쳐져서 해체되거나 소멸되는 경우를 말한다. 이럴 경우에 한 문화가 다른 문화에 전적으로 흡수된다. 특히 자문화에 대한 정체성이 확고하지 못한 사회에서는 이와 같은 동화 현상이 나타나기 쉽다.

넷째, 문화 융합을 들 수 있다. 문화 융합이란 두 가지 이상의 문화가 접촉하여 새로운 제3의 문화가 탄생하는 경우를 말한다. 하나의 문화는 타 문화와의 적극적으로 접촉하여 더욱 풍성하고 복합적인 문화를 형성할 수 있으며, 이는 기존 문화를 한 단계 더 발전시키는 계기가 될 수 있다. 퓨전 음식, 퓨전 드라마 등 '퓨전'이라는 용어가 최근에 자주 사용되는 것은 우리 사회에서 문화 융합이 활발하게 이루어지고 있음을 바로 보여주는 것이다.

현대 사회의 문화변동은 다양한 양상을 지니지만 몇 가지 특징이 존재한다. 첫째, 문화변동의 속도가 과거와 비교하면 대단히 빠른 속도로 진행된다. 현대 사회에서는 우리가 상상한 것보다 과학기술의 발전 속도가 빨라 정보들이 대량 양산되고 유통되어 문화 역시 하루가 다르게 변한다. 또한 급속한 도시화와 정보 산업의 발달로 새로운 생활 양식이 전개

되며, 지구촌화에 따라 지배적 문화가 공유되어 세계 문화를 형성한다.

둘째, 항공기, 인터넷 등 교통과 통신의 발달로 인해 세계가 하나의 지구로 통합되고 있다. 이로 인해 한 나라에서 발생한 상황이 다른 나라에 영향을 미치는 일이 빈번하게 발생하고 있다. 한 나라의 경제 위기가 그 나라와 관계를 맺고 있는 여러 나라에 걸쳐 영향을 미치는 경우가 그 예이다. 이는 문화변동 역시 국가 또는 문화권 간의 상호 의존성 증대의 영향으로 동시적·연쇄적으로 발생할 수 있음을 시사한다.

셋째, 세계에서 우리나라는 인터넷 보급률 및 인터넷 사용률 그리고 사용 시간이 매우 높은 국가이다. 직접 공연장이나 백화점을 찾아가는 시간적 경제적 소비를 인터넷이 대신하게 되었다. 아울러 현대 사회의 대중문화가 시민들의 여가를 선용할 수 있는 수단으로 상업적 이윤을 창출하면서 문화는 엔터테인먼트 산업과 결합하게 되었다. 이렇게 현대 사회에서 문화변동의 속도는 빠른 편이고 이로 인해 다양한 문제점이 발생한다.

문화변동은 자연스럽고 당연한 현상이다. 그러나 문화가 변동하는 과정에서 변동 속도의 차이로 문제점이 발생할 수 있다. 그 중 대표적인 것은 문화 지체 및 기술 지체 현상과 문화 정체성의 혼란이다.

오그번Ogburne, W.F.은 한 사회의 문화를 구성하는 요소에는 물질적인 것과 비물질적인 요소 모두를 포함하고 있고, 이 양자 간에 문화변동의 속도에 있어서 불일치가 생겨날 수 있다고 보았다. 이를 '문화 지체'라하며 이 현상이 심화되면 사회 문제가 발생할 수 있다. 자동차, 인터넷, 휴대 전화 등의 물질문화가 일상생활에는 편리함을 주었지만, 그에 따른 제도나 의식의 변화가 느려 문제가 된다.

문화 지체와는 대조적으로 기술 지체도 생겨날 수 있다. 만약 어떤 나라의 국민들이 높은 교육적 열의를 가지고 있으나, 이를 뒷받침해 줄 학교 시설이나 교재 등이 부족한 경우를 생각해 보자. 이것은 국민들의 의식 수준을 기술이 따라가지 못하고 있음을 의미한다. 이러한 현상이 기술 지체 현상이다.

또한 문화변동은 기존 문화의 정체성을 약화시키거나 해당 구성원들의 정체성 혼란을 일으킬 수 있다. 문화변동은 원래 가지고 있던 자기 문화의 일부를 바꾸거나 버려야 하기 때문이다. 급격하게 서구 문물을 받아들였던 우리나라에서는 서양의 것은 좋은 것이고, 우리 고유의 문화는 저급하거나 버려야 한다는 인식이 팽배한 시기가 있었다. 이런 문화 정체성의 혼란은 개인적, 사회적으로 문화 정체성의 약화를 초래하고 사회 구성원 간의 갈등을 유발한다. 나아가 이로 인해 기존의 사회 규범은 무너지고 이를 대신할 새로운 규범이 확립되지 않은 규범 부재의 아노미 현상이 발생할 수 있다.

앞에서 우리는 문화변동이 일어나는 과정에서 나타나는 문제점으로 문화 지체와 기술 지체 현상 그리고 문화 정체성의 혼란을 들어 설명하였다. 이런 문제점을 극복하기 위한 대처 방안의 예로, 문화 지체의 경우 인터넷 사용에 대한 예절 교육을 통해 사용자들의 의식을 높일 수 있다. 또한 기술 지체의 경우는 새로운 문화의 도입을 위해 이를 지원할 수 있는 기술 및 기술 체계를 구축하여야 한다. 특히 문화 정체성의 혼란을 피하기 위해서는 먼저 자기 문화에 대한 이해가 선행되어야 하고 다른 문화를 받아들임에 있어서 기존의 자기 문화에 적합한 것을 취할 줄 아는 지혜를 길러야 한다.

5. 세계 속의 한국 문화

세계화란 교통·통신 수단의 발달과 정보화로 인해 국가 간의 인적·물적 상호 교류가 빈번해져 이로 인해 국가 간의 상호 의존성이 증대되는 현상을 의미한다. 이러한 국가 간의 물적·인적 교류는 단지 물건이나 신체의 이동만을 의미하는 것이 아니다. 예술을 포함한 상품에는 그 나라의 문화가 깃들어 있고, 인간은 자신이 속한 사회의 문화인 언어, 가치, 신념, 신앙, 사고방식, 그리고 생활 양식을 지닌 채 국경을 넘나들고 있기 때문이다. 한편 세계화로 인해 강대국에 의한 문화 제국주의나 민족 문화 및 지역 문화의 동질화, 획일화가 나타나기도 한다. 이러한 현상은 문화의 건전하고 균형 있는 발전을 저해한다. 따라서 민족 문화와 지역 문화가 보편적인 세계 문화를 수용하여 세방화glocalization를 표방한 문화를 만들어 가야 하며, 이를 통해 바람직한 세계화를 이루어야 한다. 세계화에 동참하면서도 민족 문화와 지역 문화의 특수성을 보존해 가는 지방화를 동시에 추구할 필요가 있다.

한류는 한국의 대중문화가 1990년대 말부터 해외에서 열풍을 일으켰던 현상을 말한다. 다시 말해, 다양한 매체를 통해 현지 외국인들이 한국 대중문화 콘텐츠를 적극적으로 수용하고 향유하여 인기를 얻은 사회·문화적 현상이다. 위성 방송이나 케이블 방송 등의 뉴미디어 발달로 인해 대중은 특정 국가의 벽인 국경을 무력화시켰다. 이제 서로 교차하는 각 나라의 다양한 문화 콘텐츠를 통해 대중들은 자연스럽게 서로의 대중문화 매료될 수 있었다. 이런 과정에서 한국의 대중문화는 좋은 평가를 받아 주류 초국적 대중문화로 받아들여졌다. 한류는 주로 댄스 음악과 트렌디 드라마, 블록버스터 영화 등을 비롯하여 한글 캘리그라피, 사물놀이, 태권도 등 전통연희적 장르로 확대되고 있다. 한류라고 불리는 우리 대중문화 콘텐츠가 인기를 끄는 이유 중 하나는 경쟁력 있는 소재를 확보한 데에 있다. 추억과 일탈이라는 인간의 보편적 감성, 인류의 시원적인 한스러운 운율과 리듬 등 언어가 지니는 한계를 뛰어넘어 대중의 욕망과 기대를 충족함으로써 세계 사람들을 매료시킨 것이다.

한류의 열기는 한국어와 한국 문화의 영역과 그 밖의 경제적, 외교적 영역에까지 확장되기 시작했다. 우선 한국어 교습, 한국 음식 만들기 등 한국 문화 알기로 연결되고 있다. 나아가 한류는 국제 문화 교류를 활성화함으로써 한국의 문화적 취향을 현지인들에게 제공함과 동시에 한국의 기업이나 국가의 이미지를 고양하고 있다. 하지만 한류가 예상을 뛰어넘은 열풍으로 이어지면서 이를 견제하는 혐한류적 시각이 도처에서 증가하고 있다. 또한 엔터테인먼트 산업이 갖는 불확실성으로 인해 의도하지 않게 한류의 이미지가 하락하는 경우도 있다. 이러한 점들은 한류가 앞으로 더 확산되고 발전하기 위해 수정되어야 할 것이다.

한류는 다른 문화의 열풍에서 찾아보기 어려운 강력한 팬덤fandom을 구성하고 있다. 이는 한류가 단순한 문화 교류 현상을 넘어 문화 공동체를 형성하는 밑거름이 될 수 있음을 의미한다. 한류의 인적, 물적 네트워크가 중심이 된다면 아시아 문화 공동체를 넘어 세계 문화 공동체를 만들어 나갈 수 있을 것이다.

우리나라는 한류와 같이 한국 문화의 세계화는 물론 급변하는 세계화의 흐름 속에서 다양한 문화 양상을 나타내고 있다. 특히 결혼 이민자들과 이주 노동자들을 비롯한 다문화 가족 구성원들의 증가로 인해 문화 다양성이 증폭하는 다문화 사회의 양상을 나타낸다. 이런 상황에서 다문화 가족들은 사회적·문화적 갈등과 자녀 양육에 어려움을 느끼고 있다. 이에 사회 여러 분야에서 결혼 이민자들의 안정적인 정착을 위해 여러 가지 지원을 시행하고 있다. 시·군·구 다문화가족지원센터들은 다문화 가족을 위한 한국어 교육, 다문화 사회 이해 교육, 가족 교육, 상담, 다문화 가족 직업 교육 등을 지원한다.

우리는 이러한 다문화 사회에서 자칫 문화적 편견을 갖게 될 수 있다. 일상생활 속에서 "어느 나라 사람들은 잘 씻지 않아" 혹은 "어느 나라 사람들은 게을러" 등의 이야기를 쉽게 접할 수 있다. 이런 문화적 편견은 다문화 사회의 통합을 저해하게 될 것이다. 따라서 우리는 다른 나라의 문화를 그들의 입장에서 이해하려는 문화 상대주의적 태도를 가져야 할 것이다. 다문화 사회로 인한 문화적 다양성의 증가와 더불어 나타난 한국 사회의 문화적 특징은 바로 여가 문화의 출현이다. 2004년부터 시작된 주 5일제 시행으로 여가가 늘어나 여가 문화에 대한 관심이 늘어나고 있다. 주 5일 근무제 도입은 5도 2촌이라는 새로운 여가 형태를 만들기도 했다. 5일은 도시에서 생활하고 2일은 가족이 농촌에서 자연과 함께 지내며 각종 체험 학습을 통해 가족 간의 사랑을 만들고 재충전의 기회를 얻게 된다는 의미이다. 이는 농촌을 찾는 도시민들이 늘어 여가에 관한 관심이 도시와 농촌 간 균형 발전에도 영향을 미치고 있다는 것이다. 또한, 농촌 체험을 창의적 체험 활동 등과 같은 학교 교육 프로그램에 반영하기도 한다.

전통문화 관련 학계에서는 전통문화의 개념을 과거에서 오늘날까지 전승되어 문화로 전착되어 있는 것이라고 정의하며, 시간, 공간, 주체의 세 가지 차원으로 구분하여 그 개념을 서술하고 있다.

시간상으로는 1910년을 전통문화의 고유한 성격이 보존된 기점으로 삼기도 한다. 그 이유는 이 시기에 일제가 침략함에 따라 우리의 전통이 크게 변화하였기 때문이다. 공간의 차원으로 보면, 전통문화는 그 민족이 거주하고 있는 지역에서 형성되고 전승된다. 물론 민족과 국민의 개념이 반드시 일치하는 것은 아니다. 그렇지만 우리나라의 경우 통일 신라 이후 한반도를 거주 공간으로 삼아 한국의 전통문화를 계승해왔다고 볼 수 있다. 또한 문화 전통의 주체적 측면에서 보자면 주체자는 민족을 말하는 것이며 전통문화는 민족의 생활 문화 속에서 생성되고 전승되어 온 여러 양식을 말한다.

우리가 전통문화라고 부르는 것들은 이들을 두루 충족시키는 문화 양식을 말하는 것이며, 대개 이들 중에 대표적인 것들을 문화재로 지정했다고 볼 수 있다. 우리 민족은 단군 이래 오천 년의 유구한 역사를 지니고 있어 다양하고 풍부한 전통문화를 간직하고 있다. 첫째, 상호 협동을 해야 하는 농경 문화로 인해 상부상조의 문화가 발달하였다. 힘든 노동을 함께 나누는 공동 노동 풍습인 두레는 마을의 모든 농민이 그 마을의 경작지에 대해 자타의 구별 없이 작업하는 조직으로 오늘날 우리 사회의 여러 가지 민간 협동체를 탄생시켰다.

둘째, 샤머니즘 요소를 지닌 토속 신앙이 형성되어 있다. 마을의 수호신을 모시고 마을 공동체의 안녕과 풍요를 기원하는 동제가 대표적이다. 이 동제는 준비 단계인 마을 회의에서부터 공동의 수호신에게 제물을 바치고 소원을 비는 과정, 신에게 바쳐진 음식을 함께 먹고 어울려 즐기는 과정을 거치면서 마을 사람들의 유대를 공고히 하는 기능을 수행하기도 했다.

셋째, 단군의 건국 이념인 홍익인간과 경천애인의 정신이 민본 정치의
전통으로 이어져 내려와 인간 중심 사상이 발달하였다. 이들 전통문화는
우리 민족의 역사적 산물로서 민족 정체성을 형성하게 하고 나아가 민족
구성원들의 통합에 기여하게 된다.

최근 들어 급격한 산업화와 도시화 그리고 세계화로 인해 우리의 전통
문화가 소홀히 다루어졌던 것은 사실이다. 특히 세계화에 따른 외국 문
화의 수용과 모방, 통신과 인터넷의 발달은 우리의 전통문화를 계승하고
발전시키는 데 어려움을 주기도 하지만, 다른 한편으로는 우리 문화를
세계화하고 현대적으로 계승시키는 데 크게 이바지하고 있다.

일반적으로 문화는 시간의 흐름에 따라 변화하므로 문화를 생산하고
향유하는 주체의 생각과 역할에 따라 문화의 발전 여부가 결정된다. 그
러므로 시민들이 전통문화를 바람직하게 계승하고 발전시키기 위해서
우선 전통문화에 대한 이해를 필요로 한다. 우리는 전통문화의 가치와
본질을 파악하고 창조적으로 계승하여 현재의 문화 발전에 이바지함으
로써 세계화 시대에 지구촌 문화의 다양성 형성과 아울러 인류의 평화에
이바지할 수 있어야 한다. 또한 보편성을 인정받는 외래문화를 주체적
이고도 비판적으로 수용하여, 우리의 문화와 결합해서 문화의 세계화와
민족 정체성 보존을 동시에 실현해야 한다. 그럼으로써 미래의 한국 문
화가 세계 문화를 선도하고, 세계의 다양한 문화가 한국 문화 속에서 꽃
피울 수 있어야 할 것이다.

이를 위해 우리 정부는 2000년 이후 문화콘텐츠 산업을 차세대 국가
성장 산업으로 확정하고, 전통문화를 디지털로 복원하기 위해 문화 원형

사업을 비롯하여 한국 향토문화전자대전 편찬 등의 국책 사업을 진행하고 있다. 이들 사업 결과를 기반으로 교육용 콘텐츠를 만들 뿐만 아니라 영화, 드라마, 뮤지컬 등을 제작하고 있고, 이를 위한 대학 내 문화콘텐츠 관련 학과가 신설되어 전문인력 양성에 앞장서고 있다. 이와 같이 전통문화는 버려야 할 것이 아니라 새롭게 해석해야 하고, 현대적으로 계승하여 새로운 문화를 창조하는 데 있어 그 원천으로 삼아야 할 것이다.

8장

일상생활과 다양한 사회 제도

1. 사회 제도와 가족 제도

우리는 일상에서 많은 것을 선택하고 자유 의지에 따라 행동한다. 그러나 사회 구성원들의 선택 및 행위는 공통점이 있으며, 유사한 범위 안에서 이루어진다. 이것은 우리 사회를 지배하는 역할과 관습화된 절차 및 규범의 체계가 존재하기 때문인데 이를 사회 제도라 한다. 문화권마다 각기 형태는 다르지만, 어느 사회에나 사회 제도는 보편적으로 존재한다. 가족 제도의 경우, 우리는 일부일처제를 취하고 있으나 문화권에 따라 일부다처제, 일처다부제 등과 같이 다양한 형태로 존재한다.

사회 제도는 인간의 본능적 욕구에서 사회적 욕구까지 다양하게 충족시켜주는 기능을 수행한다. 의식주나 성(性)과 같은 기본적 욕구뿐만 아니라 자아실현과 같은 사회적 욕구까지 대부분 사회 제도를 통해 충족된다. 또한 우리는 사회 제도를 통해 사회화된다. 가족 제도를 통해 사회를 이루는 가장 기초 단위인 가족 구성원과 가족을 배우고 사회생활에 필요한 기초적인 사회화를 실현한다. 또한 교육 제도를 통해 더욱 전문화·세분화된 사회화를 경험하고 성숙한 사회 구성원으로 성장하게 된다.

그뿐만 아니라 우리는 사회 제도를 통해 질서 있고 안정적인 생활이 가능하며, 사회를 존속시켜 나갈 수 있다. 오랜 시간에 걸쳐 형성되어 온 사회적 산물인 사회 제도를 통해 우리 인간은 자신에게 요구되는 역할 및 행동 양식을 습득하고 다른 사회 성원과 상호작용함으로써 사회 질서를 유지할 수 있다.

사회 제도에는 정치 제도, 경제 제도, 가족 제도, 교육 제도, 종교 제도 등이 있다. 정치 제도의 경우 사회 구성원과 집단 간 이해관계의 충돌이나 갈등을 조정하는 역할을 한다. 따라서 정치 제도는 국민 생활의 안정과 밀접한 관계를 맺고 있다. 경제 제도는 사회적 희소가치의 생산·분배 및 소비 방식을 제시하는 역할을 한다. 경제 제도를 통해 사회적 부(富)의 분배 방식도 결정된다.

가족 제도는 사회 구성원들이 가족을 형성하는 방식에 밀접한 영향을 미친다. 가족 제도에 따라 일부일처제, 일처다부제, 일부다처제 등 서로 다른 형태의 가족이 존재하기도 한다. 교육 제도는 한 사회의 구성원들이 안정적으로 교육받을 수 있게 해준다. 특히 근대 이후의 교육 제도는 국가적인 차원에서 운영되는 경향이 강하여 국민의 교육 수준 및 사회화에 지대한 영향을 미친다. 종교 제도는 사회 구성원에게 삶의 방향을 제시하고, 일정한 가치관을 형성하게 해 준다. 사회에 따라 다르겠지만 종교로 인해 사회통합이 이루어지기도 하고, 집단 간 갈등이 유발되기도 한다. 대중 매체는 사회 구성원 간 의사소통의 매개로 작용한다. 그러나 최근 그 영향력이 증대됨에 따라 사회 제도와 같은 기능을 수행하게 되었다. 이처럼 우리가 사는 사회에는 가족 제도, 교육 제도, 종교 제도와 함께 제도로서의 성격이 강화되고 있는 대중 매체 등 다양한 사회 제도가 있다.

가족 제도에서 가족은 중요한 개념이다. 가족이란 일반적으로 혈연, 혼인, 입양의 관계로 맺어진 두 사람 이상의 집단을 의미한다. 가족은 가장 기본적인 사회집단이며 구성원들 간의 전인격적인 관계를 특징으로 하는 대표적인 1차 집단이다.

가족의 형태는 각 사회의 문화와 시대에 따라 다양하게 나타난다. 다량의 노동력이 있어야 하는 전통적인 농경 사회나 협동이 요구되는 수렵 사회에서는 일명 대가족 제도라 불리는 확대 가족이 주를 이루었다. 그런데 산업화 영향으로 이촌향도 현상이 뚜렷이 나타나고 이동이 잦은 산업 사회에는 핵가족이 보편적인 가족 형태로 자리 잡았다.

확대 가족은 가족의 결속과 유대를 중시하는 것이 특징이다. 삶의 경험과 지혜, 가풍 등을 후세에게 전수하기 쉽다는 장점이 있으나, 위계질서가 뚜렷해서 구성원의 개성과 창의성을 발휘하기 어렵다는 단점이 있다. 반면 핵가족은 부부 중심의 수평적이고 평등한 관계 속에서 가족 구성원들 개개인의 자유를 중시한다. 따라서 확대 가족보다는 개인의 개성과 창의성이 중시되며 가족 구성원 간에 서로 긴밀한 관계를 유지할 수 있다는 장점이 있다. 그러나 핵가족 제도와 함께 사회복지 제도가 잘 갖추어지지 못하면 소외나 자녀 양육 문제 등이 발생할 수 있는 여지가 있다.

최근에는 혼인 신고를 하지 않고도 동거를 하는 사실혼 관계의 가족, 혼인도 하지 않고 출산을 하거나 아이를 입양하여 가족을 이루는 한부모 가족, 자녀 양육 등의 활동을 공동체 차원에서 돌봄을 행하는 공동체 가족 등 혼인이나 혈연관계가 아니여도 사회적 유대감을 형성하는 새로운 가족의 형태가 속속 출현하고 있다. 따라서 전통적인 가족 형태만이 정상적이라 생각하는 고정 관념과 편견에서 벗어나 개방적 태도로 현대 사회의 다양한 가족 형태를 바라보는 시각이 필요하다.

산업화 이전의 사회에서 가족은 대부분의 사회적 기능들을 수행했다. 가족의 가장 본질적인 기능인 사회 성원의 재생산을 통해 사회의 영속성을 유지함은 물론, 개인의 사회적 성장을 위한 기본적 생활 양식과 사회적 규범 등을 가르치는 1차 사회화 기관의 역할을 담당했다. 더불어 자녀를 양육하고 노인을 부양하는 사회 보장의 기능을 담당했으며 혼인을 통해 성적 욕구를 충족시키고 규제함으로써 사회 질서를 유지하는 기능도 수행했다.

이외에도 가족은 재화와 용역의 생산 및 소비, 분배 활동을 수행하는 경제적 기본 단위였으며, 구성원들에게 정서적 안정을 주는 역할도 담당했다. 제사나 성묘, 돌, 회갑 등의 의례적 기능도 가족이 행하는 빼놓을 수 없는 기능이다. 하지만 산업화와 더불어 사회가 점점 복잡해지면서 가족은 더는 기존의 기능들을 모두 다 수행할 수는 없게 되었다. 사회 구성원의 재생산, 기초적 사회화 기능과 같은 몇몇 핵심적 기능을 제외하고는 학교, 사회복지 기관, 종교 기관, 기업 등에 그 기능을 넘겨주게 되었다.

핵가족의 증가와 사회복지 제도의 발달로 아동 양육과 노인 보호 기능은 복지 기관에서, 교육과 사회학의 기능은 학교와 대중 매체가 많은 부분을 담당하게 되었다. 더불어 경제적 기능 중 생산의 기능은 기업에서 그 역할을 하게 되었고, 가족은 생산적 측면보다 소비적 측면이 주목받는 방향으로 변화되었다.

가족의 기능이 약해지면서 현대 사회의 가족 구성원 간의 연결 관계는 점차 느슨해지게 되었고, 연결 고리가 약해진 만큼 성원 간의 관계가 깨지고 붕괴할 가능성도 커졌다. 더불어 핵가족화와 개인주의가 확산하면서 이혼이 늘어나고 가족 간의 소통이 잘 이루어지지 않는 현상이 발생했다. 이처럼 가족 성원 간의 가치와 규범이 서로 달라 각자의 역할이나 가족 전체의 기능이 잘 수행되지 못해 가족이 분해되는 현상을 가족 해체라고 한다. 가족 해체 현상이 지속되면 가족은 기능적으로 불안정한 상태에 놓이기 때문에 이혼, 별거, 가출, 비행 등의 현상이 나타날 수 있다.

또한 국가나 사회가 과거의 가족이 담당하던 기능을 완벽히 수행해 주지 못하는 상황에서 여러 가지 사회 문제도 발생하고 있다. 이를테면, 노인 문제, 맞벌이 부부의 자녀 양육 문제 등이 새롭게 등장한 사회 문제이다. 이처럼 기능주의적 관점에서는 가족 문제의 원인을 전통적인 가족 기능의 약화에 두고 가족의 갈등과 해체를 역기능적인 것으로 간주하고 있다. 따라서 가족 문제를 해결하기 위해서는 가족 구성원 간 유대감 증진 및 공동체 의식의 강화, 변화하는 사회 속에서의 새로운 가족상의 정립을 위해 노력해야 한다고 주장한다.

반면 갈등론적 관점에서는 가족 간의 갈등을 혼인과 가족 제도라는 남성 지배적인 불평등한 사회 제도 속에서 생겨나는 자연스러운 부산물로 본다. 따라서 가족 내 혹은 가족 간의 갈등을 비정상적인 것으로 보거나 회피하기보다는 갈등을 드러내어 해소하는 방법으로 가족 문제에 접근해야 한다고 주장한다. 예를 들어 부부간의 갈등은 현재의 가족 문제이기도 하지만 보다 나은 가족상을 정립하기 위한 계기와 발판이 될 수도 있다. 가족 문제를 해결하기 위해서는 권위적인 가부장제와 같은 가족 내의 불평등 구조를 해소하고 가족 구성원들이 조화와 호혜의 관계를 지향할 수 있도록 하는 가족 제도의 개혁이 필요하다고 주장한다.

상징적 상호작용론자들은 가족 문제의 원인이 변화하는 가족에 대한 해석 혹은 가치 판단에 있다고 주장한다. 사람들은 이른바 '정상적' 가족이라는 정형화된 틀에서 벗어나는 가족에 대해서는 다양성을 인정하지 않고 비정상적인 가족으로 낙인찍는다. 또한 가정 내에서 가족 구성원들의 역할들이 전통적인 가치관이나 기대에서 벗어날 때 그것을 일탈 행동으로 간주해버리는 경향이 있다는 것이다. 따라서 이런 문제를 해결하기 위해서는 다양성의 관점에서 변화하는 가족의 형태와 가족 구성원의 특성을 이해하고 인정하는 방향으로 우리의 개념 정의와 해석, 그리고 가치 판단을 변화시켜야 할 것으로 본다.

2. 교육 제도와 교육 문제

우리는 학교에서 사회생활에 필요한 지식과 행동 양식을 습득한다. 학교에서는 공정한 절차를 통해 평가하며, 학생의 역할 행동에 따라 보상과 제재가 이루어진다. 이런 과정은 학생이 사회 구성원으로서 살아가는 데 기초를 이루게 되며, 사회적 역할을 담당하는 데 영향을 미친다.

기능론적 관점은 교육 제도가 사회를 유지·존속하는 데 있어 필수적인 기능을 수행한다고 본다. 그뿐만 아니라 사회 구성원들은 교육 제도를 통해 사회 성원으로서 갖추어야 할 가치관과 행동 규범을 내면화함과 동시에 사회적 역할을 담당하기 위한 기본적인 지식이나 기술을 습득한다. 결국 사회 구성원은 교육 제도를 거쳐 일정한 사회적 지위를 획득하게 되므로, 교육 제도는 개인에게 합리적인 절차를 통해 사회 계층 이동 기회를 제공한다는 점에서 사회적 불평등 해소에 기여한다고 본다. 한편 교육 제도는 사회 구성원을 적재적소에 배치할 수 있게 하여 사회적 효율을 극대화할 수 있게 해 준다.

갈등론적 관점에서는 지배 계급의 구성원은 지배 계급의 가치를 습득하고, 피지배 계급의 구성원은 피지배 계급의 가치를 습득하게 된다고 본다. 이 갈등론적 관점에서는 교육이 오히려 불평등을 심화시킨다고 본다. 불평등이 심화되는 원인은 주로 계급에 따라 차별화된 교육 과정, 언어의 사용 등에 있다고 본다. 학교에서 학생들에게 가르치는 가치는 기득권층의 이익이 되는 가치라고 보며, 이러한 교육 과정은 사회 구성원에게 사회의 지배 구조를 강제적으로 수용하게 한다는 것이다. 이는 교육 제도가 사회 구성원들을 현재 자신이 속한 계층적 지위를 극복하기보다는 고착화하는 데 기여한다는 관점이다. 따라서 교육 제도는 지배 계급이 자신들의 지배를 정당화하기 위한 수단에 지나지 않는다고 본다.

교육의 기회 균등이란 교육받을 기회가 모든 사람에게 동등하고 공평하게 보장되어야 한다는 이념이다. 이러한 이념은 근대화 이후에 정착된 것이며, 비록 이 이념이 실천되기까지 반세기가 넘는 긴 시간이 걸렸지만, 교육이 특권 계급에만 집중되는 것을 막는데 기여하였다.

교육의 기회 균등은 공교육과 의무 교육의 요구로 확산되었으며, 사회가 발달할수록 의무 교육 기간이 연장되는 경향이 나타난다. 교육의 기회 균등은 교육권을 자유권의 영역이 아닌 사회권의 영역으로 인식해야 확립할 수 있다. 다시 말해, 교육받는 것을 사회 구성원의 의지에 따라 결정하도록 하기보다는 일정 나이까지는 제도적으로 학교 교육을 받도록 해야 하며, 그것을 당연한 구성원의 권리로 인식해야 한다는 것이다.

의무 교육은 사회 구성원들의 교육을 일정 수준까지 보장하며, 모든 사회 구성원이 계층적 지위와 관계없이 교육받을 수 있게 해 준다. 따라서 사회 불평등을 교육을 통해 해소할 기회를 제공하며, 교육이 신분의 계층 이동을 가능하게 한다는 점에서 더욱 민주적인 사회로 나아가는데 기여한다.

교육의 기회 균등을 바라보는 시각은 다양하게 존재한다. 기능론적 관점에서는 교육의 기회 균등이 오히려 사회의 효율을 떨어뜨릴 수 있다고 본다. 모두에게 쉽게 기회가 주어지는 만큼 구성원들에게 최선의 노력을 기대하기는 어렵다고 보기 때문이다. 반면 갈등론적 관점에서는 이미 형성되어 있는 지배-피지배 구조를 극복하기 위해서라도 교육의 기회 균등이 필수적으로 실현되어야 한다고 본다.

교육의 기회 균등은 제도적으로 보장되어 있으나 현실적으로는 여러 가지 이유로 인해 교육 기회가 평등하게 부여되지 못하고 있다. 제도적으로 의무 교육을 시행한다 하더라도 그것이 모든 교육 기회를 균등하게 해 주지는 못한다. 현대 사회에서는 교육을 담당하는 기관이 공교육 기관 외에도 다양하게 존재하기 때문이다. 이로 인해 지역에 따른 교육 기회 격차가 발생한다. 인구가 많고, 경제 수준이 높은 지역일수록 다양한 교육 기회가 존재하게 되며, 그 혜택을 누릴 수 있다. 반면, 인구가 적고 경제 수준이 낮은 지역일수록 상대적으로 제한적인 교육 기회와 낙후된 교육 환경을 제공받을 수 있으며, 결국 교육적으로 소외될 가능성이 크다.

경제적 요인에 따른 교육 기회 불평등도 발생한다. 공교육은 경제적 요인의 영향을 덜 받지만, 사교육의 경우에는 경제적 요인에 의해 많은 차이를 유발하게 된다. 그 이유로 경제적 요인에 따른 교육 기회 불평등도 발생한다. 결국 경제적 지위에 따라 사교육이 차별적으로 이루어지게 되면서 학업 성취도에 영향을 주게 되고 이로 인해 경제적 불평등을 고착화할 수 있다.

교육 기회의 불평등을 바라보는 시각 또한 다양하다. 기능론적 관점에서는 교육 불평등을 개인 차이에 의해 나타나는 불가피한 것이라고 본다. 단지 개인의 능력에 따라 사회에서 제공된 교육이라는 수단을 얼마나 잘 활용할 수 있는지의 차이일 뿐이라는 것이다. 오히려 기회 균등이 보장될 때보다 개인의 잠재력이나 노력을 최대한 끌어올릴 수 있다고 본다. 반면 갈등론적 관점에서는 교육 기회 불평등은 이미 사회 구조에 내재되어 있는 모순이 반영된 결과로, 교육을 지배층의 기득권 유지 수단으로 전락시키게 될 것이라고 본다. 즉 교육 기회 불평등으로 인해 사회 전반의 불평등 현상이 고착화되는 결과가 나타날 것이라고 주장한다.

교육은 사회를 더욱 평등하게 할 수도 있고, 불평등하게 할 수도 있다. 특히 자본주의 사회에서는 교육 기회가 자본의 논리에 의해 차별적으로 부여되는 사례가 많아지면서 제도적인 보완이 필수적이다.

우리나라의 경우 과거 경제 개발 계획을 추진하면서 눈부신 경제 성장을 이루었으나 지역 간 극심한 격차가 존재하는 특수한 상황에 놓여 있다. 그리고 지역 간 격차는 교육 기회 불평등의 원인으로 작용하기도 하였다. 또한 빈부 격차에 따른 교육 기회 불평등 수준 역시 갈수록 확대되는 경향을 보여 우려를 낳고 있다.

이 같은 문제를 해결하기 위해 낙후 지역 및 경제적 약자 계층을 위한 교육 지원을 강화하고, 사교육보다는 공교육을 통해 사회 진출의 기반을 다질 수 있도록 해야 한다. 그뿐만 아니라 다원화된 사회 계층을 반영하여 현행의 입시 위주의 교육보다는 학생 개인의 흥미와 적성에 맞는 교육을 받을 수 있는 다양한 유형의 교육 기관을 확충해야 한다.

3. 사회 제도로서의 대중 매체

우리가 살아가는 데 있어서 의사소통은 매우 필수적인 사회 행위이다. 의사소통이 가능하기 위해서는 발신자와 수신자 사이에 매개물이 필요하다. 그 매개물을 매체라고 하는데, 매체는 정보를 시·공간적으로 이동시켜 주는 역할을 한다. 일반적으로 매체라고 하면 주로 대중 매체를 일컫는 것으로 똑같은 메시지를 불특정 다수의 수신자에게 대개 일시에 전달하는 대량 전달의 수단을 말한다. 오늘날 대중 매체는 단순한 의사소통의 도구가 아니라 2차 사회화 기관으로 간주될 만큼 우리의 삶에 영향을 끼치고 삶을 규정하기도 한다.

대중 매체에 대한 정의는 매우 다양하므로 대중 매체에 대한 정의를 일일이 살피는 것보다, 대중 매체가 어떤 특성을 보이고 있는지를 살펴보는 것이 더 수월할 것이다. 대중 매체의 특성은 첫째, 직업적으로 전문성을 지닌 사람들에 의해 만들어진다. 작가, PD, 기자, 편집자, 엔지니어 등 제작과 편집에서 전문가들이 대중 매체를 제작한다. 둘째, 시간과 공간의 한계를 극복하여 정보가 공개적으로 동시에 전달된다. 신문이나 방송 뉴스의 경우를 보면 같은 시간에 여러 나라에 기사가 전해진다는 것을 알 수 있다. 셋째, 다양한 계층의 불특정 다수인 대중을 대상으로 한다. 매체가 전달하는 정보는 특정 집단이나 특정인을 대상으로 하지 않는다. 이러한 특성을 근거로 매체의 영역이 결정된다.

대중 매체는 인쇄 매체와 전파 매체로 구분될 수 있다. 인쇄 매체는 신문, 잡지, 책, 팸플릿 등 시각적 이미지를 통해 정보를 전달하는 것을 말한다. 전파 매체는 라디오, 텔레비전, 영화, 인터넷 등 청각에만 의존하거나 시각과 청각 모두를 이용하여 정보를 전달하는 매체이다.

인쇄 매체의 특징은 휴대가 간편하여 언제나 접할 수 있다는 점이다. 그러나 최근에는 초소형 텔레비전과 라디오 등이 등장함에 따라 전파 매체도 휴대가 간편해지는 추세다. 인쇄 매체는 전파 매체와 비교하면 상대적으로 복잡하고 심층적인 정보를 담을 수 있지만, 전파 매체는 신속하게 정보를 전할 수 있고 영향력과 침투력이 강하다는 특징이 있다.

이러한 대중 매체는 다음과 같은 매체의 발달 과정을 통해 나타난다. 제1기는 활자 매체 시대로 매체가 기본적인 정보를 기록, 저장, 전달하는 특징을 지닌다. 제2기는 전파 매체 시대로 매체가 거리와 시간개념을 단축하거나 초월하는 특징을 갖는다. 제3기는 비디오 매체 시대로 매체가 화상 정보를 전달할 수 있게 한다. 현재는 제4기의 신매체 시대로 디지털 매체에 의해 형성되며, 특성은 정보의 복제 및 전송의 용이함, 상호소통성의 강화, 네트워크 연계성으로 요약할 수 있다. 즉 정보의 복제와 전송이 용이함에 따라 정보가 대량으로 유통되고 확산된다. 또한 산업 활동에도 영향을 주어 산업 구조를 지식 정보 산업 중심으로 변화시킨다.

신매체 시대에는 상호소통성이 강화됨으로써 메시지의 흐름이 다면적이고 쌍방향적으로 이루어지게 되었다. 이와 같은 쌍방향적 상호소통은 정보 이용자들을 서로 네트워크로 연결하여 상호 호환과 결합을 가능하게 한다. 소리, 영상 문자 등의 메시지가 그 질적 특성과 상관없이 결합하여 변형, 편집이 가능하고 시공간의 제약 없이 전달·수용이 가능한 것이다.

우리는 하루에도 수많은 대중 매체를 접하며 살고 있다. 대중 매체의 홍수 속에 빠져 있다는 표현을 쓰기도 하는데 과연, 대중 매체는 어떤 역할을 하는 걸까? 대중 매체는 광고를 통하여 상품을 소비자에게 알려 소비자가 상품을 구매함으로써 경제를 활성화하는 데 이바지한다. 또한, 정치적으로 시민에게 정치적 이슈를 제공함으로써 여론을 형성하기도 한다. 더불어 문화적으로는 다양한 문화상품들을 제공하여 누구나 보편적으로 문화생활을 가능케 한다.

이러한 대중 매체는 우리 사회에 순기능적 기여하는 측면도 있지만, 부정적인 영향을 가져오는 역기능을 하기도 한다. 순기능적 예로는 사회의 다양한 정보를 전달하는 점, 어떤 사실의 의미를 해석하고 평가하여 대안을 제시하는 점, 사회의 가치·규범·정보 등을 다음 세대에 전달하는 점, 사람들에게 기분 전환이나 휴식을 주는 점 등을 들 수 있다. 반면에 외래문화로부터 오는 정보에 의존되어 문화적 주체성을 상실하게 되는 점, 대중 매체에 의존하여 비판적 사고력이 저하되는 점, 획일화된 문화 전달 때문에 다양성과 창의성이 저하되는 점, 상업주의에 따라 선정적이고 저질적인 문화가 확산하는 점은 역기능의 예이다.

대중 매체가 다양한 영향력을 행사하고 있어서 대중 매체는 공정성, 공익성, 정확성, 객관성 등이 요구된다. 이제 대중들은 정보 홍수에 휩쓸리거나 특정 매체에 정복당하지 않을 뿐 아니라 적극적으로 필요한 정보와 매체를 선택하고 있다. 이는 오늘날 대중 매체가 살아남기 위해서는 수용자로부터 외면당하지 말아야 한다는 것을 의미한다. 대중 매체는 현대의 대중 사회에서 정보를 전달함과 더불어 여론 형성을 이끌어 가는 중요한 기능을 수행하고 있다. 따라서 이를 바라보는 시각도 다양하다. 대중 매체를 바라보는 대표적인 관점으로는 기능론적 관점과 갈등론적 관점을 들 수 있다.

기능론적 관점에서는 대중 매체가 여론 형성의 도구로써 사회의 구성원들을 하나로 결속시키고 참여 민주주의를 촉진하게 할 것이라고 본다. 더불어 대중 매체를 통해 대중들은 자신의 지적 수준을 향상할 기회를 얻게 되며, 더 나아가 풍요로운 삶을 영위하는 데 도움을 줄 수 있을 것으로 본다. 또한 대중 매체는 서로 갈등하는 이해관계와 견해를 정확하게 보도하고 갈등 요인을 제시하여 중립적인 입장에서 갈등을 조절하는 기능을 한다고 주장한다.

그러나 갈등론적 관점에서는 보수적인 성향이 강한 대중 매체는 사회 내 소수의 엘리트들에게 권력이 집중되는 데 기여하게 되어, 사회의 민주화를 저해할 것이라고 본다. 또한 정보의 왜곡, 은폐를 통한 여론 조작을 통해 정치적 무관심을 조장할 수 있다고 주장한다. 그리고 대중 매체를 통해 문화상품을 개별적으로 소비하게 되면서 개인주의적 성향이 강화되어, 다른 이들과 연대하기보다는 유대가 단절되고 혼자 고립되는 상황에 놓이게 될 것이라는 전망이 제기되기도 한다.

대중문화는 대중 매체를 통해 수많은 사람이 똑같은 내용을 동시에 받아들이게 되기 때문에 획일화되고 유행에 민감하다. 획일화되고 상업화된 문화를 전달받는 대중은 비판적 사고를 할 수 없고, 주체성, 창의성을 잃게 되어 단순한 문화 소비자로 취급받게 될 수도 있다. 우리는 대중 매체와 대중문화를 있는 그대로 받아들이는 것이 아니라, 비판적으로 바라보는 시각이 필요하다. 대중 매체를 단순히 받아들이는 것이 아니라 그것에 담겨 있는 숨겨진 뜻을 비판적으로 찾아보는 미디어 리터러시 능력이 필요하다.

비판적 시각을 가지기 위해서는 먼저 대중 매체의 특성을 잘 이해해야 한다. 마치 우리가 의사소통하기 위하여 말과 글을 제대로 알아야 하듯, 매체가 담고 있는 메시지를 올바르게 이해해야 한다. 매체를 올바르게 이해하기 위해서는 우선 그것이 무슨 메시지를 전하고 있는지를 분석하고 평가할 수 있어야 한다. 매체를 분석하고 평가하려면 한 가지 뉴스나 신문 또는 인터넷 검색만으로 판단하기는 어렵다. 대부분의 사람은 주로 한 가지 신문만 구독하거나, 선호하는 방송국의 뉴스만을 시청한다. 그럴 경우에 대다수는 같은 사건에 대해서 매체마다 서로 다른 해석을 내릴 수 있다는 사실에 대하여 전혀 알아채지 못한다. 따라서 우리는 한 사건에 대하여 다양한 매체들의 입장을 서로 비교해서 보는 노력을 기울여야 한다.

대중 매체는 변화하는 사회와 문화에 대한 지식을 주고 새로운 태도를 보이게 하는 데 매우 유용한 수단이다. 그러므로 대중 매체를 활용하는 능력은 미래의 사회와 변화하는 문화에 대비할 수 있게 하고 그에 대한 비전을 갖도록 해 준다. 따라서 미래의 사회에서는 미디어 리터러시 능력이 절실히 요구된다. 자기 스스로 정보를 찾아내고 판단하여 받아들이며, 자신의 필요에 맞게 가공하는 능력이 필요한 시대가 오고 있다. 미디어 리터러시 능력은 대중 매체를 더욱 재미있게 접할 수 있게 해 주고, 그것을 활용할 수 있는 안목을 키워 주며, 적극적이고 비판적인 태도를 키워 줄 것이다.

4. 종교 제도와 다문화주의

산업혁명과 더불어 현대 사회의 기술문명이 급속히 발전하는 과정에서 일부 사람들이 종교의 급속한 쇠퇴 혹은 몰락을 예고한 적이 있었다. 종교적 세계관이 지배적일 수밖에 없었던 예전 사회와 달리 현대 사회에서는 과학과 기술이 세상에 대한 궁극적 해답을 제공해 줄 것이라고 확신했다.

그러나 여러 종교학자의 분석에 따르면 종교의 절대적 숫자가 현대 사회에 들어 오히려 증가했으며 고도의 산업 발전을 이룩한 나라일수록 종교를 가진 사람의 비율이 높은 것으로 나타났다. 이는 온갖 산업 기술로 무장된 현대인들에게도 종교의 영향력과 사회적 중요성은 여전하다는 것을 말해주는 것이다. 종교는 인류 사회의 보편적 사회 제도 가운데 하나이며 개인들과 집단들의 삶에 의미와 중요성을 부여하는 실체로써 거대한 영향력을 행사한다고 말할 수 있다.

일반적으로 종교란 인간의 행위를 유도하고 생활의 의미를 부여하며 일정한 도덕 공동체로 통합시키는 성스러운 혹은 초자연적인 신념 및 행위의 체계를 말한다. 종교는 다음과 같은 공통된 특성이 있다.

첫째, 종교는 초월적이고 초자연적인 성격을 지닌 성스러운 대상이 있다. 사람들은 아주 오래전부터 여러 가지 대상들(나무, 바람, 동물, 신)에 신성성을 부여해 왔는데 이는 통제할 수 없는 미지의 자연 현상에 대해 심리적 위안을 얻고자 하는 인간 본연의 동기와 관련이 깊다.

둘째, 종교는 성스러운 대상에 접근하기 위한 일정한 의례가 있다. 의례란 특정한 가치나 신념을 상징적으로 표현하는 반복적이고 규정적인 행동 양식으로서 종교에서 신성성은 의례를 통해 행동으로 발현된다. 종교적 의례 행위는 기도, 노래, 춤, 식사 등 매우 다양하며 일상적 행위와 달리 매우 엄격하고 규정된 일련의 공식화된 절차를 따를 것을 요구한다.

기능론, 갈등론, 상징적 상호작용론의 관점에 따라 종교의 사회적 기능을 서로 다르게 해석한다. 기능론은 종교의 사회 통합적 기능을, 갈등론은 종교의 갈등 은폐적 기능을, 그리고 상징적 상호작용론은 종교의 상징 부여적 기능을 강조한다.

기능론적 관점에서는 주로 종교의 긍정적 기능과 역할에 관해 관심을 가진다. 종교는 인생의 의미가 무엇이며, 무엇을 위해 살아가야 하는지에 대한 답변을 제시함으로써 삶의 의미와 목적을 제공하는 역할을 담당한다. 또한 종교는 해당 종교에 참여하는 모든 사람을 하나의 도덕적 공동체 안에 결속시키며, 소속감을 고취하고, 사회적 응집력을 증진하는 역할을 담당한다. 더불어 종교의 가르침과 의례를 통해 사회를 통제하거나 질서를 유지하는 기능도 담당한다. 특정한 나라에서는 법보다도 종교적 교리가 더 강력한 통제력을 발휘하기도 한다.

갈등론적 관점에서는 종교의 부정적인 측면을 부각한다. 갈등론의 선구자인 마르크스에 따르면 종교는 현 상태를 정당화하고 사회 변혁을 저지시키기 위한 강력한 이데올로기를 함유한다고 보았다. 그는 종교를 대중의 아편으로 규정했다. 예를 들어 현실 세계에서 극심한 고통을 받는 노동자들에게 사후에 보상이 주어질 것이라는 종교적 내세관은 당면한 고통을 일순간 완화하기 위한 환상일 뿐이며, 이 점에서 볼 때 종교적 이데올로기는 왜곡된 현실을 위장하기 위한 허위의식에 불과하다고 주장한다.

상징적 상호작용론은 미시적인 관점에서 종교의 상징 부여적 기능을 역설하면서 사람들이 일상생활을 통해 종교에 부여하는 의미에 초점을 둔다. 즉 종교는 신자들에게 있어 스스로의 정체성을 확인하고 규정하기 위한 중요한 준거 집단으로서의 역할을 수행한다는 것이다. 더불어 종교는 모든 사람에게 똑같은 의미를 지닌다기보다는 서로 다른 사람들에게 서로 다른 상징과 의미를 부여하고 서로 다른 역할 기대를 만들어낸다고 본다. 즉 동일한 종교 집단에 속한 사람들이라 할지라도 종교의 의미를 서로 다른 방식으로 해석할 수 있다.

어느 시대 어느 사회에서나 종교는 다른 사회·문화 현상들과 매우 밀접한 연관을 지니면서 끊임없이 변화됐다. 종교는 한편으로 사회적 결속과 평화에 이바지하지만 다른 한편으로는 극심한 사회적 갈등을 유발하기도 한다. 종교는 절대자에 대한 믿음을 전제로 성립한 사회집단이기 때문에 태생적으로 다른 종교에 대해 배타성을 지닐 수밖에 없다. 하지만 이러한 배타성은 내가 나의 신을 믿는 개인적 차원을 넘어 다른 사람들이 그들의 신을 섬기는 것을 부정하는 단계에 이르면 이는 문화적 공격이 시작되기도 한다.

중동 지역의 이스라엘과 아랍 국가들의 종교 분쟁, 이슬람 내의 수니파와 시아파의 갈등, 북아일랜드의 신교와 구교도 간의 오랜 충돌, 20세기 말 발칸 반도에서 벌어진 최악의 민족 분규인 보스니아, 코소보 사태의 뿌리 역시 기독교계인 세르비아와 이슬람 민족 간의 갈등이었다. 끊임없는 파키스탄-인도 간 분쟁의 근원에 있는 카슈미르 문제 역시 힌두교와 이슬람교 간 종교 갈등으로 촉발된 민족 분쟁이다.

우리가 사는 세상은 서로 다름을 인정하지 않으려는 탓에 인명 살상과 인권 유린이 아무렇지도 않게 저질러지고 있다. 특히 서로 다른 종교로 인해 발생한 서구와 이슬람의 문명 충돌은 테러와 전쟁을 부르고 살상은 살상을, 폭력은 폭력을 끌어들이는 악순환의 고리를 끊지 못하고 있다. UN 사무총장이 나서서 이슬람과 서구의 상호 이해를 증진하며, 편견과 오해, 극단주의를 극복하자는 안을 내놓았지만, 그 실천은 미지수다. 우리나라에도 인터넷상에서 특정 종교에 대한 비난의 글을 많이 볼 수 있다. 근거를 가지고 상호 발전을 도모하는 건전한 비판보다는 맹목적으로 다른 종교를 깎아내리는 비난이 더 많다.

수행자로서 시민들이 종교를 대하는 자세는 일단 개방적이며 상대론적 관점을 지녀야 한다. 종교와 같은 신념의 세계에서는 나와는 다른 가치일지라도 그 자체로 의미가 있다고 인정하고 존중하는 개방적 자세가 요구된다. 이런 자세는 나의 신념을 넘어서 상대방의 입장을 수용하는 태도를 말한다. 나의 신앙과 나의 교리만이 제일이라고 하는 독선적이고 아집을 앞세우는 태도보다는 타자를 이해하고 대화를 통하여 관심을 가져 보는 종교 윤리가 필요하다. 이러한 존중의 자세를 각 종교가 받아들인다면 종교로 인한 분쟁과 갈등은 훨씬 줄어들 것이다.

최근 우리 사회는 초국적 이주에 따른 이주노동자, 결혼이주여성, 외국인 유학생 등 다양한 배경의 다문화 가족이 증가하고 있다. 더불어서 인종적, 문화적 다양성이 증폭되고 있어서 아주 빠른 속도로 다문화 사회로 진입하고 있다. 이에 따라 다문화 주체들의 공존을 모색하려는 방법들이 모색되고 있고 그 중 대표적인 것이 다문화주의이다.

다문화주의란 한 사회 내의 다양한 인종이나 민족 집단들의 문화를 단일한 문화로 동화시키지 않고, 서로 인정하고 존중하면서 공존하게 하는 데 그 목적이 있는 이념 체계나 정부 정책을 일컫는 말이다. 우리 사회에서 다문화주의가 정착되기 위해서는 다문화에 대한 이해가 필수적이며, 그 이해의 문을 여는 중요한 열쇠가 되는 것 중 하나가 종교이다. 왜냐하면, 종교는 가장 복합적이며 총체적인 문화 현상으로 한 사회의 가치 체계나 사회적 행위를 결정하는 중요한 역할을 담당하고 있기에 종교에 대한 진정한 이해는 다문화 이해의 튼튼한 기반이 될 수 있기 때문이다.

종교를 통한 다문화 이해는 세계 종교에 대해 다양한 경험을 할 기회를 제공함으로써 이루어질 수 있다. 종교에 대한 단순한 지식 전달이 아니라 맥락에 대한 이해를 바탕으로 세계 종교의 다양성과 복잡성을 설명하는 방식의 종교 문화 교육을 통해 이루어지는 것이 바람직하다. 더불어 다문화 사회를 구성하는 주체들이 참여하는 축제를 통해 소통을 도모하는 것도 좋고, 종교 박물관을 설립해 문화 다양성 이해를 돕는 것도 생각해 볼 수 있다. 종교가 갈등의 원천이 아니라 사회적 갈등을 완화하는 화해의 장을 열어 평화를 앞당기는 힘이 되어야 한다. 이를 위해서는 같은 종교를 가지고 있지 않은 사람들을 포용하는 열린 마음이 있어야 할 것이다.

3부

글로벌 사회와
세계시민

9장

과학기술과 인간의 생활 변화

1. 과학기술의 발전과 영향

지금 누리고 있는 문명이 과학기술의 덕분이라는 것을 우리는 과연 느끼며 살고 있는지, 그리고 이 과학기술에 지배당하지 말고 이를 활용해야 하는 것을 알고 있는가? 이것은 시민이 지녀야 할 과학기술의 리터러시 영역이라는 것을 자각해야 한다. 과학기술이 어떻게 발전해 왔으며, 우리 인류에게 어떤 영향을 끼쳐 왔을까? 이를 이해하는 것은 새로운 과학기술의 발명으로 우리의 일상생활이 획기적으로 변화한 것을 이해하는 것과 버금가는 것이라고 본다.

원시인류는 변화하는 자연의 위대함에 대해 공포와 경외심을 가졌을 것이다. 처음에는 이러한 자연의 경이로움에 호기심을 가졌지만, 생존을 위해 자연을 이해하는 것보다 자연을 극복하는 것이 급선무였다. 인간은 점차 자연에 적응하기 시작했지만, 반면 자연에 맞서기 위해 도구를 만들어 쓰기 시작했다. 도구를 만들고 불을 발견하기 시작한 것부터가 인간에 의해 기술이 탄생했음을 의미하는 것이다. 이렇게 기술의 발달은 인류의 시작과 맥을 함께 한다. 인간은 다른 동물들보다 뛰어난 두뇌를 활용하여 생존을 위한 초보적인 기술들을 사용하기 시작하였다. 원시 인간은 사냥이나 동물의 가죽을 얻는 수렵활동에서 날카로운 돌과 동물의 뼈 등 자연에 존재하는 물체들을 도구로 활용하기 시작하였다. 인간은 이러한 도구를 점차 변형시켜 사용하였으며, 이와 함께 도구의 진화는 물론 기술 역시 점차 진화하기 시작하였다.

사냥과 수렵채집을 하기 위해 유목 생활을 하던 인류는 농경 생활을 하면서 한 곳에 정착하게 되었고, 그들의 생활양식도 변화하게 되었다. 인류의 역사에서 가장 혁명적인 변화로 일컬어지는 정착 생활로 인해, 가축을 기르고 식물을 재배하는 농경 사회가 시작되었다. 농경 사회가 시작되면서 인류의 기술은 급격히 발전하였다. 인간은 작물을 재배하고 수확하기 위해 쟁기나 낫 등의 새로운 도구들을 제작하여 사용하였고, 이와 같은 과정에서 금속을 다루는 기술이 함께 발전하기 시작하였다.

고대 이집트인들은 범람하는 강물을 조절하고, 농사에 필요한 물을 끌어 쓰기 위해 수로를 개척하였다. 먼 거리에서 물을 끌어오기 위해서는 수십 킬로미터가 넘는 길이의 수로 건설이 필요했고, 이를 위해서는 많은 인원을 동원해 대규모의 공사를 진행했어야 했다. 따라서 새로운 형태의 집단이 구성되었고, 새로운 기술들이 개발되기 시작했으며, 수로와 같은 대규모 건설 과정에서 공사를 관리할 수 있는 커다란 조직, 즉 고대 국가가 탄생하게 되었다.

그렇다면 고대사회에서 과학기술은 어떤 의미를 지닐까? 부족 사회의 구성원이 증가하고 생활에 필요한 도구 제작의 욕구가 커짐에 따라 사람들은 가공하기 쉬운 자연동을 활용하게 되었다. 이로써 생산력이 증대하기 시작하였으며, 특히 동제(銅製)를 활용한 무기의 발달은 부족의 세력을 크게 증대시켰다. 이후 사람들은 끊임없는 노력으로 자연동에 주석이나 아연을 섞어 높은 강도를 가진 청동기를 만들어냈다. 당시에 청동기는 귀중한 자원이었기 때문에 지배층만 가질 수 있었다. 권력을 지닌 지배층들은 농작물의 증가에 따른 여분의 생산물들을 축적하고 많은 가축을 사육할 수 있게 되었다. 이와 더불어 농작물 경작의 효율성은 크게 높아졌다. 이 결과 부족 사회 내부에서 빈부의 차이가 나타나기 시작하였다. 빈부의 차이는 사회적 이동을 부추겼는데 가난한 사람들이 다른 지역으로 이동하는 일이 많아졌고, 수레와 가축은 이러한 인구 이동을 쉽게 하였다.

수레의 회전 운동 기술은 힘을 가장 합리적으로 이용하는 방법으로 현대 기계 문명의 근본이 되기도 했다. 또한 청동기를 활용하여 세력을 키운 종족은 다른 종족을 정복하여 초기 고대 국가의 기반을 형성하였고, 그 가운데 가장 세력이 강한 사람이 제왕이 되어 신성한 존재로서 숭배되었다. 정복을 당한 종족의 사람들은 노예가 되어 각종의 생산 활동을 담당하게 되었고, 이러한 노예들의 노동력을 기반으로 고대 국가는 유지되고 발전되었다.

이후 중세 사회에 전개되었으며 이 당시 인류는 사람과 가축의 힘 이외에 수력과 풍력 등 자연적인 에너지를 활용하였다. 물의 낙차와 바람의 힘을 이용한 수차나 풍차의 출현은 기술에 근본적인 변화를 가져왔고, 인간은 노동을 현저히 줄인 반면에 생산력을 점차로 증가시켰다. 중

세 시대에 자연 동력인 수차는 직물 공장에서 모직 압축용, 벨트 압축용 동력으로 상용되는 등 다양하게 활용되었다. 또한 금속 공장과 제지 공장, 화학 공장에서도 수차를 이용한 기계 장치가 사용되면서 생산 효율이 급격히 증가하였다. 이와 동시에 풍력이 인력을 대신할 새로운 동력원으로 나타났다. 풍차를 이용하기 시작한 것은 이집트인이 배에 돛을 부착해 활용하기 시작했을 때부터이다. 이때 풍력은 노예들이 노를 젓고 배를 운항하는 항해술에 보조적으로 이용되었다. 자연을 활용한 수차와 풍차에 의한 동력은 그만큼 인력과 축력의 노동력을 절감시켰다.

수차와 풍차를 통해 여러 형태의 기계 운동을 하는 복잡한 구조의 기계가 개발되고, 이는 농업, 광업뿐만 아니라 수공업의 동력으로도 이용되어 작업의 능률이 높아졌고 제품의 생산도 크게 증대되었다. 이에 따라 잉여 생산물이 생기고 이를 소비하기 위하여 매매(賣買)가 성행하였고 물품 교환 장소로 시장이 형성되었다. 그리고 시장 주변에 많은 사람이 모이면서 시장을 중심으로 하나의 도시가 생기게 되었다.

16세기부터 18세기에 이르는 동안, 공장과 광산 등에 다양하게 사용된 수차는 기계들이 점차 대형화되면서 그 한계가 드러나기 시작하였다. 이에 따라 기계를 움직이게 하는 강력한 원동력이 요구되었고 이러한 요구를 충족시킨 것은 바로 증기 기관이었다. 1700년경에 등장한 증기 기관은 1780년대에 이르러 산업혁명을 주도하는 동인이 되었다.

19세기에 등장한 대표적인 근대 기술은 전기이다. 근대 물리, 화학에서 물질의 전자기적 성질을 이용해 전기 에너지를 만드는 장치가 개발되었고 전기의 운동 법칙을 기술에 응용하면서 많은 발전을 이루게 되었다. 이러한 전기 기술은 19세기 후반에 전력 생산과 백열전등을 중심으

로 발전하여, 이후의 모든 기술은 전기 혁명의 기초 위에 발전되었다고
할 수 있다.

특히 전기는 사회적 수준에서의 커뮤니케이션 활동에 획기적인 변화
를 가져왔다. 커뮤니케이션 매체들의 발달로 다양한 방식으로 의사소통
을 하고 문자 언어를 빠르게 전달하는 것이 가능하게 되었다. 전기는 급
격한 기술 변동을 가져왔으며 사회적 상호작용, 개인들의 생활양식 등에
엄청난 변화를 초래한 것이다. 이러한 변화의 계기에는 산업혁명이라는
인류사에 빛나는 움직임이 있었다. 서유럽으로부터 시작한 18세기 후반
산업혁명으로 많은 국가는 급격히 '산업사회Industrial Society'로 전환했듯
이, 현대의 첨단 과학기술은 오늘날 다양한 분야에서 많은 사회의 성격
을 또 한 번 급격히 전환하고 있다.

20세기에 들어 과학기술은 실로 괄목한 만한 성장을 보였으며, 이런
과학 활동을 현대 과학이라 한다. '과학 만능'이라는 말이 생길 정도로
과학은 사회로부터 커다란 신뢰를 얻게 되었고 과학과 과학자는 사회의
경제·산업·군사적 영역에 크게 기여하고 있고 해당 분야의 발전에도
깊이 관여하게 되었다. 현대 과학기술의 발달은 인류 문명의 발전에 크
게 공헌하였다. 생명 공학이 발달함에 따라 세계 문제의 하나인 식량 부
족 문제를 어느 정도 해결할 수 있게 되었고, 의학과 생명 공학의 발달로
인해 인간의 심리·행동이 조절될 수 있었다. 또한 인간 신체의 오래된
장기들은 건강한 장기로 교체하고 질병의 원인을 찾아 제거하거나 인간
이 활동할 수 있는 공간적 범위는 눈에 띄게 확대되었고 이로 인하여 개
개인이 경험할 수 있는 범위 또한 확대되었다. 특히 나노기술의 발달은
21세기의 과학혁명이라고 불릴 정도로 전자 및 정보통신은 물론 기계,

에너지, 환경, 우주 항공, 식량, 건강, 기후 변화 등 물질현상의 모든 분야에 영향을 미치고 있다. 이처럼 과학기술의 발전은 현대 사회의 다양한 변화를 초래하였다.

이렇게 과학기술의 발전은 기술 혁신의 속도를 점차 가속화시켰다. IT(정보 통신 기술, Information Technology), BT(생명 공학 기술, Bio Technology), NT(나노 기술, Nano Technology), ET(환경 기술, Environment Technology) 등 신기술의 등장은 정치, 경제, 사회, 문화 등 모든 영역에 광범위한 파급 효과를 미치고 있다. 이들 기술 간 융합은 또 다른 신기술과 신산업을 탄생시켰고 21세기 과학기술의 발전과 경제 사회의 변혁을 주도하고 있다. 특히 디지털 기술의 발전에 힘입어 정보 처리 능력이 확대되었고 연구 개발 기간이 단축되면서 연구 생산성은 비약적으로 증가하게 되었다. 따라서 기술의 이전 및 지적 재산권의 보호는 더욱 강화될 것이다.

인류 역사를 통해 만들어진 수많은 문명의 이기들은 대부분 기술 혁신을 통해 얻어낸 산물이다. 예를 들면 산업혁명 이후 등장한 증기 기관, 전기, 전파, 컴퓨터, 유·무선 통신, 게놈, 나노 소재, 뇌영상 기법 등은 모두 기술 혁신의 결과물로써 인간의 삶을 보다 편리하게 만들어 주고 경제, 사회, 문화 발전에도 크게 이바지해 왔다. 기술 혁신은 앞으로도 인류의 물질적, 정신적 삶의 모습을 바꾸어 가는 원동력이 될 것이다. 이에, 국가 차원, 기업 차원에서도 기술 혁신을 중요한 과제로 인식하고 있다. 실제로 모든 국가와 기업들은 기술 혁신에 지속해서 투자하고 있으며 그 성과에 따라 산업 경쟁력이 달라지고 있다. 이러한 기술 혁신은 최근 융합convergence을 통해 새롭게 해석되고 정립되고 있다.

혁신 기술은 특정 분야에 국한된 것이 아니라 광범위한 분야의 기술이 고려되어야 하고, 기술의 혁신과정은 종래와 같은 폐쇄적 접근이 아닌 개방적 접근이어야 한다. 또한 혁신에 대한 제어 매커니즘으로 기술 경영 또는 융합 기술 경영의 적극적인 도입이 추진되어야 한다. 나아가 우리나라는 미래 사회를 선도하는 과학기술 개발을 위해 국가과학기술위원회를 설치하고, 과학기술 기본 계획으로 미래 사회를 이끌어 갈 6대 기술을 선정하였다.

첫째, IT(정보 통신 기술)는 정보를 생성, 도출, 가공, 전송, 저장하는 기술이다. 이 기술은 21세기 정보화 사회에 필수적인 기수로 부가 가치 및 사회, 경제적 파급 효과가 매우 크다. 이 분야의 중점 기술은 4세대 이동 통신, 고밀도 정보 저장 장치, 전자 상거래 등이다.

둘째, BT(생명 공학 기술)는 생명 현상을 일으키는 생체나 생체 유래 물질 또는 생물학적 시스템을 이용하여 산업적으로 유용한 제품을 제조하거나 공정을 개선하기 위한 기술이다. 무병장수와 식량 문제의 해결 등 삶의 질 향상에 필수적인 기술로 21세기에 고부가 가치의 신산업을 창출할 가능성이 큰 기술이다.

셋째, ET(환경/기술)는 환경오염을 저감, 예방, 복원하는 기술로서 환경 기술, 청정 기술, 에너지 기술 및 해양 환경 기술을 포함한다. 이 분야의 중점 기술은 대기 오염 물질 저감 및 제거 기술, 폐기물 처리 및 활용 기술 등이다.

넷째, NT(나노기술)는 물질을 원자, 분자 크기의 수준에서 조작, 분석하고 이를 제어할 수 있는 과학과 기술을 총칭한다. 이는 과학기술의 새로운 영역을 창출하거나 기존 제품의 고성능화에 필요한 기술로 IT, BT 등과 함께 21세기 신산업혁명을 주도할 핵심 기술로 인정받고 있다.

다섯째, CT(문화 기술)는 디지털 미디어에 기반을 둔 첨단 문화 예술 산업을 발전시키기 위한 기술을 총칭하는 것으로, 향후 고부가 가치 산업으로 성장 가능성이 큰 디지털 미디어에 기반한 첨단 산업을 발전시키는 데 필수적인 기술이다.

여섯째, ST(우주 항공 기술)는 위성체, 발사체, 항공기 등의 개발과 관련된 복합 기술로 전자, 반도체, 컴퓨터, 소재 등 관련 첨단 기술을 요소로 하는 시스템 기술이다.

이 기술은 기술 개발 결과가 타 분야에 미치는 파급 효과가 매우 큰 종합 기술로 인정받고 있다. 이와 더불어 우리나라는 신재생 에너지 개발을 통해 지속가능한 발전을 추구하고 있다. 1970년대 두 차례에 걸쳐 발생한 석유파동Oil Shock 이후 많은 국가는 신재생 에너지 기술 개발과 보급에 관심을 두기 시작하였다. 초기에는 석유와 화석 에너지의 수입 의존도를 감소시키고 에너지 자급도를 높이는 것이 주요 목적이었다. 하지만 1980년대 후반부터 지구 온난화 현상이 심각한 이슈로 떠오르면서 석유 및 화석 에너지 사용으로 인한 환경 문제에 대한 논의가 본격적으로 시작되었고, 각 국가는 지속가능한 미래 에너지 구축을 위해 신재생 에너지 개발에 집중하게 되었다. 2007년 세계 신재생 에너지 공급량은 세계 에너지 총공급량의 약 18%를 차지하였고 신재생 에너지에 투자되는 비용도 2005년 약 400억 달러, 2006년 약 550억 달러, 2007년 약 710억 달러로 지속해서 증가하고 있다.

화석 에너지의 대체 에너지로 사용할 수 있는 신재생 애너지는 크게 재생 에너지와 신에너지로 나눌 수 있다. 재생 에너지는 무한정 사용할 수 있는 자연적인 것으로, 태양과 자연에서 얻을 수 있는 태양열, 태양광, 바이오매스, 풍력, 수력, 파력, 조력, 지열, 해양 에너지, 폐기물 에너지 등이 있다. 그리고 신에너지로는 석탄 액화 가스, 수소 에너지, 연료 전지와 핵 원자력이 있다.

세계의 많은 나라는 재생 에너지 및 신에너지 개발에 심혈을 기울이고 있다. 우리나라 역시 2004년 산업통상자원부에서 대체 에너지 중점 지원 분야로 수소, 연료 전지, 풍력, 태양광을 선정하였다. 또한 2009년부터는 태양 전지, 연료 전지, 해양 바이오 연료, 해양 에너지, 청정 석탄 에너지, 폐기물 및 바이오 가스를 신성장 동력 산업으로 지정하여 지원하고 있다. 이처럼 세계적으로 불고 있는 지속가능한 발전의 바람에 우리나라도 '녹색 성장'이란 이름으로 동참하고 있다. 녹색 성장이란 미래 세대가 경제 활동을 원활히 지속할 수 있도록 현세대가 제한된 양의 자원을 효율적으로 사용하고, 환경오염 물질을 배출하지 않도록 노력하면서 경제 성장을 이루는 것을 의미한다.

2. 과학기술 발전과 인간의 생활 변화

제2차 세계 대전 이후 과학기술의 발전은 사람들의 생활을 크게 변화시켰다. 특히 컴퓨터는 사람들이 일하고 생활하는 모든 곳에 자리 잡았고, 사람들이 이전보다 훨씬 많은 일을 처리할 수 있도록 하였다. 또한 유전 공학의 발달로 슈퍼 쌀, 슈퍼 콩, 슈퍼 옥수수 등의 개발이 이루어지면서 식량 부족 문제 해결에 한 걸음 다가갔다. 아울러 생명 공학의 발달은 인류의 수명을 연장해줄 것이며, 과학과 기술의 발달이 가져다줄 미래의 생활 모습은 매연이 나오지 않는 태양열 자동차의 등장으로 공해 없는 세계가 이루어지며 쾌적한 환경을 유지할 수 있을 것이다. 또한 귀에 꽂고 다니는 동시통역기의 개발로 인류가 서로 더욱 가까워지고 다른 나라의 문화를 이해하는 데 도움이 될 것이다. 화성이나 달 등으로 우주여행을 떠나는 사람들도 많아지게 될 것이다.

과거 농업 시대에서는 농사를 지을 수 있는 공간 즉, 농토를 얼마나 보유하고 있는가에 의해 경쟁력이 좌우되었다. 그리고 공업 시대에서는 자본과 기술에 의해 경쟁력이 결정되었다. 지식 기반의 경제 시대에서는 지식 재산권에 의해 독점적인 권리가 보장되기 때문에 지식 소유권을 포함한 무형의 자산을 얼마나 보유하고 있는가에 의해서 경쟁력이 결정된다. 이처럼 현대에는 재산권의 범위가 확장되어 인간의 지적, 정신적 창작물을 또 다른 재산 가치로 인정한다. 이러한 창작 가치에 대한 권리를 지식 재산권이라고 한다.

지식 재산권에는 재산권의 일종으로서 산업 발전에 기여하는 창작과 관련된 산업 재산권Industrial Property, 문화 예술 분야의 창작물과 관련된 저작권Copy Right, 반도체 배치 설계 또는 온라인 디지털 콘텐츠와 같이 전통적 지식 재산권의 범주에 속하지 않지만, 경제적 가치를 가진 창작물들로 분류하는 신지식 재산권이 있다.

산업 재산권은 새로운 발명, 고안에 대하여 그 창작자에게 일정 기간 독점적, 배타적인 권리를 부여하는 것이다. 대신 이를 일반인에게 공개해야 하고, 일정 존속 기간이 지나면 누구나 이용, 실시하도록 함으로써 기술 진보와 산업 발전을 추구한다. 이러한 산업 재산권은 보호 대상의 차이에 따라, 발명에 대한 권리인 특허권Patent Right, 고안에 대한 권리인 실용신안권Utility Model Right, 디자인에 대한 권리인 의장권Design Right과 상표에 대한 권리인 상표권Trade Mark Right 등으로 분류된다.

18세기 이후 기술문명의 발전은 인간의 수명을 극적으로 연장하고 생활의 편익을 증진하는 데 크게 이바지하였다. 이처럼 과학기술의 발전은 인간의 삶을 풍요롭게 했지만, 동시에 환경오염, 식량 및 에너지 자원의 고갈, 건강 저해 요인의 증대 등 제반 문제를 일으켰다. 특히 20세기에 들어오면서 환경오염 문제는 심각해졌으며, 인간은 자산이 만들어 낸 기술에 의해 초래된 자연 생태계 파괴에 대한 해결 방안을 찾아야 했다.

20세기에 개발과 환경 보전은 둘 중 하나를 포기해야 하는 대립적인 개념으로 인식되었다. 하지만 21세기에는 경제 성장 정책과 환경 보전 정책의 조화를 통해 둘 다 상생할 수 있다는 인식으로 바뀌었다. 따라서 환경 관리의 방향도 사후 대응적 환경 관리에서 사전 예방의 환경 관리로 전환되었다. 또한 중앙 집권적인 규제와 단속을 중심으로 한 환경 관리를 벗어나 시민들의 참여와 협력을 바탕으로 하는 자율적인 환경 관리를 지향하고 있다.

또한 기업에서 환경에 관한 조직의 방침을 정하고 그것을 실행하기 위한 시스템에 대한 요건을 갖추게 되었는데 이것을 환경 경영이라고 한다. 환경 경영은 각 조직의 환경 방침의 설정, 책임 체제 정비, 환경 영향 파악, 환경 목표 설정, 목표 달성 계획과 실행 메뉴얼 준비, 환경 심사 시행 등을 포함한다.

환경 관리의 요구와 함께 환경 기술의 발전 양상도 달라지고 있다. 기존의 1세대 기술 수준은 머지않아 2세대 기술로 바뀌게 될 것이며, 궁극적으로는 3세대 기술을 발전시켜야만 자연과 공생하는 지속가능한 환경에서 인간이 생활할 수 있을 것이다. 즉 기존에는 환경 문제 해결을 위한 기술이 중심이었지만, 점차 환경정책의 요구에 부응하기 위한 환경 산업 및 기술이 발전하게 될 것이다.

향후 환경 기술은 급속도로 발전할 것으로 예상한다. 환경 전문 조사 기관인 EBIEnvironmental Business International에서 예측하는 세계 환경 시장의 성장률은 연평균 5.5%이다. 세계의 많은 나라는 친환경 산업을 미래 산업에서 가장 규모가 큰 유망 산업이라고 판단하고 경쟁적으로 전략적인 육성 정책을 펼치고 있다. 미국의 오바마 행정부는 대규모 녹색 산업 육성책인 뉴 아폴로 프로젝트를 발표했으며, 일본은 21개 핵심 녹색 기술 개발을 위한 쿨 어스 계획을 추진하였다. 세계 최고 수준의 환경 기술을 보유하고 있는 독일 역시 녹색 산업을 차세대 산업으로 적극적으로 육성하고 있다. 이처럼 환경 관리의 패러다임은 사후 처리 중심에서 사전 예방으로 변화되고 있고, 향후 사전 예방 환경 분야에서 기술 투자가 증가할 것으로 예상된다.

이미 우리 사회에서는 과학기술이 인간의 일을 대체하고 있는 만큼 인간의 지능으로 할 수 있는 사고, 학습, 자기 계발 등을 컴퓨터가 할 수 있도록 하는 방법을 지속적으로 연구하고 있다. 특히 인공지능 분야는 컴퓨터 공학 및 정보기술의 한 분야로서, 컴퓨터가 인간의 지능적인 행동을 모방할 수 있도록 하는 것을 개발해 낸다. 또한 인공지능은 그 자체로 존재하는 것이 아니라, 컴퓨터 과학을 중심으로 일상생활의 편리를 위해 다른 분야와 직간접으로 많은 관련을 맺고 있다. 특히 현대에 들어 정보기술의 여러 분야에서 인공지능적 요소를 도입하여 그 분야의 문제 해결에 활용할 뿐만 아니라 사회문제를 해결하려는 시도가 매우 활발하게 이루어지고 있다. 인공지능은 자연언어처리natural language processing 분야에서 이미 자동번역과 같은 시스템을 실용화하였으며, 특히 연구가 더 진행되면 사람이 컴퓨터와 대화하며 정보를 교환할 수 있게 되므로 컴퓨터 사용에 혁신적인 변화가 오게 될 것이다. 전문가시스템expert system 분야에서는 컴퓨터가 현재 인간이 행하는 여러 가지 전문적인 작업들, 이를테면 의사의 진단, 광물의 매장량 평가, 손해 배상 보험료의 판정 등을 대신할 수 있도록 하는 것이다. 또한 컴퓨터가 TV 카메라를 통해 잡은 영상을 분석하여 그것이 무엇인지를 알아내거나, 사람의 목소리를 듣고 그것을 문장으로 변환하는 것 등의 일이 가능하게 되었다. 이러한 영상 및 음성 인식은 문자 인식, 로봇 공학 등에 핵심적인 기술이기 때문이다.

또한 인공현실artificial reality 기술이 발전했는데, 이는 사이버공간cyber-space, 가상세계virtual worlds와 관련이 있는 첨단 기술이다. 가장 먼저 가상현실 기법이 적용된 게임 영역의 경우 입체적으로 구성된 화면 속에 게임을 하는 주체가 그 게임의 주인공 역할을 행함으로써 문제를 풀어나간다. 이러한 가상현실은 관광 콘텐츠 개발은 물론 건축학이나 박물관학 분야에서 새롭게 각광받는 신기술이 되었으며, 의학 분야에서는 수련의를 위한 수술 및 해부 연습에 사용되고, 항공·군사 분야에서는 예비 조종사들을 위한 비행조종 훈련에 이용되는 등 각 분야에 도입, 활발히 응용되고 있다. 한편, 이런 가상현실VR · virtual reality에다가 현실 세계에 가상정보를 더해 보여주는 기술인 증강현실AR · augmented reality을 혼합한 기술을 혼합현실MR · mixed reality이라고 하는 데, 이 분야 또한 날로 발전을 거듭하고 있다. VR과 AR, MR은 모두 일상생활 속에 실제 존재하지 않은 현실을 구현해 사람이 이를 인지할 수 있도록 하는 기술이라는 점에서 공통점이 있다. 다만 AR은 실제 현실에 가상의 정보를 더해 보여주는 방식이고, VR은 모두 비실제 세계인 허구의 상황이 제시된다는 점에서 차이가 난다. MR은 AR과 VR을 혼합해 현실 배경에 현실과 가상의 정보를 혼합시켜 제공하는데, 이를 위해 대용량 데이터를 처리할 수 있는 기술이 필요하다.

현실 세계를 가상세계로 보완해주는 개념인 증강현실은 말 그대로 컴퓨터 그래픽으로 만들어진 가상환경을 사용하지만 중요한 것은 현실환경이다. 다만 컴퓨터 그래픽을 통해 현실환경에 필요한 정보를 추가 제공하게 된다. 사용자가 보고 있는 실사 영상에 3차원 가상영상을 겹침 overlap으로써 현실환경과 가상화면과의 구분이 모호해지도록 한다는 뜻이다. 이렇게 가상현실 기술은 가상환경에 사용자를 몰입하게 하여 실제 환경을 볼 수 없게 한다. 하지만 실제 환경과 가상의 객체가 혼합된 증강현실 기술은 사용자가 실제 환경을 볼 수 있게 하여 더욱 생생한 현실감과 부가 정보를 제공한다. 예를 들어 스마트폰 카메라로 주변을 비추면 인근에 있는 상점의 위치, 전화번호 등의 세부 정보가 입체영상으로 표기된다.

현대에 들어 첨단 과학기술의 발전은 이른바 빅데이터에 의존한다. 빅데이터란 디지털 환경에서 생성되는 데이터로 그 규모가 방대하고, 생성 주기도 짧고, 형태도 수치 데이터뿐 아니라 문자와 영상 데이터를 포함하는 복합적이면서도 대규모 데이터를 이르는 용어이다. 빅데이터 환경이 구성된 이유는 물론 정보통신 등의 첨단 기술의 발전 덕분이겠지만 과거와 비교해서 데이터의 양이 폭증했고 데이터의 종류도 다양해져서 이를 처리할 필요성이 대두되었기 때문이다. 이러한 빅데이터 환경을 갖춘 사회는 사람들의 행동은 물론 위치 정보와 SNS를 통해 생각과 의견까지 분석하고 예측할 수 있다.

PC와 인터넷, 모바일 기기 이용이 생활화되면서 사람들이 필요에 의해 도처에 남긴 데이터가 날로 증가하고 있다. 데이터의 관점에서 보면 과거에는 상점에서 물건을 살 때만 데이터가 기록되었다. 반면 인터넷 쇼핑몰의 경우에 구매를 하지 않더라도 특정 상품을 사기 위해 견적을 비교하거나 제품의 내용을 미리 볼 경우가 있는 데, 이 때 소비자가 검색했던 기록이 자동적으로 데이터로 저장된다. 어떤 사람이 어떤 상품에 관심이 있는지, 얼마 동안 쇼핑몰에 머물렀는지를 알 수 있다.

우리는 대부분의 일과를 PC와 인터넷에 할애한다. 주로 자신이 맡은 업무를 비롯하여 은행, 증권과 같은 금융거래, 물건 쇼핑, 교육과 학습, 여가활동, 자료검색과 이메일 등의 업무를 한다. 이런 이유로 사람과 기계, 기계와 기계가 서로 정보를 주고받는 사물지능통신M2M, Machine to Machine이 확산되고, 이로 인한 디지털 정보가 폭발적으로 증가하였다. 사용자가 스스로 제작하는 UCC를 비롯한 동영상 콘텐츠, 스마트폰과 SNSSocial Network Service에서 생성되는 문자 및 음성 텍스트 등은 데이터의 증가 속도뿐 아니라, 형태와 질에서도 기존과 다른 양상을 보인다. 특히 블로그나 SNS에서 유통되는 이미지나 텍스트 정보는 정보제공자의 성향뿐 아니라, 소통하는 상대방의 연결 관계까지도 추적과 분석을 할 수 있다. 그뿐만 아니라 사진이나 동영상 콘텐츠를 PC를 통해 이용하는 것은 이미 일반화되었고 방송 프로그램도 TV수상기를 통하지 않고 PC나 스마트폰으로 볼 수 있게 되었다. 이제 스마트폰 하나면 세상이 주머니 속에 들어 있을 정도로 과학기술은 인간의 일상생활을 바꾸어 놓

왔다.

최근의 영화나 드라마 등에서 종종 등장하는 장면 중 하나가 도로나 건물 안의 모니터링 장면이다. 이와 같이 도로와 공공건물은 물론 심지어 아파트 엘리베이터 안에까지 설치된 CCTV가 촬영하고 있는 영상 정보가 실시간 수집된다. 이러한 영상의 양도 상상을 초월할 정도로 엄청나며 처리 기술 또한 날로 발전한다. 그야말로 일상생활의 행동 하나하나가 빠짐없이 데이터로 저장되고 있는 셈이다.

3. 과학기술과 인간적 가치

과학기술문명이 시작된 지 불과 300년도 지나지 않았지만, 수백만 년의 인류 역사에서 찾아볼 수 없는 혁명적인 변화가 일어났다. 과학기술문명은 특정 지역을 벗어나 모든 나라가 산업화 과정에 있으며, 산업화를 이룩한 나라들은 이제 산업혁명보다 더 큰 변화를 초래할 정보기술의 혁명, 생명 공학과 인공지능의 혁명을 통과하고 있다. 새롭게 등장한 과학기술의 혁명적인 발전은 인류에게 편익도 제공해 주지만 역설적으로 미래 불확실성도 던져 주고 있다.

과학기술의 발전이 인간의 삶에 미치는 영향이 증대하면서 과학기술에 대한 우리의 태도도 변하고 있다. 과학기술이 가져다준 혜택에 감탄한 사람들은 과학기술을 '신의 선물'이라고 칭송한다. 과학기술은 힘든 노동이 아닌 명석한 두뇌로 부를 획득할 수 있게 해 주고, 사람들로 가득 찬 지구 위에서 우리가 이웃과 평화롭게 살 수 있는 길을 열어주었다고 믿기 때문이다. 우리는 한때 과학기술에 의해 테크노피아를 건설할 수 있다는 꿈을 꾸었다. 그러나 과학기술의 부작용에 대한 인식이 확산하면서 과학기술을 폐기하거나 통제해야 한다는 주장이 강하게 대두되고 있다. 이들은 과학기술이 초래한 생태계의 파괴와 프랑켄슈타인 현상, 곧 창조된 과학기술이 창조자인 인류를 위협하고 있다는 사실을 근거로 제시한다. 이들은 세계관을 바꾸어 지금과는 전혀 다른, 과학기술이 없는 새로운 세계를 창조하거나 아니면 과학기술이 초래할 수 있는 부정적인 면을 원초적으로 막을 수 있는 길을 찾아야 한다고 주장한다.

오늘날만큼 과학기술이 강조되는 시대도 없겠지만, 다른 한편으로 지금처럼 과학이 보통 사람들의 삶과 멀게 느껴지는 시대도 없었을 것이다. 현대 사회에서 과학기술을 분리시키기란 불가능하고 우리들의 일상생활에서 과학기술의 산물들을 떨쳐내기도 불가능하다. 이처럼 밀접한 관련을 맺고 있음에도 불구하고, 과학기술이 멀게만 느껴지는 까닭은 하루가 멀다하고 쏟아지는 새로운 과학 이론과 신기술의 홍수가 일반인들과의 사이에서 벌려 놓은 거리도 크게 작용할 것이다.

오랫동안 과학은 자연 속에 숨어 있는 진리를 추구하는 객관적이고 보편적인 학문으로 생각되어 왔다. 과학 연구에 규제를 가하려 할 때마다 과학자들이 주장하는 주된 근거는 그러한 '객관적인 진리 추구'였다. 그러나 지금까지의 역사에서 확인할 수 있듯이 실제로 과학은 두 차례의 세계 대전에 철저히 복무했고 자본이나 국가의 이데올로기를 위해서 봉사했다.

과학의 객관성과 보편성은 과학을 신비화시키고 일반인들이 범접할 수 없는 특권적 지위를 부여하기 위한 도구로 활용됐다. 오늘날 보통 사람들이 과학기술에 대해 주눅이 드는 것은 단지 어렵거나 이해하기 힘들기 때문만이 아니라 과학기술 자체가 신비화, 특권화되어 있기 때문일 것이다.

기술은 그 내부적인 발전 경로를 이미 가지고 있고, 어떤 특정한 기술이 출현하는 것은 '필연적인' 결과라고 생각하는 사람들이 많다. 즉 기술의 발전 경로는 이전의 인공물보다 기술적으로 더욱 우수한 인공물들이 차례차례 등장하는 인공물들의 연쇄로 파악할 수 있다는 것이다. 그리고 기술의 발전 경로를 단일한 것으로 파악하고, 따라서 어떤 특정한 기능을 갖는 인공물을 만들어내는 데 가장 좋은 생산 방식이 있을 수 있다고 가정한다. 이와 같은 생각을 종합하면 기술의 발전은 결코 사회적인 힘이 가로막을 수 없고 단일한 경로를 따르는 것이므로, 사람들이 할 수 있는 일은 이미 정해져 있는 기술의 발전 경로를 열심히 추적해가는 것밖에 남지 않는다.

이처럼 기술결정론이란 기술의 발전이 사회 변동의 주요한 원인으로 작용하며 기술의 진보를 통해서 사회가 변화한다는 이론이다. 즉 우리가 사는 이 사회는 인간의 의지와 활동으로 변화하고 발전하는 것이 아니라 필연적인 경로를 따르는 기술 변화에 의해 사회 전체가 급속하게 변동한다는 것이다.

다양한 사례 연구에 의하면 어떤 특정 기술이나 인공물을 만들어낼 때 그것이 특정한 형태가 되도록 하는 데 중요한 역할을 하는 것은 그 과정에 참여하고 있는 엔지니어, 자본가, 소비자, 은행, 정부 등의 이해관계나 가치 체계이다. 이렇게 보면 기술은 사회적으로 형성된 것이며 이미 그 속에 사회적 가치를 반영하고 있다. 뿐만 아니라 복수의 기술이 서로 경쟁하여 그중 하나가 사회에서 주도권을 잡는 과정을 분석해 본 결과, 이 과정에서 중요한 역할을 하는 것은 기술적 우수성이나 사회적 유용성이 아니라 기술과 관련된 사회 집단들의 정치적, 경제적 영향력인 것으로 드러났다. 결국, 현재에 이르는 기술 발전의 궤적은 결코 필연적이고 단일한 것이 아니었으며, '다르게' 될 수도 있었음을 암시하고 있다. 즉, 기술은 사회적으로 형성된 것이고, 이미 그 속에 사회적 가치를 반영하고 있다. 이것은 사회 문화 결정론이라 한다. 사회 문화 결정론자들은 기술의 발달이 사회 변동을 유발시킬 수는 있으나 기술 그 자체만으로는 사회적 관계나 제도를 변화시킬 수 없다고 주장한다. 따라서 사회는 능동적으로 기술의 발달과 이용에 개입하게 되어 기술의 발달은 사회 경제적인 요인에 의해서 규정된다는 것이다.

기술이 사회적인 영향력을 갖는다는 것과 기술이 사회를 결정한다는 주장은 분명히 구분되어야 한다. 기술은 결코 독자적으로 발전할 수 없으며, '사회적인 영향력 속에서 구성되는' 존재이다. 거대 기술 시스템을 지탱하는 요소는 궁극적으로 사회적인 이해관계의 총체라고 간주해야 한다.

정보기술, 바이오 기술, 나노기술 등 각종 신기술 분야의 기술 혁신이 가속되고 있다. 또한 기술 혁신이 사회 각 부문에서 진행되는 광범위한 변화와 밀접하게 연관되면서 과학기술 활동에 대한 사회적 관심도 꾸준히 증가하고 있다. 이처럼 특정한 집단의 사회적 이해 및 기술이 당면하는 환경적 맥락이 과학기술 발전에 매우 중요하다는 사회 문화 결정론의 관점이 널리 받아들여지면서 과학기술의 글로벌 거버넌스에 대한 논의가 활발해지고 있다.

과학기술 부문에서의 글로벌 거버넌스 논의는 크게 두 흐름으로 정리해 볼 수 있다. 첫째는 과학기술과 국제 관계가 만나는 영역의 확장에 대한 것이다. 기술 이전, 기술 무역 등 전통적인 문제 이외 정보통신 기술, 바이오 기술 등 신기술의 등장과 확산 과정에서 많은 문제가 글로벌 거버넌스의 주요한 대상으로 등장하고 있다.

둘째는 과학기술 글로벌 거버넌스와 관련되는 행위 주체가 다양화되면서 새로운 형태의 거버넌스가 등장했다는 것이다. 민주주의적 가치가 확산됨에 따라 이미 오래전부터 과학기술과 관련한 정책 결정 과정에서 시민참여가 증대되어야 할 필요성과 이를 위한 구체적인 제도들이 모색되어 왔다. 과학기술의 발전이 환경, 음식물, 건강, 사생활 보호 등 사회 구성원 개개인의 생활에 밀착된 영역으로 큰 영향을 미치게 되면서 시민들이 과학기술 정책에 참여해야 할 필요성이 대두된 것이다. 이에 따라 많은 국가에서 합의 회의, 시나리오 워크숍, 과학 상점 등을 통해 시민이 적극적으로 참여할 수 있도록 제도를 마련하고 있다.

과학기술은 국가의 안보 및 군사, 무역 금융 투자, 환경 문제 등 다양한 분야에서 각각의 쟁점들과 밀접하게 관련되어 있다. 따라서 과학기술 글로벌 거버넌스가 세계 안보, 경제, 환경 질서 등과 구체적으로 어떻게 상호작용하고 있는지에 대한 이해가 필요하다.

동물 복제에 관한 이야기는 이제 새삼스러울 것도 없을 만큼 보편적으로 이루어지고 있는 현상이 되었다. 이제는 동물 복제에 관한 기술보다는 '인간'을 대상으로 한 복제 문제가 윤리 문제의 중심으로 더 부각되고 있다. 생명체를 복제하는 과학기술에 대한 사회적 가치 판단이 시간이 흐름에 따라 변화를 거듭하고 있다.

고대 철학가인 플라톤의 '대화편'에는 그리스 신화의 프로메테우스에 관한 이야기가 나온다. 프로메테우스는 신으로부터 어떤 능력도 받지 못한 인간을 가엽게 여겨 하늘에서 기술과 불을 훔쳐와 인간에게 나누어주었다. 하지만 인간은 문명의 도구인 기술을 조화롭게 통제할 수 없어 끊임없이 분쟁을 일으키게 되었다. 그래서 제우스는 헤르메스를 통해 인간에게 '정의'와 '존경심'이라는 두 가지 덕을 선물하여, 인간이 공동체를 유지하고 상생하며 살아갈 수 있도록 하였다. 이처럼 기술은 인간의 생활을 편리하게 하는 유용한 도구이지만, 인간적 가치를 최우선으로 하여 기술이 남용 또는 오용되지 않도록 통제될 필요가 있다.

인류의 역사가 시작된 이래로 과학은 '불변의 원리'를 규명하는 순수 학문이었다. 17세기 과학혁명으로 열린 순수 과학의 시대도 마찬가지였다. 지동설을 주장한 갈릴레이, 만유인력의 법칙을 내놓은 뉴턴 등이 자연과학의 새로운 시대를 열게 된 때가 바로 이 시기이다. 당시만 해도 과학은 인간에게 어떠한 영향을 미치고 어떠한 가치를 지니는가 하는 문제를 생각하지 못했다. 그래서 과학은 인간의 가치 판단과는 전혀 상관없다는 의미에서 '가치 중립적'인 영역으로 간주되었다. 그러나 19세기 이후 과학기술이 급속히 발달하면서 인간을 편리하게 만드는 이기이기도 하지만 다른 한편으로는 인간을 불행하게 할 수 있다는 사회적 영향에 대한 논란들이 등장하기 시작했다. 과학기술은 인간 생활에 편리한 기차를 만들었지만 동시에 전쟁의 도구인 총포를 만들고 화약을 만들었다. 과학기술이 인간 사회에서 이전과는 비교할 수 없을 만큼 큰 영향을 미치기 시작한 것이다.

인류의 과학기술사에서 다이너마이트를 발명한 노벨의 공헌은 노벨상

제정으로 대변되는 데, 실제 노벨은 다이너마이트를 광산이나 공사장에 사용하기 위해 개발했지만 숱한 전쟁에 사용됨으로써 깊은 고뇌와 반성에 이르게 되었다고 한다. 그래서 노벨상을 창안하였고, 이를 통해 과학기술이 인류 평화에 기여해야 한다는 철학을 천명한 것이다. 두 차례의 세계 대전을 거치면서 과학기술과 윤리의 문제는 점차 인류를 위한 사회적 이슈로 등장했다. 제2차 세계 대전 당시의 연합군의 원자 폭탄 투하와 이에 따른 인류의 후유증은 과학기술의 윤리 문제를 촉발하는 결정적인 계기가 되었다.

브로노프스키는 『과학과 인간의 미래』라는 저서에서 '과학적 발견 그 자체는 가치 중립적이지만 과학의 실천 과정은 끊임없이 진실을 추구하고 거짓을 거부하는 도덕적 행위' 라고 강조했다. 과학이 도덕적 가치에서 벗어날 수 없다는 뜻이다. 현대 사회는 진리 탐구라는 과학의 원칙을 인정하면서도 과학과 기술은 정당한 목적에 바탕을 둬야 한다는 윤리 규범을 동시에 요구한다.

최근 들어 우리 사회는 과학기술이 사회적 이슈와 윤리 규범을 준수해야 한다는 맥락 하에 지속가능과학Sustainability Science이란 개념을 내놓았다. 지속가능과학은 인간이 자연과의 조화 속에서 건강하고 가치있는 삶을 누릴 수 있는 지속가능형 글로벌 시스템을 구성하는 것을 목표로 한다. 이를 위해 환경, 사회, 경제, 과학기술 등의 혁신 체제를 연구하는 학문이다. 유네스코UNESCO 에서는 2005년부터 2014년을 '지속가능발전 교육을 위한 10년Decade of Education for Sustainable Development'으로 규정하여 지속가능과학의 도입을 장려하고 있다. 우리나라에서는 지난 2010년 지속가능발전법과 그 시행령을 만들어 우리 사회의 지속가능발전을 추진하고 있다.

지속가능과학에서는 지속가능자원의 분배, 인류학적 관점에서의 지속가능성, 지속가능한 생태계 설계, 지속가능성과 기업, 지속가능한 도시 역동성, 지속가능한 물, 지속가능한 에너지와 원자재 사용, 식량 시스템의 지속가능성 등을 중요하게 다룬다. 환경 문제, 사회적 불안, 교통, 주택 문제 등 도시화로 인해 나타나는 문제점들이 발생하는 원인에는 공통적으로 과학기술의 발달이 포함되어 있다. 또한 과학기술의 발달은 사회적 불평등과 양극화 현상을 가속화시켜 사회적 불안을 야기하였다. 이것은 과학기술 자체의 문제가 아닌 과학기술 활용에 대한 문제라고 할 수 있다. 따라서 20세기 서구 과학기술로 만들어진 오늘날의 관점은 새로운 가치관을 가진 과학기술을 이용하여 재편성되어야 한다. 앞으로의 과학기술은 지속가능한 도시의 녹색 성장과 사회통합, 경제 활성화를 목적으로 하는 지속가능한 과학기술을 지향해야 한다. 지속가능한 사회를 위해 과학기술이 지향해야 할 요소들은 다음과 같다.

표 9-1 **지속가능한 사회를 위한 과학기술의 방향과 요소**

주요 영역	방향	주요 내용
생태적 지속가능성	녹색 성장	미래 세대의 이익 고려, 자연 보호
사회적 지속가능성	사회통합	시민참여 보장, 사회적 형평성 추구, 인간 중심
경제적 지속가능성	경제 활성화	자급 경제의 실현, 재난 재해 대응

녹색 성장, 사회 통합, 경제 활성화를 위해 필요한 기술에 대해 지속적인 관심과 개발이 필요하다. 이를 통해 향후 미래 사회의 지속가능성을 향상해야 한다. 지속가능한 사회를 위해 과학기술이 추구해야 할 3가지 요소별 주요 기술들은 다음과 같다. 경제의 활성화를 위해서는 기존의 제조업 기반의 하드웨어 기술보다는 지식 기반 서비스 활성화에 필요한 융합 서비스 플랫폼 기술, 지능형 인터렉티브 서비스 기술 등의 소프트 기술이 요구된다. 또한 사회적 지속성을 위해서는 계층 간 정보 격차 해소 및 사회 구성원 간의 소통 강화 등을 위한 인간 중심의 기술 개발이 필요하다. 이는 인지 기술, 감성 사용자 경험 기술 등 인간 중심의 기술 개발을 통해 정보 접근성을 향상시켜 정보 격차 해소에 기여할 수 있고, 이를 통해 구성원 간의 소통 활성화에도 기여할 수 있을 것으로 예상한다. 마지막으로 생태적 지속성을 위해서는 기존 화석 연료를 대체할 수 있는 신재생 에너지 기술, 친환경 도시 건설 기술, 에너지 효율화 기술 등의 개발이 필요하다.

현대 사회는 이제 스스로 삶이 가지는 의의에 대한 반성적 통찰을 해야 할 중요한 시점에 도달해 있다. 생명 윤리는 이러한 반성적 통찰의 한 방식으로 나타난다. 인터넷에서의 '가상적 삶artificial life'은 더욱더 생명 윤리의 중심 주제가 된다. 생명 윤리는 현대 과학기술 사회의 전반을 반성하고 통찰하는 새로운 화두이다. 생명 윤리는 과학기술과 인간 가치의 관련을 생각하고 그 윤리를 묻는 것이다. 실험실적 인공 수정 기술의 발달은 인간 배아에 대한 다른 형태의 생물학적, 유전 조작적 기술들을 포함하기에 이르렀다. 예컨대 사람과 동물 생식 세포 사이의 수정이라든지 인간 배아를 동물 자궁에 착상시키는 일에 대한 시도나 계획, 인간 배아를 위하여 인공 자궁을 만들어내는 일도 가능하게 되었다. 하지만 이와 무관하게 배아를 분체 생식, 복제 그리고 처녀 생식 과정을 통해 얻으려는 것은 윤리 규범에 어긋나는 것이다.

　과학기술은 인간 사회와 더욱 나은 미래를 위해 긍정적인 영향을 줄 수도 있고 부정적인 영향을 줄 수도 있다. 따라서 미래 사회를 위해 과학 기술과 관련된 이해 관계자들이 생명 윤리와 같은 주제에 대해 윤리적으로 결정하고 사회적으로 책임을 느끼는 것이 매우 중요하다.

정보 사회와 정보화의 쟁점

1. 정보 사회의 의미와 특징

앞 선장에서 과학기술과 인간의 생활 변화를 살펴보았는데 그 중 두드러진 것이 바로 과학기술 발전에 따른 첨단 정보 체계의 구성일 것이다. 현대 사회를 바라보는 주요한 관점 중 하나는 바로 정보 사회로의 접근이다. 정보 사회에 대하여 기존의 산업사회와는 전혀 다른 특징을 가진 사회라는 논의와 산업 사회의 특징들은 가지고 있으면서 그 형태만 바뀐 사회라는 상반된 논의가 존재한다. 하지만 이들 논의는 모두 정보 사회는 사회 전반에 걸쳐 정보가 중요하고 결정적인 역할을 하는 사회라는 점에 동의한다. 정보의 양적 증가가 정치 · 경제 · 사회 · 문화 등 우리 사회의 전반에 걸쳐 변화를 가져온다는 것이다. 그럼 정보 사회의 특징에는 어떤 것들이 있을까? 이번 장에서는 네트워크의 확산, 대중문화에서 다중 문화로의 전환, 그리고 익명에 의한 관계의 확산을 중심으로 정보 사회의 특징들을 살펴보고자 한다.

정보 사회의 가장 큰 특징은 네트워크가 전방위적으로 퍼져 있다는 점이다. 정보 사회에서 개인은 언제 어디서든 네트워크에 접속하여 정보를 습득하고 활용할 수 있다. 이와 같은 네트워크의 확산은 다음과 같이 우리 사회에 다양한 영향을 미치고 있다.

첫째, 네트워크의 확산은 개인의 일상을 편리하고 다양하게 변화시켰다. 예를 들면, 과거에는 정보 습득을 위해 도서관에 가거나 신문 등의 한정된 자료를 찾아야 했다면, 현재에는 스마트폰이나 컴퓨터를 활용하여 쉽게 정보를 찾을 수 있다. 또한 지하철과 버스 등 대중교통 안의 풍경도 변화시켰다. 과거에는 승객들이 대부분 책을 읽거나 음악을 들었다면, 이제는 스마트폰을 통해 인터넷 뉴스나 동영상을 시청하고 게임을 즐기는 등의 다양한 모습으로 변화하였다.

둘째, 네트워크의 확산은 커뮤니케이션 방식에 커다란 변화를 가져왔다. 기존의 면대면Face to Face 방식이었던 커뮤니케이션의 비중이 감소하고, 인터넷이나 SNS와 같은 정보 매체를 매개로 한 커뮤니케이션의 비중이 증가하였다.

셋째, 네트워크의 확산으로 인해 전 세계의 시·공간적 제약이 사라지게 되었다. 인터넷을 통해 전 세계의 사람들이 자유롭게 소통할 수 있게 되었기 때문이다. 최근 전 세계적으로 불고 있는 한류 열풍, 즉 한국 대중문화의 세계화를 가능하게 했던 수단 중 하나도 인터넷이다. UCC나 SNS는 정치·경제·사회·문화 등 사회 전반에 걸쳐 다양한 변화를 끌어내고 있다.

정보 사회의 등장으로 인해 주목해야 할 또 하나의 특징은 대중문화의 쇠퇴이다. 대중문화란 산업 사회의 발전과 함께 형성된 문화로 매체 기술을 이용하여 대중을 위해 대량 생산된 문화라고 할 수 있다. 여기서 대중은 상호 간의 별다른 취향 차이가 없는 획일화된 존재라는 의미가 있다. 하지만 산업 사회에서 대중을 형성했던 문화적 환경은 정보 사회가 도래하면서 새로운 문화적 환경이 등장하여 급격한 변화를 겪고 있다.

정보 사회에서는 대중문화의 기술적 기초였던 대중 매체가 쇠퇴하고, 새로운 유형의 매체들이 쏟아져 나오고 있다. 기존의 신문, 라디오, 텔레비전 방송보다 인터넷 방송, SNS, 블로그 등의 매체들이 더 많은 정보를 유통하고 있는 것이 그 사례이다. 즉, 소수의 대중 매체가 일방향적 의사소통을 통해 다수의 수용자를 지배하던 현상이 점차 줄어들게 되고, 새롭게 등장한 매체들이 쌍방향적 또는 다중(多衆)적인 의사소통을 통해 상당수의 개인들을 적극적인 문화 생산자로 참여시키는 현상이 나타나게 된 것이다.

다중이라는 개념은 대중과는 다른 성격으로 각자의 정체성을 유지하면서 개별적으로 행동하다가 일시적으로 특정한 사안이 생겼을 때, 개별성을 유지하면서 공동으로 행동하는 사람들을 가리킨다. 하워드 라인골드는 '스마트 몹(참여 군중)'이라는 개념으로 다중을 표현하였다. 정보 사회와 관련하여 과거의 '대중' 개념을 대신해 '다중' 개념이 널리 사용되는 것은 이런 맥락에서라고 볼 수 있다.

정보 사회의 다른 특징으로 익명적 관계의 발달을 들 수 있다. 네트워크의 확산으로 인하여 새로운 방식의 커뮤니케이션이 등장하면서 익명적 관계가 탄생하였다. 익명적 관계는 참여자들이 공통의 관심사를 통해 일시적으로 사회적 관계를 맺으면서 자신의 정체성을 드러낼 필요가 없게 된 것을 의미한다. 사람의 이름 대신 아이디로 사람을 호칭하면서 기존에 이름이 지니던 개인의 정체성이 의미를 잃게 되고, 각종 사회적 관습들도 변하기 시작하였다. 익명성을 무기로 욕설과 반말 등 통제되지 않는 행위가 나타났으며 남성이 여성 행세를 하는 것처럼 온라인상에서 개인의 정체성을 다양하게 실험하는 현상도 나타났다. 또한 온라인상에서 대화의 편의를 위해 새로운 신조어들도 등장하였다. 이는 오프라인의 커뮤니케이션에서도 이어져 기존의 의사소통 관습을 무너뜨리고 있다.

한편, 정보 사회의 익명적 관계가 부정적인 모습만 있는 것은 아니다. SNS나 온라인 커뮤니티의 활동을 통해 시간과 공간의 제약이 사라지면서 기존의 일차적 관계가 더욱 활성화되는 모습도 나타나고 있다. 이를 통해 '고독한 군중'으로 대표되는 현대 사회에서의 소외감을 해결할 수 있게 되었다. 이처럼 기존의 의사소통 방식과는 다른 '온라인'이라는 방식을 통해 사람들 사이의 관계를 형성하는 새로운 의미의 집단을 '3차 집단'이라고 부른다. 인간관계로 이루어진 '1차 집단', '2차 집단'과 달리, '3차 집단'은 컴퓨터를 매개로 의사소통을 함으로써 전인격적인 접촉을 한다. 이는 정보 사회에 진입하면서 새롭게 등장한 집단이다.

정보 사회를 낙관적으로 보는 관점은 정보 기술의 발전이 정치적, 경제적, 사회·문화적으로 긍정적인 사회 변동을 야기한다는 것이다. 정치적으로는 정보 기술을 통해 더 많은 정보를 접하고, 다양한 방식으로 정치 과정에 참여함으로써 대의 민주주의에서 직접 민주주의로 변화를 가져온다. 경제적으로는 경제의 객체가 재화 중심에서 지식이나 서비스 중심으로 변하고, 노동 시간의 단축과 노동 생산성의 비약적 향상을 가져온다. 또한 전자 상거래의 등장으로 모든 경제 주체들의 경제 활동에 많은 영향을 미치고 있다. 사회적으로는 정보 원천에 자유로운 접근이 가능하여 기회의 평등이 실현되고, 사이버 공간에서의 의사소통이 원활하여 사이버 공동체가 형성되는 등 전반적으로 인간 삶의 모습에 변화를 가져온다. 문화적으로는 정보 기술의 발달로 다양한 문화를 쉽게 접할 수 있고, 이러한 문화들의 상호작용을 통해 문화의 변동을 이끌기도 한다. 그리고 다양한 문화 콘텐츠의 등장으로 인간의 삶의 모습에도 변화를 가져온다. 반면 정보 사회를 비관적으로 보는 관점은 정보 기술을 사회적으로 활용할 때 생기는 다양한 역기능에 주목한다. 정보 사회의 비관적 측면으로는 정보의 독점과 정보의 불평등, 정보의 감시와 프라이버시 문제, 사이버 일탈과 범죄 행동, 정보의 과잉과 왜곡, 정보의 선택적 공개 등이 있다.

먼저, 정치적으로는 국가나 권력자가 각종 정보를 독점하고 통제할 가능성이 커진다. 또한 정보의 과잉과 왜곡 등으로 인해 시민들의 올바른 판단을 저해하여 정치 참여에 혼란을 가중할 수 있다. 경제적으로는 정보의 불균등한 분배로 인해 경제적 불평등을 심화시킬 수 있다. 또한 자동화로 인해 노동력이 컴퓨터와 기계로 대체되어 실업이 증대되고, 사이버 공간의 상업화로 인해 자극적인 정보가 만연할 수 있다. 사회적으로는 정보 불평등으로 새로운 사회 계층이 형성되고 인터넷 중독과 사이버 일탈, 정보 관련 범죄 등의 문제가 발생할 수 있다. 더불어 대면적 인간관계가 소원해짐에 따라 개인의 고립이 심화될 수 있다. 문화적 측면에서는 편향적으로 문화를 접함으로써 문화 사대주의나 자문화 중심주의가 확산되고 지배적 문화에 의해 문화적 종속이 발생할 수 있다. 해킹, 인터넷 마녀사냥, 스팸 메일과 악플의 범람, 음란물 유포 등의 부작용도

심각한 사회 문제이다.

　정보 사회에 대한 낙관론과 비관론 중 어떤 논지가 정답일까? 현재 우리가 살아가는 사회에서는 낙관론의 주장과 비관론의 주장이 모두 나타나고 있다. 정보 기술의 발달을 통해 우리의 삶이 더욱 풍요로워진 것은 사실이지만, 정보 기술의 사회적인 활용 과정에서 다양한 역기능이 나타나는 것도 사실이다. 정보 기술에는 가치가 개입되어 있지 않다. 다만 정보 기술을 사용하는 사람들의 가치가 개입될 뿐이다. 정보 기술의 장점을 활용하면서 불거질 수 있는 역기능을 해결하려면, 정보 기술을 사용자들의 인식을 높이고 사회적 제도와 법규를 잘 갖추는 것이 하나의 방안일 것이다.

　정보 사회를 보는 또 하나의 논쟁으로는 정보 사회를 기존 사회와 단절된 새로운 사회로 보는 단절론과 기존 사회의 특징들은 그대로 유지되면서 겉으로 드러난 모습만 바뀐 연속적인 사회로 보는 연속론이 있다. 단절론은 새로운 정보 사회가 기존의 산업사회를 대체하였다고 보는 관점이다. 단절론을 대표하는 사회학자 다니엘 벨은 탈산업 사회의 형태를 정보 사회로 본다. 그는 노동 유형의 변화로 인해 단절이 나타났다고 주장한다. 그의 주장을 살펴보면, 전 산업 사회는 사람의 근력을 통한 농업 노동으로 '자연에 대한 게임'이 이루어지며, 산업 사회는 기계를 통한 공장 작업으로 '인공적 자연에 대한 게임'이 이루어지는 사회이다. 사람들 사이의 게임은 근력, 기계가 아닌 정보를 기초 자원으로 한 게임이며 서비스 노동은 일종의 정보 노동이다. 즉, 벨은 산업 사회의 핵심 자원이 자본과 노동력이라면, 정보 사회의 핵심 자원은 지식과 정보라고 주장한다. 앨빈 토플러 역시 『제3의 물결』에서 인간의 문명은 농업 문명, 산업

문명을 거쳐 제3의 물결 문명으로 전환되었다고 주장했다. 제3의 물결 문명으로의 이행 과정에서 정보의 중요성, 컴퓨터, 가내 전자 근무 체제, 통신 공동체 등의 등장은 정보 사회가 도래하고 있음을 보여주고 있다.

반면 연속론은 이전 사회와의 연속선상에서 사회 변동을 보는 관점이다. 연속론은 정보 기술의 발전에 대해 새로운 사회를 등장시킨 것이 아니며, 기존의 자본주의 축적 과정 중 형성된 새로운 적응 방식으로 본다. 연속론의 대표적 학자인 허버트 쉴러는 정보 발전의 특징을 세 가지로 주장한다. 첫째, 정보의 발전 과정에 이윤과 상품화를 특징으로 하는 시장 기준이 철저하게 적용된다. 둘째, 계급 불평등은 정보의 생산, 분배, 접근 능력을 결정하는 주요 요인이다. 셋째, 정보와 커뮤니케이션 영역에서 중대한 변동을 겪고 있는 이 사회는 기업(조직) 자본주의 사회이다. 즉 정보 기술의 발전은 기존의 자본주의 특징인 지배 계급의 현상 유지나 강화를 위한 새로운 지배 양식을 가져온다고 주장한다.

정보 사회를 새로운 사회의 등장으로 보는 단절론과 기존 사회의 특징을 계승한 것으로 보는 연속론은 정보 사회에 대해 양극적인 논쟁을 하고 있다. 하지만 실제로 진행되어 온 정보 사회를 살펴보면 단절론과 연속론을 절충적으로 보는 관점이 필요하다. 즉, 정보 사회는 자본주의 체제의 특징들을 연속적으로 이어가고 있지만, 핵심 자원이 자본과 노동에서 지식과 정보로 변경되며 새로운 특징이 나타나는 사회라고 볼 수 있다.

2. 정보 매체의 기능

정보 매체를 이해하려면 미디어의 개념을 이해할 필요가 있다. 미디어란 인간과 인간 사이에 이루어지는 다양한 상호작용의 수단을 총칭한다. 미디어의 유형은 신문이나 책으로 대표되는 인쇄 미디어, TV나 영화로 대표되는 영상 미디어, 그리고 인터넷이나 스마트폰으로 대표되는 멀티미디어로 구분된다.

멀티미디어라는 용어는 1960년대 중반 예술 공연에서 여러 가지 장르의 공연을 한데 묶어 공연한 것을 시초로 사용되었다. 하지만 오늘날 흔히 사용하는 멀티미디어의 개념은 1990년대부터 사용되었다. 이후로 멀티미디어는 여러 가지의 의미로 정의되고 있으나 일반적으로 상호작용적인 접근이 가능한 동영상, 오디오, 사진, 텍스트 등을 함께 전달하는 미디어의 조합을 의미한다.

멀티미디어는 상호작용적이고 비선형적이며 미디어 간 정보의 통합적 처리 및 전달이 가능하다는 장점을 지닌다. 이에, 교육현장, 기업의 프레젠테이션 과정, 예술 및 창의 산업, 의료 현장 등의 다양한 분야에서 멀티미디어를 다양한 형태로 사용하고 있다.

최근에 미디어를 이야기할 때 빼놓을 수 없는 것이 SNS와 스마트폰이다. SNS란 Social Network Service의 약자로 'social'의 의미는 사전적 의미의 '사회의', '사회적인'보다는 '관계를 형성하다'의 'socialize'로서 해석하는 것이 옳다. SNS는 다양한 형태의 서비스가 존재하고, 사용하는 사람들의 사회·문화적 조건에 따라 다양한 형태로 사용되기 때문에 한마디로 정의하기란 쉽지 않다. 위키피디아는 SNS를 관심이나 활동을 공유

하는 사람들 사이의 상호적 관계망이나 상호적 관계를 구축하고, 보여주
는 온라인 서비스 또는 플랫폼으로 정의하고 있다.

SNS는 1990년대 인터넷의 발달과 함께 동호회, 카페, 블로그, 개인 홈
페이지 등의 형태로 발달하였다. 그 후 무선 통신망과 스마트폰의 보급
과 함께 페이스북Facebook, 트위터Twitter, 미투데이Me2day와 같은 마이크
로블로그microblog의 형태로 진화하였다. 인터넷 초기의 사용자가 정보를
검색하고 저장하는 일에 중점을 두었다면, SNS의 등장으로 사용자들은
관심이 있는 특정 영역에 대해 서로 정보를 공유하고 평가하는 관계를
형성하는 일에 중점을 두고 있다.

스마트폰은 휴대 전화기에 PC급의 운영체제OS, operating system가 결합
된 이동 통신 기기이다. 스마트폰의 3G, 4G, Wi-Fi 등 무선 접속 기술
과 위치 기반 서비스, 애플리케이션application을 활용하면 통화, 동영상
보기, 내비게이션, SNS, 게임, 뉴스 검색 등을 할 수 있다. 이러한 스마트
폰의 발전은 SNS의 발달과 확산을 가져오게 되었다.

인터넷의 발달에 따라 SNS의 등장, 스마트폰과 같은 이동 통신 기술
의 발달은 정보 유통 방식의 변화를 가져왔다. 이는 사회 전반에 걸쳐 영
향을 미치고 있다. 정보 유통 방식의 변화는 개인화, 간결화(핵심화), 모
바일화를 특징으로 한다. 먼저 개인화는 SNS와 스마트폰의 확산으로 개
인이 정보의 생산과 소비를 포괄하는 유통의 주체로 등장하는 것을 의
미한다. 과거에는 정보가 방송이나 언론을 통해 유통되었다면, 최근에는
SNS를 통해 실시간으로 생산되고 소비되어 정보가 더욱 다양해지고 있
다. 따라서 이제는 각 개인정보를 획득하는 능력과 함께 정보의 진위를
판단하는 능력이 더욱 요구되고 있다.

정보 유통 방식의 두 번째 특징인 간결화(핵심화)는 넘쳐나는 정보 중 필요한 정보를 쉽게 판단하기 위해 축약된 정보에 대한 사회적 욕구가 커졌기 때문에 나타난다. 대부분의 SNS 플랫폼이 한 게시물의 글자를 140~150자로 제한하는 것도 이 때문이다. 핵심 내용을 중점으로 한 간결화 작업을 통해 정보의 생산자는 자신의 글을 더 많은 사람에게 전파하며, 정보의 소비자들은 정보의 홍수 속에서 자신에게 필요한 정보를 쉽게 찾아낼 수 있다.

정보 유통 방식의 세 번째 특징은 모바일화이다. 이는 무선 인터넷망의 보급과 스마트폰과 같은 이동 통신 수단의 발달, 그리고 SNS와 같은 관계망의 발달에 기인한다. 과거 사람들은 특정한 시간과 장소에서만 정보를 생산하고 소비했지만, 모바일화를 통해 사람들은 언제 어디서나 정보를 생산하고 소비하게 되었다. 이를 통해 정보의 유통은 더욱 빨라졌고 그 양도 더욱 증가하게 되었다.

이렇게 인터넷이 발달하여 인간의 삶에 획기적인 변화가 발생한 것은 사실이지만 인터넷이 끼친 부정적 영향에도 주목할 필요가 있다. 초기 인터넷의 발달과 함께 사용자들은 인터넷이 주는 '익명성'에 관심을 가졌다. 익명성은 현실에서의 성, 연령, 지위에 따른 불평등한 제약을 쉽게 뛰어넘게 해주었다. 하지만 익명성에 따른 부작용들이 발생함에 따라 정부는 사이버 세계에 대한 개입을 강화하기 위해 '인터넷 실명제'를 도입하였다. 그렇지만 헌법재판소의 위헌 결정으로 인터넷 실명제는 사실상 폐지되었다. 한편, 금융 기관, 언론 기관, 기업 등 다양한 종류의 집단에서는 '회원 가입'이라는 절차를 통해 개인들의 정보를 수집하고 있다. 기업들은 이렇게 수집한 개인의 정보를 거대 데이터베이스에 수집한다. 이렇게 수집된 데이터들은 기업의 목적에 따라 자의적으로 활용될 수 있다. 기업은 이를 상업적인 목적으로 사용할 수 있다. 이것이 '데이터베이스 기반 감시'이다. 정보의 데이터베이스화는 판옵티콘의 기능을 강화하여 권력 기관에 의한 감시를 더욱 용이하게 하였다. 이런 전자 감시에 저항하기 위한 운동으로는 '정보의 공유와 공개' 운동과 '역감시'가 있다.

현재 우리나라에서는 정보 공개 제도를 통해 국민이라면 누구나 일정한 절차에 따라 공공 기관의 정보를 열람할 수 있다. 또한 스웨덴과 같은 나라에서는 옴부즈맨 제도를 활용하여 국민이 국가를 감시한다. 2010년 말 '위키리스크'를 통해 미국 정부의 외교 문건들이 유출되는 사건은 정보 공개를 통한 역 감시가 얼마나 효율적인가를 잘 보여주었다.

정보 사회는 단순히 정보 기술이 널리 활용되는 사회로 정의하기보다는 정보 기술을 활용하여 다양한 정보를 생산, 이용하는 사회로 정의하는 것이 옳다. 정보는 유형의 생산물이 아니므로 이에 대한 소유권을 보호하기가 어렵다. 따라서 고안된 제도가 '지적 재산권'이다. 지적 재산권은 크게 산업 활동에 직접 연관되는 인간의 지적 창작물인 산업 재산권과 문예 창작물을 보호하려는 저작권으로 나뉜다.

인터넷의 대중화와 함께 저작물의 생산과 이용이 폭증하면서 저작권이 중요한 관심사로 대두되었다. 그리고 이에 대한 논쟁도 증폭되고 있다. 한편에서는 정보의 저작권을 강조하고, 다른 한편에서는 정보의 사용권을 강조한다. 저작권을 강조하는 견해에서는 실제 창작자의 권리를 중요하게 생각한다. 이는 저작 활동을 더욱 독려하는 의미가 담겨 있다. 하지만 정보의 사용권을 강조하는 입장에서는 저작권Copyright에 반하는 카피레프트Copyleft 운동을 전개하고 있다. 카피레프트 운동은 정보 공유

운동으로 정보를 자유롭게 공유할 수 있는 정보 사회를 만들고자 하는 사회 운동이다. 정리하면 저작권에 대한 논쟁은 법과 같은 강제적 규범을 통해 창의적 정보의 생산을 장려하려는 입장과 정보의 자유로운 소통과 공유를 통해 정보의 격차를 줄이려는 입장과의 논쟁이라 하겠다.

사이버 일탈은 사이버상의 범죄 행위뿐만 아니라 온라인 욕설이나 폭언, 음란/폭력 사이트 접속 등을 포괄하는 광범위한 개념이다. 각 분야에서 정보화가 빠르게 진행되면서 사이버 일탈 행위도 빠르게 증가하고 있다. 근래 인기 연예인들의 자살 사건 뒤에도 네티즌들의 악성 댓글이 관련되어 있다고 보는 시각이 있다. 이처럼 악플은 한 개인을 죽음으로까지 몰고 갈 수 있는 사회적 흉기가 될 수 있다. 이는 개인의 정보를 제3자가 인터넷에 공개하여 그 사람의 사생활을 침해하는 신조어이다. 이처럼 정보 사회의 등장과 이에 따른 인터넷, SNS의 발달은 긍정적인 모습만 있는 것이 아니라 사이버 일탈과 범죄 행동에도 영향을 미치고 있다.

악플 외에도 해킹을 통한 자료 유출, 사용자 도용, 악성 프로그램 설치로 인한 바이러스 유포, 사이버 성폭력, 사이버 스토킹, 불법 복제, 개인 정보 침해 등의 사이버 범죄가 등장하였다. 경찰청에 따르면 사이버 범죄는 2003년도에 6만 8천여 건이었던 것이 5년 후인 2009년에는 13만여 건으로 2배 정도 증가했다. 이는 정보통신 기술의 발달 속도를 그것을 사용하는 사람들의 의식 수준이 따라가지 못하는 '문화 지체' 현상으로 설명할 수 있다.

이상과 같은 사이버 범죄를 해결하는 방법으로는 사이버 일탈이 일어나지 않도록 하는 사전 예방 차원과 사이버 범죄로 인하여 개인의 권리를 침해당했을 때 대응할 수 있는 사후 대책 차원으로 나누어 볼 수 있다. 사전 예방책으로 인터넷을 사용하는 사람들의 의식 수준을 높이는 방법이 있다. 최근에 시행되고 있는 '선플 달기 운동'이 좋은 예이다. 선플 달기 운동본부에서는 격려 댓글 달기 운동의 일환으로 선플 문자 보내기, 선플 달기 서명 운동, 격려 댓글 제안방 등 다양한 행사를 펼치고 있다. 또한 '굿 다운로더 캠페인'도 좋은 예이다. 이런 캠페인들을 통해 인터넷 사용자들의 의식 수준을 높일 수 있을 것이다. 다음으로 정보통신 윤리 교육을 강화하는 방법이다. 지금의 청소년들은 디지털, 정보화 세대로 불릴 만큼 어릴 때부터 디지털 기기에 익숙해져 있다. 따라서 초등학교 저학년부터 정보통신에 관한 윤리 교육이 시작되어야 한다. 이후 성인이 될 때까지 꾸준히 정보통신 윤리 교육을 시행한다면 사이버 범죄를 예방하는 가장 좋은 방법이 될 것이다.

사후 대책으로는 사이버범죄수사대와 같은 국가 기관에 신고하는 방법이다. 사이버 범죄를 신고할 수 있는 국가 기관으로는 사이버범죄수사대, 한국인터넷진흥원, 방송통신심의위원회 등이 있다. 사이버 범죄로 인해 개인의 권리를 침해당했을 경우 주저하지 말고 국가 기관에 신고하여야 한다. 이는 자신의 권리를 구제할 방법이기도 하지만 똑같은 피해를 볼 수 있는 다른 사람들의 권리까지도 보호해 줄 수 있는 좋은 방법이다.

정보 사회가 도래함에 따라 우리는 언제나 장소에 상관없이 인터넷에 접속할 수 있다. 이로 인해 개인들의 인터넷 사용은 편해졌지만 새로운 문제가 등장하였다. 바로 인터넷 중독이다. 인터넷 중독이라는 용어는 1995년 미국의 정신과 의사 골드버그에 의해 처음 쓰였는데, 우리나라에서는 1990년대 후반에 들어오면서 본격적으로 논의가 시작되었다.

2002년 세계 최초로 국가정보화추진기관에 인터넷중독대응센터가 설립되었다. 한국정보화진흥원에서는 인터넷 중독에 대한 개념을 "인터넷을 과다 사용하여 인터넷 사용에 대한 금단과 내성을 지니며, 이로 인해 일상생활 장애가 유발되는 상태"로 정의한다. 또한 한국정보화진흥원에서는 'K - 척도'라는 한국형 진단 척도를 개발해 인터넷 중독자를 판별하는 기준을 세웠다. 우리나라의 상담 센터에서는 인터넷 중독을 인터넷 게임 중독, 인터넷 채팅 중독, 인터넷 검색 중독, 인터넷 커뮤니티 중독 등으로 유형화하여 상담을 진행하고 있다.

인터넷 중독의 원인은 크게 네 가지로 나눌 수 있다. 첫째, 사회 환경 요인이다. 지나친 생존 경쟁의 분위기, 입시 위주의 교육 환경, 대안 놀이 문화의 부족, 정보화 기술은 빠르게 변하고 있지만, 거기에 적합한 올바른 문화가 더디게 형성되면서 발생하는 문화 지체 현상 등으로 사회 환경 요인을 설명할 수 있다. 둘째, 가정환경 요인이다. 부모의 권위적 양육 태도나 의사소통의 감소, 가정의 해체, 가족 간의 사랑과 신뢰 약화 등이 인터넷 중독을 심화시킨다. 셋째는 심리적 요인이다. 일반인보다 높은 우울성향, 과잉 행동 장애, 낮은 자존감, 소외감, 외로움 등을 느끼는 사람들이 인터넷 중독에 쉽게 빠질 수 있다. 마지막으로 인터넷의 특성 요인이다. 인터넷의 기본적 속성인 익명성, 즉시 반응성, 현실 도피성, 편의성 등의 속성 때문에 이용자는 만족감을 얻게 되고 인터넷에 중독되게 된다.

정보 사회가 도래함에 따라 정보 기술은 과연 사회 불평등을 증대시킬 것인지, 감소시킬 것인지에 대한 논쟁이 발생하기 시작하였다. 앨빈 토플러는 정보 기술이 대중적으로 수용되고 보편화됨으로써 사회 불평등을 감소시킬 것이라고 낙관하였다. 하지만 허버트 쉴러는 정보 기술이 일부 계층에게만 독점적으로 활용되고 나머지 계층에게는 배제됨으로써 산업 사회부터 이어진 기존의 불평등을 더욱 심화시킬 것이라고 비판한다. 도시사회학자 마누엘 카스텔 역시 정보화로 인하여 학력 수준 간의 소득 격차가 벌어지고, 도시와 지역 간의 땅값의 차이를 확대시켜 결국 사회 불평등을 더욱 심화시킨다고 하였다.

정보 격차의 개념은 여러 가지로 정의된다. 먼저 1995년 미국 국가통신정보위원회에서는 "새로운 기술에 접근할 수 있는 사람과 그렇지 못한 사람 간의 단절"로 정의했고, 경제협력개발기구OECD에서는 "개인, 가정, 기업 및 지역 간의 상이한 사회·경제적 여건에서 비롯된 정보 통신 기술에 대한 접근 기회와 다양한 활동을 위한 인터넷 이용에 있어서의 차이"라고 정의했다.

우리나라에서는 정보 격차와 관련하여 2001년 정보격차해소법을 제정하였고, 2011년에는 국가정보화기본법으로 개정하였다. 이 법에서는 정보 격차에 대해 "사회적, 경제적, 지역적 또는 신체적 여건으로 인하여 정보통신 서비스에 접근하거나 정보 통신 서비스를 이용할 기회에 차이가 생기는 것"이라고 정의한다. 한국정보화진흥원에서는 2004년 이후 매년 정보 격차를 조사하고 있다.

3. 정보 사회에서의 인간 생활

전통적으로 공동체는 동일한 장소에 거주하는 사람들의 경험과 정체성에 기초한 문화를 의미한다. 하지만 정보 기기의 발달로 인하여 공동체의 시·공간적 제한이 줄어들면서 가치와 신념을 바탕으로 하는 새로운 공동체의 모습이 나타나고 있다.

사이버 공동체는 사이버 공간을 통해 만남과 사귐, 정보, 소속감, 사회적 정체성 등을 제공하는 사람들 간 유대의 연결망이다. 사이버 공동체도 지속적인 상호작용을 통해 정보를 획득하고 정서적 지원을 주고받는 일반적인 공동체의 속성을 지니고 있다. 하지만 시간과 공간의 제약 없이 상호작용을 한다는 점에서 전통적인 공동체와는 차이점을 갖는다. 인간관계 측면에서도 전통적 공동체는 직접적이고 대면적으로 관계가 형성된다. 반면 사이버 공동체는 사이버 공간이라는 매개체를 통해 간접적이고 비대면적인 관계로 구성된다. 또한 전통적 공동체는 사회적으로 유사한 사람들이 강한 유대를 맺는다면 사이버 공동체는 서로 다른 사람들이 다양한 사회 집단에 연결된 약한 유대를 맺는다.

사이버 공동체를 통해 사람들은 집단 지성을 만들어 내거나 집단행동을 한다. 집단 지성의 사례로 지식 검색 서비스를 들 수 있다. 궁금한 점이 있으면 그 사실을 알고 있는 주변 사람에게 질문할 수도 있지만, 인터넷에 접속하여 지식 검색을 통해 궁금한 점을 해결할 수 있다. 실제로 대다수의 인터넷 이용자들은 경제적 보상과 상관없이 다양한 자료와 정보를 제공한다. 이는 '믿을만한가?'라는 새로운 의문점을 제시한다. 즉, 인터넷 사용자들은 신뢰성과 타당성을 따져보지 않은 채 자기 행동의 근거로 지식 검색을 활용한다. 이처럼 집단 지성은 정보와 지식을 쉽게 공유하고, 사람들의 생각을 모으고 발전시킬 수 있다는 장점이 있지만, 검증되지 않은 정보나 지식이 다수의 의견으로 처리되어버리는 잘못된 결과를 초래할 수 있다.

한편 특정 시간에 특정 장소에 모여 약속된 춤이나 행위를 하고 사라지는 퍼포먼스 과정의 매개 역할을 사이버 공동체가 하고 있다. 이런 집단행동을 플래시몹이라고 한다. 플래시몹은 사이버 공간과 현실 공간을 연결해주는 독특한 집합 행동의 모습을 보인다. 이것은 사이버 공동체가 현실과 단절되어 독립적으로 존재하는 공동체가 아닌 시·공간적 한계를 넘어 현실의 문제를 끊임없이 되살려주는 소통의 장을 만들어 준다는 것을 의미한다.

정보 사회에서 노동은 어떻게 변화할 것인가? 단순 반복적 노동에 종사하는 노동자는 줄어들고, 지식수준이 높고 일터에서의 자율성을 보장받는 노동자의 수가 늘어날 것인가? 아니면 소수의 지식 노동자와 다수의 단순 노동자, 주변적 노동자로 양분될 것인가? 또는 과학기술과 정보의 발달로 인간의 노동이 축소되어 대량 실업의 사회가 될 것인가? 정보사회에서 노동의 변화에 대한 예측들이다. 지금 우리가 사는 정보 사회에서 노동의 변화는 어떤 방향으로 진행되고 있을까?

정보 사회는 산업 사회와 비교했을 때 2차 산업 대신 3차 산업 취업자의 비중이 크다. 정보 사회에서 제조업의 취업자가 감소하고 서비스업의 취업자가 증가하는 주된 이유는 정보 기술의 발달로 인해 인간 노동의 많은 부분이 컴퓨터와 기계의 자동화로 대체되었기 때문이다. 이에 따라 2차 산업에 종사하는 인원이 감소하고, 감소한 인원은 서비스 산업에 종사하게 되었다. 물론 산업 사회에서도 음식업, 숙박업과 같은 전통적인 서비스업이 존재하였다. 하지만 다니엘 벨에 의하면 정보 사회를 특징짓는 것은 교육, 건강, 사회 서비스를 포함하는 인적 서비스와 시스템 분석, 디자인, 정보 처리 등의 전문 서비스와 같은 서비스업이다.

또한 정보 사회는 단순 직종보다 전문직과 기술직의 비율이 높다. 이는 정보화에 따라 새롭게 등장하는 산업에는 전문 지식을 요구하는 일자리가 증가하기 때문이다. 그리고 기존 산업에도 정보 기술이 도입됨에 따라 전문적인 지식을 갖춘 근로자가 필요하게 되었다. 하지만 한편에서는 정보화에 따른 전문 기술직의 증가는 한계가 있다고 주장한다. 정보화는 곧 자동화를 수반하기 때문에 정보화가 진전될수록 인간 노동의 수요가 감소하여 결국에는 최소한의 인원만 남고 모두 컴퓨터에 의해 자동화가 될 가능성이 있기 때문이다.

정보 사회에서의 정보화는 노동 방식의 변화를 가져왔다. 기존의 산업 사회에서는 다수의 노동자가 정해진 시간에 정해진 장소에 모여 노동을 했지만, 정보 사회에서는 정보 사회의 상징적인 고용 형태인 원격 근무를 통해 노동의 시간적 제약과 공간적 제약이 사라지게 되었다. 특히 스마트폰과 태블릿 PC와 같은 통신 기기의 발달, 무선 네트워크 등의 발달로 인한 유비쿼터스 환경의 등장으로 언제 어디서든 노동을 할 수 있게 되었다. 이런 의미에서 원격 근무는 다장소 노동이나 이동 사무실의 형태로 나타나기도 한다.

반면 원격 근무는 노동자들이 자신만의 공간에서 면대면의 상호작용 없이 노동을 할 수 있어서 인간관계에 대한 갈증이나 고립감을 느낄 수 있다. 언제 어디서든 최신 정보 기기를 통해 노동할 수 있으므로 노동의

스트레스에 시달릴 수 있다. 또한 여가의 감소로 오히려 작업 능률이 떨어질 수 있고 노동에 대한 스트레스가 가정생활에 투영되어 가정 내 긴장이 높아질 수도 있다.

19세기 이후 발전한 산업 자본주의 사회에서는 남성이 가족의 생계를 책임지고, 여성은 가사와 양육을 전담하는 가족의 형태가 보편적이었다. 하지만 탈산업 사회, 정보 사회가 되면서 일과 가족, 개인 생활의 관계가 변화하고 있다. 정보 통신 기술의 발달은 근대적 시·공간의 제약을 줄여주고, 이로 인해 실시간으로 통합된 세계 시장은 기업의 조직과 노동 형태의 변화를 가져왔다. 남성은 임금 노동, 여성은 가사와 보살핌을 전담한다는 고정 관념이 점차 사라지고 남녀 모두가 일-가족-개인 생활을 다양하게 배치하는 삶의 방식이 나타나고 있다.

20세기 중반 이후 여성들이 노동 시장에 진출하는 것이 확대되었으며, 이 현상은 전 세계 모든 나라에서 두드러지게 나타난 공통적인 현상이다. 이로써 남성 가장이 임금 노동을 통해 가족을 부양하고, 여성은 가정에서 가사 노동을 전담하는 산업 사회의 보편적 가족 형태는 과거와 비교하면 많이 줄어들었다. 이는 여성의 경제적, 사회적 역할이 확대되고 있음을 의미하며, 그동안 가족 안에서 이루어지면 여성의 전통적 역할이 더는 당연하게 인식되지 않는다는 것이기도 하다.

최근에는 경제인, 정치인, 교수 등 여성들의 전문직 진출이 늘어나고 있고, 전업주부로서 가사와 육아를 전담하는 남성들도 늘어나고 있다. 산업 사회에서 여성은 대부분 전통적인 서비스 산업에 종사했다. 정보 사회로 넘어오면서 서비스 산업의 확장은 사회적 여성성을 지닌 노동력을 더 많이 필요로 하였고, 여성에게 적합하다고 여겨지는 일들이 많이 생겨났다. 생산업과 제조업에서도 컴퓨터와 기계의 도입으로 강한 육체적 힘을 요하거나 위험 요인을 감수해야 하는 직업들이 줄어들어 전통적인 블루칼라 직종에도 여성들이 많이 진입할 수 있게 되었다. 또한 지식 집약적 노동에 대한 수요가 증가하면서 전문·관리직에서도 성별의 고정관념을 뛰어넘은 고학력 여성들에게 기회가 제공되고 있다. 이 밖에 의료, 교육, 사회복지 등 여성이 다수를 차지하는 서비스업도 탈산업 사회, 정보 사회로 진입하면서 고용이 빠르게 증가하고 있다.

정보 사회에서 여성의 사회 진출은 가족과 개인 생활의 변화를 일으킨다. 원격 근무나 재택근무를 통한 유연 근무제의 도입으로 남녀 노동자 모두가 일과 가족 돌봄, 여가 활동의 조화를 추구할 수 있게 되었다. 일을 우위에 두고 가족과 여가 활동은 개인이 알아서 해결해야 할 문제로 여겨온 관행이 사라지게 되었다. 하지만 이는 원격 근무나 재택근무로 인해 일과 가정 그리고 여가 사이의 경계가 허물어져 완벽한 가정생활과 여가생활을 보장받기가 어려워졌다는 부정적 측면도 있다.

이렇듯 정보화는 이미 우리의 삶 깊숙이 들어와 있다. 이제는 스마트폰이나 태블릿 PC 등을 가지고 언제 어디서든 무선 네트워크를 활용하여 인터넷에 접속할 수 있다. 정보화로 인해 변화될 미래 생활을 예측해 보자. 우리는 아침에 일어나서 세면대의 거울을 통해 밤사이 일어난 지구촌의 뉴스를 확인할 수 있다. 또한 출근 시에는 스마트 내비게이션이 도로의 상황을 수시로 확인하여 소통이 원활한 길을 안내 받는다. 직장이나 학교에서는 터치스크린으로 이루어진 책상에서 다른 곳에 있는 사람들과 함께 협업할 수도 있을 것이다. 어쩌면 위에서 언급한 세면대의 거울, 스마트 내비게이션, 터치스크린 책상과 같은 것들이 모두 필요 없을 수 있다. 이상의 모든 기능이 눈에 착용하는 렌즈로 통합되어 우리에게 모든 정보를 줄 수도 있기 때문이다.

의료 분야에서의 정보화도 눈에 띈다. 과거에는 치과에 가면 치아 상태를 X - 레이 사진이나 의사의 설명에 의지해서 이해할 수 있었다. 하지만 지금은 각 치료대마다 LCD 모니터가 달려 있고 치아의 상태를 소형 카메라로 찍어 환자가 눈으로 직접 볼 수 있다. 또한 X - 레이 사진도 모니터를 통해 볼 수 있고, 과거의 기록들까지 종합적으로 관리된다. 이비인후과에서도 마찬가지다. 과거에는 의사의 설명만으로 모든 것을 알아야 했다면, 지금은 모니터와 소형 카메라를 통해 환자가 직접 자신의 콧속과 목구멍의 모습을 볼 수 있다.

의료 분야에서의 정보화는 지금도 계속 발전하고 있다. 가까운 미래에는 U - 헬스의 도입으로 환자는 아침에 일어나 화장실의 거울을 통해 자동으로 건강 체크를 하고, 이 자료가 의사에게 전송되어 의사가 환자와 원격 화상 진료를 하는 모습도 일상화될 것이다. 정보 통신 기술의 발달로 시·공간의 제약이 사라짐에 따라 다양한 모습들이 나타날 것이다. 예를 들면, 우리나라에서 실시되는 수술에 다른 나라의 의사들이 온라인으로 참여할 수 있고, 환자의 상태도 온라인을 통해 함께 확인할 수 있다. 또한 지금은 내시경을 하기 위해 수면 마취를 한 다음 카메라가 달린 유선 관을 사용하거나 소형 카메라가 부착된 알약을 먹었다면, 가까운 미래에는 카메라가 달린 인공 소형 로봇을 사용하여 모니터를 보고 인간 내부를 관찰하고 수술까지도 할 수 있을 것이다.

정보화는 교육 환경도 변화시키고 있다. 과거 교실은 한 반에 60여 명의 학생이 선생님의 강의와 판서 그리고 교과서로 공부하는 것이 전부였다. 현재 우리 교실의 모습은 20~30명의 학생이 한 반을 이루고 있고, 선생님은 노트북이나 컴퓨터가 내장되어있는 전자 교탁을 활용하여 PPT, 프레지 등을 통해 다양한 사진과 동영상 자료를 활용한 수업을 진행한다. 학생들은 빔프로젝터를 통해 스크린에 나타나는 모습을 함께 보고 자신의 교과서를 활용해 학습한다.

가까운 미래의 교실 환경은 어떻게 변할까? 이미 일부 정보화 시범 학교에서는 교사와 모든 학생이 태블릿 PC를 이용하여 자료를 공유하고, 직접 학습하며, 결과를 전자 칠판을 통해 발표하는 수업이 이루어지고 있다. 또한 수업 모습을 녹화하고 클라우드 컴퓨팅을 통해 학생들과 영상을 공유하고, 학생에게 질문하는 시스템이 갖추어져 있다. 가까운 미래의 모든 학교의 교실 환경은 이처럼 바뀌게 될 것이다.

11장

지구촌과 전 지구화 현상의 대응

1. 지구촌의 형성

지구촌(地球村, Global Village)이란 교통·통신의 발달로 인류가 서로 쉽게 왕래하고 통신할 수 있는 세상으로, 지구상에 모든 지역을 마을(村)이라 부를 만큼 심리적 거리가 가까워졌음을 의미한다. 지구촌 개념은 영국 유명 SF 소설가인 아서 클라크가 1945년 그의 소설 『외계로부터의 전달』에서 최초로 제시한 지구의 미래상으로 알려져 있다. 당시 클라크는 인공위성을 이용한 지구촌 통신의 개념을 창안·묘사하였는데, 약 70년 이후인 오늘날의 모습과 비교하면, 그가 상상한 지구촌과 매우 유사하다는 것을 알 수 있다. 한편, 인간의 도보로 시작하여 말-자동차-고속철도-비행기 등으로 빠르고 편리하게 발달한 교통수단 또한 지구촌을 형성하는 데 큰 영향을 주었다.

과거에는 주로 말과 나룻배를 이용하여 사람과 물자가 이동하였으나, 산업혁명 이후 증기선(1807), 휘발유 자동차(1885)가 발명되어 생활이 아주 편리해졌다. 그 이후 항공 교통의 발달도 함께 이루어져 1903년에는 최초의 비행기가, 2000년에는 초음속 비행기가 등장하였다. 반면, 철도 교통의 발달은 1900년대 들어 잠시 주춤하였으나, 항공 교통의 운항에 대한 불안함 때문에 프랑스를 비롯한 각 선진국에서는 545km/hd의 초고속 열차를 개발하였다. 계속되는 교통의 발달은 사람들에게 지구를 하나의 생활권으로 만들었다. 우리나라의 경우 과거에는 서울과 부산(약 423.5km)이 도보로 한 달 반 정도가 걸리는 장거리로 인식되었으나, 최근에는 2시간 8분 만에 갈 수 있는 시대가 열리게 되었다.

또한 통신이 발달하기 이전에는 멀리 있는 사람과 급하게 소식을 전할 때 사람의 목소리, 북소리, 연기 등을 이용하였다. 이 중 가장 과학적인 방법으로 알려진 봉수제는 횃불과 연기를 이용하여 국가의 긴급 사태를 신속하게 알리는 통신 제도였다. 봉(烽)은 횃불, 수(燧)는 연기를 뜻하며, 시간과 관계없이 먼 거리까지 신속하게 전달할 수 있는 장점이 있다. 기록에 의하면 고려 의종 3년(1149년)에 군사적 목적으로 이 제도가 처음 법제화되어 세종대왕 때에는 국가 제도로 채택되기도 하였다.

산업혁명 시대에는 우편, 신문, 잡지 등이 이 기능을 대신하였다. 유선 전신기의 발명(1837), 전화기의 발명(1876), 무선 전신기의 발명(1896)으로 통신은 급속히 발달하였고, 이후 라디오, 텔레비전, 전화, 개인 이동 통신, 모사 전송기와 컴퓨터(1946) 등으로 발전하였다.

최근에는 각 가정과 전 세계를 연결하는 미래의 통신 수단인 이동 통신, 광통신의 보급(2000)으로 인터넷이 발전하였다. 그리고 2G와 3G 계열의 뒤를 잇는 무선 이동 통신 표준의 네 번째 세대인 4G 시스템과 웹

Web 2.0 시대가 도래하면서, 시간과 장소에 구애받지 않고 자유롭게 자신이 원하는 사람과 접속하여 소통할 수 있게 되었다. 특히 최근, IT 시장의 인터넷 프로토콜 텔레비전IPTV, 사용자 제작 콘텐츠UCC 등으로 웹 2.0 시대에 진입해 있다. 이러한 웹 기반 첨단 기술은 지구촌 형성에 지대한 기여를 해왔다. 최근 들어 인공지능 시스템으로 지구촌 현상은 더욱 가속화되었고 전 지구적 문제에 대해서 신속하면서도 협력적인 대응이 가능하게 되었다.

지구촌 형성에 있어서 인구 증가 현상도 한 몫을 차지하고 있다. 지금까지 세계 인구는 지속해서 증가하였다. 중세 시대의 경우 전염병과 전쟁으로 인구 증가율이 낮은 편이었다. 그러나 18세기 중반 산업혁명 이후, 생산 기술과 과학 등의 발달은 인간의 평균 수명을 연장하였고, 이는 20세기 초 인구가 급속히 증가하게 되는 계기가 되었다. 세계 전체의 인구 추이는 가파른 곡선을 그리며 증가하다가 최근 들어 1.4%의 성장률을 보인다. 그리고 2050년에는 인구 증가율이 0.4%가 될 것으로 예측된다. 같은 추세로 계속 인구성장률이 감소한다면, 가까운 미래에는 유럽과 같이 지구 전체의 인구 증가가 정체되고 결국에는 감소할 것으로 예측된다. 일본의 경우 2004년에 인구수가 1억 2700만을 돌파한 뒤 이를 정점으로 인구가 감소하기 시작하였다. 세계의 인구수는 폭발적인 증가를 하다가 몇몇 국가들은 유럽·일본 등과 같이 감소하는 추세이다.

인구는 기하급수적으로 증가하지만, 식량은 산술급수적으로 증가한다. 먹지 않고 살 수 있는 인간이 없는 만큼, 어떤 법으로든 인구 증가는 억제되어야 한다.『인구론』초판에만 나오는 이 유명한 구절은『인구론』의 핵심을 한마디로 요약한 것이다. 맬서스Malthus는 인구가 대략 25년

마다 두 배씩 증가하므로, 2세기 뒤에는 인구와 생활 물자 간의 비율이 256대 9가 되며, 3세기 뒤에는 4,096대 13이 되고, 2천 년 뒤의 차이는 거의 계산이 불가능할 정도로 커질 것이라고 주장하였다. 사람은 어떤 원인으로든 반드시 죽을 수 밖에 없는데, 빈곤과 질병이라는 문제를 해결하게 되면 인구 증가를 억제해야 하는 부담이 생길 수 있다는 것이다. 맬서스의 인구론에 대한 진실이 숨겨져 있는 구절을 다음과 같이 소개한다.

"사망률을 낮추는 일이나 자연의 작용을 저지하려는 어리석고 헛된 노력을 하지 말라. 이를테면, 가난한 사람들에게는 청결한 생활이 아니라 불결한 습관을 권하라. 도시의 골목을 더 좁히는 한편, 많은 수의 인간을 좁은 가옥에 군집시킴으로써 페스트가 다시 찾아들도록 해야 한다. 또 시골에서는 썩은 물이 고인 웅덩이 근처에 마을을 세워 비위생적인 축축한 땅에다 집을 짓고 살도록 권유하자. 그러나 무엇보다도, 혹독한 전염병에 대한 근절법을 고안함으로서 인류에게 공헌하고 있다고 생각하는 아주 잘못된 사람들을 배척해야 한다."

인구문제뿐만 아니라 한정된 자원 문제도 전 지구적인 문제로 다가왔다. 자원(資源)이란 어떤 목적을 위해 자연에서 얻고 생산되는 물질을 말한다. 자원으로 불리우는 물질들은 시대와 장소에 따라서 달라지기도 한다. 최근 전 세계적으로 이슈가 되고 있는 우라늄만 해도 자원으로서의 가치를 인정받은 것은 그리 오래전의 일이 아니다.

자원은 '유형의 물체'라기보다 인간의 요구 및 기술의 발전에 따라 그

유무가 결정되며, 이것들이 자원을 이해하는 데 있어 토지, 물, 삼림, 임야, 광물 등으로 발전된 개념이다. 자원은 인간이 생산 활동을 하는 데 필요로 하는 '유형의 물체'도 포함한다. 즉, 철광석이나 석탄 및 석회석(石灰石), 또는 수력(水力) 등을 말한다. 이 외에도 경제 조직들을 자원에 포함시키는 수도 있다.

본격적인 산업화 이후, 100여 년이 지나면서 세계적으로 지하자원이 고갈되고 있다. 특히, 최근 BRICs 국가들의 산업화가 급속도로 진행되면서 세계 철강석의 수요가 급격히 늘어나고 있다. 이런 자원 전쟁은 자원수입 의존국가인 우리나라에 큰 영향을 주고 있다. 특히 우리나라 수출의 많은 부분을 차지하는 철강업체가 최근 주춤하고 있는데, 이는 원자재비용 증가로 인해 생산 비용이 증가하였기 때문이다.

최근에는 우리나라도 자원 외교에 큰 노력을 하고 있으며 자원의 무기화 경향에 관한 관심이 높아지고 있다. 특히 외교 분야에서는 미국·EU와의 FTA 체결, 한미 동맹 강화, 중·일·러 등 동북아 국가와의 협력, 아세안 국가들을 대상으로 한 신아시아 외교 강화, 중남미·중동·아프리카 자원 외교 확대 등을 중점적으로 추진하였다.

최근 지속해서 떠오르는 전 지구적 문제는 바로 환경 문제이다. 현재 지구는 산업혁명 이후 환경오염이라는 문제로 몸살을 앓게 되었다. 환경오염은 인간의 개발 행위로 인해 발생한 폐기물 등이 인간과 생물의 생활 환경을 더럽히는 것을 의미한다. 특히 산업혁명 이후 편리한 인간 생활을 위해 다양한 생산 활동이 환경을 고려하지 않고 이루어졌다.

하지만 1·2차 석유 파동을 계기로 한 번 쓰고 내버리는 일회용품의 사용을 비롯한 소비형 생활 양식을 바꾸고자 하는 움직임이 일어났다.

1980년 말경부터 쓰레기 매립장 부족 등 지구 환경이 큰 문제로 두드러지면서 재활용의 필요성은 더욱 절실해졌다. 자원의 재활용은 쓰레기 처리량을 감소시키고, 자원을 절약하며, 에너지를 절감할 뿐만 아니라 생활 환경의 오염 방지에도 큰 역할을 한다. 정부는 환경을 보전한다는 관점에서 폐기물의 재생 및 배출 억제, 감량화, 재생산품의 이용을 정책화하여 생산, 유통, 소비의 단계마다 추진하고 있다.

환경오염이 없는 과학의 발전은 거의 실현이 불가능해 보인다. 그동안 과학의 발전은 대부분 환경오염과 직결됐고 과학과 환경오염의 부정적인 관계를 끊기는 쉽지 않다. 특히, 과학을 이용한 무분별한 개발과 지형 파괴, 오·폐수의 방출, 새벽이나 심야 시간에 매연을 대기로 방출하는 등 인간의 양심을 저버린 행동 때문에 규제 또한 더 어려워지고 있다. 이런 환경오염의 사례는 우리의 일상 삶에서 쉽게 찾아볼 수 있다. 매년 봄 중국으로부터 날아오는 황사는 국제사회에서 해결되어야 할 환경 문제 중 하나이다. 황사 현상은 중앙아시아의 사막에서 발생한 모래나 흙먼지가 바람을 타고 한반도 대기로 날아와 영향을 미치는 현상이다. 최근 중국도 도시화 지역이 증가하면서 녹지가 감소하고, 사막화가 진행되고 있다. 사막화는 황사 현상의 주요 원인 중 하나이다. 이로 인하여 황사의 영향을 받는 국가들은 사막화 지역에 나무를 심어 황사의 부정적 영향을 감소하려고 노력하고 있다.

2007년 태안의 기름 유출 사고 또한 대표적인 환경오염 사례이다. 사고 직후에 자원봉사자 123만 명의 '눈물겨운 노력' 덕분에 태안은 예전의 아름다운 모습으로 돌아가고 있다. 하지만 피해 상금을 둘러싼 법정 공방은 이제 시작되고 있다. 피해 주민들이 스스로 신고한 피해 금액이 4조

900억 원인 데 반해, 1차 보상 책임이 있는 국제 기금에서 산정한 피해 금액은 1,761억 원에 불과하기 때문이다. 무엇보다 중요한 것은 이제 주민들은 그곳에서 양식업과 어업을 계속할 수 없다는 것이다.

인간의 잘못된 판단으로 우리의 환경은 심하게 몸살을 앓고 있다. 지속해서 오염되고 있는 환경에 대한 책임을 산업과 과학에만 물을 수는 없다. 자연환경과 인간이 공존하려면 서로 배려해야 한다는 것을 잊지 말고, 환경오염을 완화할 수 있는 지속가능한 개발이 반드시 이루어져야 할 것이다. 중요한 점은 인간 개개인에게 그 책임이 없는지를 곰곰이 따져보아야 한다.

군비의 상승 문제 역시 전 지구적 문제로 떠오르고 있다. 군비(軍備)란 사전적 용어로는 '국가의 유형적인 군사력 준비'이다. 즉, 육·해·공군의 각종 무기, 함정, 항공기, 각종 군수품의 비축 및 기지 기타 일체의 군사 시설을 포함한 인적·물적인 모든 군사적 준비를 의미한다. 군비의 목적은 국가의 안전을 보장하고, 전쟁을 방지하고 전쟁 피해를 최소화시키는 데 있다. 또한 군비 경쟁이란 군사적으로 적대적 관계에 있는 국가들이 상대 국가를 이기기 위해 자국의 군사력을 증가시키는 활동을 말한다.

아시아-태평양 지역 군비 동결 캠페인Asia-Pacific Freeze Campaign에 따르면 세계 군비는 매년 약 10%씩 증가하고 있다. 그중 미국, 일본, 중국, 러시아, 한국, 북한 등 6자 회담 참가국들의 군비 총합은 무려 세계 군비 지출의 65%를 차지하고 있다. 최근 전쟁은 아프가니스탄, 팔레스타인, 이라크 등에서 발생하고 있지만, 정작 군수 산업체의 주요 고객들은 동북아시아 지역 국가들이다. 이러한 현상은 국경을 마주하고 있는 중국,

일본, 한국, 북한을 비롯한 동북아시아 국가들의 군사력 강화가 그 원인 중 하나이다. 자국을 보호하기 위해 군사력 강화도 중요하지만, 이제는 평화의 방법을 모색해 볼 필요가 있다.

미국은 세계 군비 지출의 약 42%를 차지할 정도로 군비에 집중하고 있다. 또한 동북아시아에서의 자국의 독보적 위치를 지키고자 한국과 일본에 더 많은 무기를 판매하고 있다. 중국과 러시아도 경쟁적으로 무기를 구매하는 데 많은 돈을 사용하며 많은 예산을 국방비에 할당하고 있다. 자국민의 생계와 목숨도 스스로 보호하지 못할 정도로 심각한 경제 위기를 장기간 겪고 있는 북한의 경우 이러한 나라들처럼 군비 경쟁을 할 만큼 충분한 재원을 가지고 있지 않다. 이는 북한이 핵을 개발하게 된 원인이 되었고, 동북아 지역 국가들의 군비 경쟁의 또 다른 촉진제가 되었다.

최근 북한의 미사일 시험 발사의 여파로 한반도를 둘러싼 동아시아 지역에 미사일 경쟁의 후폭풍이 불어 닥치고 있다. 미국은 중국과 러시아의 견제 속에 이미 미사일 방어 체제MD 조기 구축 작업에 돌입했고, 대만과 인도도 독자적인 미사일 개발을 추진하는 등 동아시아 지역의 군비 경쟁이 가속화되고 있다.

이런 군비의 증가는 사회의 각 분야에 필요에 따른 비용을 제한시켜서 지속가능한 사회 발전을 저해할 수 있다. 무엇보다 군비의 증가를 방지하려면 주변 국가와의 평화 정착이 관건이 될 수 있다. 우리나라의 경우 문재인 정부는 평화와 경제의 등식을 제시하면서 평화가 보장되면 경제가 발전한다는 개념으로 대북 정책을 꾸려나가고 있다.

2. 세계화와 지역화의 공존

세계화란 교통 수단과 정보 통신의 발달로 세계가 하나의 생활권과 문명권으로 통합되는 것을 뜻하며, 현실적으로는 경제적인 통합을 포함한다. 이는 국가 간 각종 규제를 철폐하여 자본 시장, 상품 시장 등 전 세계의 단일 시장화, 자유로운 기업 활동, 금융 자본의 자유로운 이동 등을 의미한다.

세계화의 기원에 대해서는 두 가지 견해가 있다. 근대화와 함께 시작되었다는 견해가 있지만, 인류 역사의 시작부터 세계화가 진행되었다는 견해도 있다. 우리의 자랑스러운 김치의 역사를 살펴보면 세계화를 찾을 수 있다. 삼국 시대에 처음으로 김치가 만들어졌다는 기록이 전해지고 있다. 하지만 그 시대의 김치는 현재 우리가 먹는 빨간 김치가 아니라 백김치였다. 이후 임진왜란 이후에 현재의 김치를 먹기 시작했다. 주재료인 고추가 우리나라에 없었기 때문이다. 고추는 원산지인 멕시코에서 콜럼버스에 의해 1493년 스페인으로 전파되었고, 이후 중부 유럽을 거쳐 16세기에 이르러 일본에 도착하고, 임진왜란 중에 조선으로 전파되었다.

17세기 이전의 유럽에서는 수입품이 증가하면서 자국의 시장에 부정적인 영향을 미칠 것이라는 의견이 팽배하여 국가 간 무역이 제한적으로 이루어졌다. 그 때문에 국가가 시장에 개입하여 까다로운 관세와 규제를 적용하여 다른 나라의 상품이 수입되지 않도록 제한하는 보호 무역이 지배적이었다. 그러나 18세기 이후 아담 스미스가 등장하면서 그의 이론인 절대 우위론이 인정을 받기 시작하였다. 근대적인 의미의 '국가'가 형성되기 시작했던 이 시기에 상품과 서비스를 자유롭게 수입·수출하는 자유주의 경제는 국가 발전에 참신한 모델이 되었다. 이렇게 국가 간의 교류가 증가하는 현상을 설명하기 위해 1789년 철학자 제레미 벤담은 최초로 '국제적인'이라는 신조어를 만들었다.

세계화 현상은 1980년대 이후 급속히 나타난 것으로 사람, 상품, 서비스, 자본, 아이디어, 사상, 문화, 가치관, 정보 등이 국경을 뛰어넘어 전파되고 이동하는 현상을 말한다. 세계화의 결과로 국가들은 정치, 경제, 문화적으로 역사상 그 어느 때보다도 긴밀하게 연결된다. 이는 국제 자유 무역이라는 틀에서 주로 일어난다. 사실상 세계화라는 말 자체가 자유 무역 또는 그것을 실현하는 WTO의 동의어처럼 여겨지기도 한다.

'세계화globalization' 라는 단어는 1961년 최초로 사전에 등재된 것으로 알려졌지만, 본격적으로 사용한 것은 1900년대부터였다. 국가 간 경계가 약화되고 세계 사회가 경제를 중심으로 통합해 가는 현상으로 전 세계가 하나로 연결되고, 그 속에서 상호 의존성이 심화됨을 뜻한다. 세계화 과정은 일반적으로 경제적인 관계를 일컫는 경우가 많지만, 최근에는 문화적인 측면의 세계화에 대한 논의가 활발하다.

우리나라에서 세계화라는 용어는 1993년부터 사용되기 시작하였으며, 최근에는 다양한 분야에서 흔히 '세계화' 시대라고 말하곤 한다. '세계화'의 개념에서 가장 중요한 것은 자본이 국경을 넘어 다니며 무소불위의 권력을 휘두르는 '신자유주의 세계화'를 의미한다.

세계화를 옹호하는 사람들은 세계화가 자본·인력·지식의 자유로운 교역을 가능하게 하여 참여국들에 많은 경제적 이득을 가져다줄 것이라고 주장한다. 반면, 이를 반대하는 반세계화를 주장하는 사람들이 있다. 이들의 주장은 세계화에 도입되는 국제적인 표준제도나 기준은 주로 강대국들이 만들게 되고, 이로 인해 개발도상국들은 희생된다는 것이다. 세계화는 결국 자유 시장 경제 체제에서 유리한 조건을 가진 선진국으로 인해 빈부 격차를 크게 만드는 원인이 된다는 것이다.

반세계화 그룹은 실로 다양한 부류들로 구성되어 있다. 여기에는 소위 스스로 의식이 있다고 생각하는 일반 시민과 노동조합, 환경 단체는 물론 무정부주의자 등도 다수 참여하고 있었다. 시애틀에서의 대규모 시위 이후 ATTAC을 비롯한 반세계화 진영의 구성원 수는 급격히 증가하고 있다.

시애틀, 제노바, 워싱턴 등은 반세계화를 주장하는 그룹들이 세계무역기구WTO와 국제통화기금IMF 등 국제기구의 회의 기간에 맞추어 대규모 폭력적인 시위를 벌였던 장소들이다. 대규모 시위 활동 및 구성원의 급증으로 이들은 이제 국제 정치 무대에서 주요한 정치 세력으로 성장하여 중요한 의사결정에 무시할 수 없는 영향력을 행사할 수 있게 되었다. 이는 시민운동의 세기라고도 일컫는 21세기의 자연스러운 하나의 현상으로 볼 수도 있다.

우리는 세계화의 가속화로 인해 양극화 현상이 발생하고, 부국은 더욱 부국으로 빈곤국은 더욱 빈곤국이 되어 가고 있다는 반세계화 측의 주장을 되짚어 볼 필요가 있다. 프란스 판 데어 호프Frans can der Hoff가 쓴 『희망을 키우는 착한 소비』에서는 가난한 이들을 위해 가난을 벗어나는 방법을 연구하고 실천하는 이야기를 소개한다. 공정 거래 운동에 관한 내용을 다루는 이 책은 멕시코의 커피협동조합UCIRI과 네덜란드의 '솔리다리다트Solidaridad'가 이룬 많은 공헌 중 하나를 기술하고 있다. 수십 년간 라틴아메리카의 농부들과 함께 생활한 프란스 판 데어 호프와 종교

단체들의 개발 협력 기구에서 일하고 있는 니코 로전은 공정 무역에 대한 이해를 제공하고 공정 무역 제품에 관한 관심을 불러일으키고 있다.

공정 무역은 '어떤 물건'을 구매하는 것보다 '어떤 사람'이 '어떤 환경' 속에서 생산했는지 생각해 보자는 메시지를 던진다. 그리고 세계를 보는 균형 잡힌 시각을 제시한다. '알렉스 니콜Alex Nicholls'이 쓴 『공정 무역 시장이 이끄는 윤리적 소비』에서 공정 무역 운동을 이야기하고 있다. 윤리적 소비자라면 꼭 알아야 할 공정 무역과 관련된 모든 분야를 탐구하고 있다. 나아가 공정 무역 산업에 대한 인식을 우리나라에 맞게 재성찰하도록 이끌고 있다.

지역화localization는 세계화와 더불어 중요하게 대두되는 개념으로 각 지역의 공동체가 고유의 특성인 독자성 갖고 주체적인 역할을 수행하는 것을 의미한다. 세계화로 인하여 각국의 정보와 문화, 자본과 같은 자원은 자유롭게 이동하게 되었고, 그 결과 정치, 경제, 사회 등의 분야에서 국가가 아닌 지역 공동체 단위의 주체적인 역할이 더 중요시되고 있다.

지방자치제도의 활성화와 지역 주민의 적극적인 참여는 각 지역 공동체의 경쟁력을 강화하는데 기본적으로 요구되는 조건들이다. 지역 공동체가 주체성을 갖고 세계적 차원에서 적극적으로 참여하는 것은 지역의 경쟁력 강화로 이어지며, 궁극적으로는 국가의 경쟁력으로 이어진다. 세계적으로 유명한 도시 뉴욕은 미국의 대도시 중 한 곳으로 인식되기보다는 금융의 도시, 패션의 도시, 다양한 문화가 어우러진 도시 등으로 알려져 있다. 이는 지역 공동체가 이제는 국가라는 테두리 안에 머무르지 않고, 세계화 시대에 독자성을 지닌 주체라는 것을 증명한다.

세계화는 지역화에 영향을 주며 공존한다. 예를 들면 문화충돌cultural

clash과 민족주의nationalism 경향을 꼽을 수 있다. 문화충돌은 새롭게 접한 문화가 이미 형성된 기준이나 시각과 차이가 있을 때 그 기준이나 시각이 파괴되는 것을 의미한다. 문화충돌은 국적, 종교, 언어 등 다양한 분야에서 나타나고 있다. 문화충돌로 인하여 기존의 기준이나 시각이 파괴되면 사회적인 불안요소일 수도 있지만, 반면 새로운 시각을 형성하여 열린 마음으로 다양한 문화를 수용할 기회의 요소로 작용할 수 있다.

  민족주의는 자기가 속한 민족의 민족성과 전통을 중요시하여 모든 가치 체계에 있어 민족을 가장 우선시하는 신념이다. 민족주의는 그 성격에 따라 진보적인 민족주의와 국수주의적인 성격을 지닌 민족주의로 구분된다. 세계화가 전 세계가 하나로 통합되어 가는 과정을 의미한다면, 지역화는 각 지역의 고유특성에 따라 가장 지역적인 것을 만들어 가는 과정이다. 세계화 과정에서 각 지역이 다른 지역에 비해 경쟁력을 가지려면 무엇이 지역적이며 그것을 어떻게 세계적인 것으로 끌어낼 것인가에 대한 논의가 필요하다. 예를 들면 한국 음식의 세계화나 지역축제의 세계화 등이 있다. 이처럼 세계화와 연동된 지역화는 더 나은 세계화를 위한 노력의 일환이다. 이를 통해 각 지역은 세계화의 흐름 속에서도 각각의 정체성을 유지하면서 더욱 지속가능한 성장을 도모할 수 있다.

3. 전 지구적 문제와 해결 방안

교통·통신의 발달과 산업화 및 세계 대전과 같은 요인들에 의해 국제 사회의 상호 의존성이 증대되었고, 이에 따라 위기를 예방하고 난제들을 해결하기 위한 체계적인 국제기구들이 만들어졌다. 국제기구는 지역 기구로부터 세계 규모의 기구에 이르기까지 다양한 형태를 가지고 있다. 기능적 범위에 따라 포괄적 국제기구와 제한적 국제기구로 분류할 수 있다.

정부 간 국제기구는 국가가 개별적으로 달성하기 어려운 공공의 목적을 국가 간 기구를 통하여 실현하고자 국가를 구성원으로 하는 국제적 조직이다. 가입국 간의 조약 체결로 창설되며 현재 약 130여 개의 정부 간 국제기구가 있다. 국제연합UN은 가장 대표적인 국제기구며, 이 외에 유럽경제공동체EEC, 북대서양조약기구NATO, 경제상호원조회의COME-CON 등의 지역 기구들이 있다.

국제연합UN은 1945년 10월 24일 공식 출범하였으며, 국제 사회의 평화를 목적으로 설립된 국제기구이다. 세계 평화를 유지하기 위해 전쟁 방지 및 정치·경제·사회·문화 등 모든 분야에서 국제 협력을 증진하고 있다. 2013년을 기준으로 193개국이 가입되어있고, 미국 뉴욕에 소재하고 있다.

유럽경제공동체EEC; European Economic Community는 1957년 3월 25일 로마 조약을 통해 결성되었으며, 1958년 1월 1일 정식으로 발족하였다. EEC는 회원국이 6개국에 불과했으나 회원국 간 무역 장벽 제거, 비회원국에 대한 공통의 통상 정책 수립, 노동력·자본·기업의 자유로운 이동

보장 등을 내세우며 유럽 통합에 크게 이바지했다. 1967년 유럽경제공동체, 유럽석탄철강공동체, 유럽원자력공동체가 통합되어 유럽공동체EC가 설립되었고, 1994년 유럽연합EU으로 명칭을 변경하였다. 그 후 1999년에는 단일 화폐인 유로EURO 사용까지 이루어냈다.

북대서양조약기구NATO는 2014년을 기준으로 북아메리카와 유럽의 28개 회원국으로 구성된 군사 동맹체이다. NATO는 1949년 4월 4일 북대서양 조약의 서명을 토대로 설립되었다. 이 조약의 5조는 만약 회원국 중 어느 한 국가에 무장 공격이 발생하면, 이는 모든 회원국에 대한 공격으로 간주하고 다른 모든 회원국이 필요하다면 무력을 사용하여 공격받은 회원국을 도와준다고 명시하고 있다.

국내외 시민 사회 단체로서 비정부 기구를 들 수 있다. 시민 단체는 공동선과 공공의 이익을 위해 국가나 자본으로부터 독립적으로 활동하는 비정부 기구NGO: Non-Government Organization로 시민 사회 단체의 성격을 지닌다.

1863년 스위스에서 시작된 국제적십자사 운동을 시작으로 1970년대 초부터 국제연합이 주관하는 국제회의에 민간단체들이 참여, NGO 포럼을 열면서 널리 쓰이게 되었다. 대표적인 NGO로 세계자연보호기금, 국제사면위원회, 그린피스, 유니세프, 세이브 더 칠드런, 국제앰네스티, 국경없는의사회 등이 있다. 국내에서는 1903년 설립된 YMCA와 1913년 안창호가 설립한 흥사단이 NGO의 효시이며, 그 밖에 대한적십자사, 굿네이버스 등이 있다. 지난 1999년 10월에는 서울에서 NGO 세계 대회가 개최되기도 하였다.

유니세프UNICEF: United Nations International Children's Emergency Fund는

1946년 전쟁 피해국 아동들의 구제를 목적으로 총회의 결의에 따라 '국제 연합 국제 아동 긴급 기금'으로 창설된 국제연합의 상설 기구이다. 지금까지 제2차 세계 대전의 패전국들과 중동, 중국의 어린이, 한국 어린이들까지 모두 유니세프의 도움을 받았다. 유니세프는 장기적인 차원에서 어린이들이 환경을 개선하기 위해 각 가정과 지역사회가 스스로의 능력을 키우도록 돕고 있다. 어린이들의 보호자와 지역사회 주민들을 훈련시켜 식수 제공을 위한 펌프나 우물을 관리하도록 하는 한편, 어린이의 영양과 질병 관리를 가정에서 할 수 있도록 지원도 한다. 유니세프는 어린이가 어떻게 보호받고 자라나는가에 인류의 발전이 달려 있다고 믿고 있다.

지구촌이라는 세계 공동체는 세계 모든 아동의 건강과 교육, 평등, 보호를 위해 인도주의를 실천해야 할 의무를 지고 있다. 또한 유니세프는 국제사회와 각 나라가 정책을 세우고 재원을 사용하면서 아동을 가장 먼저 고려하도록 이끌기 위해 노력하고 있다.

4. 미래사회를 위한 노력

현재 인류는 사회 전반에 걸쳐 과거와는 비교가 되지 않는 빠른 속도의 변화를 겪고 있다. 그리고 미래에는 더욱 전방위적인 변화가 가속될 것으로 예측된다. 이렇듯 급격하게 변화하고 있는 인류의 미래에 대한 고찰은 인류의 생존과 지속가능한 방향으로의 번영을 위하여 필수적인 일이다.

인류의 미래에 대한 고찰은 미래에 다가올 문제에 대한 정확한 인식에서 시작된다. 미래사회의 문제를 주도하는 메가 트렌드 중 하나는 인간의 수명 연장으로 인한 인구의 증가가 될 것이다. 현재 세계 인구는 약 70억 명 정도인데 2050년까지 약 90억 명으로 증가할 것으로 예상한다. 그렇게 되면 증가한 인구를 부양하기 위해 더 많은 자원을 사용해야 하고 그에 따라 에너지를 비롯한 각종 자원의 고갈과 환경오염 등의 문제가 가중될 것이다. 또한 환경오염은 기후 변화 문제를 심화시키고 생물다양성에 위기를 불러올 것이다.

세계화 또한 미래사회를 변화시킬 중요한 트렌드이다. 1995년 세계무역기구wTO의 출범과 더불어 국가 간의 물자 및 인력과 정보가 국경에 상관없이 자유롭게 넘나드는 지구촌 시대가 도래하고 있다. 이처럼 세계화는 교통과 통신, 그리고 소셜 네트워크 서비스SNS의 발달로 가속될 것이다.

또한 인류의 미래사회는 과학기술의 발달로 커다란 변화를 겪을 것으로 예측된다. 우리는 흔히 과학기술을 가치 중립적으로 생각하고 과학적 지식을 진리 자체로 여기는 경향이 있다. 그러나 과학적 연구로 얻어진 결과는 정치가나 기업, 특정 이익 집단들에 의해 왜곡되고 오용될 수 있다는 점에서 가치 중립적일 수만은 없다. 그러므로 우리는 과학기술의 발전이 인간의 진정한 행복과 공공선을 위하여 어떠한 역할을 할 것인지에 대해 진지하게 고민하고 적극적으로 그 해결책을 생각해야 한다.

특히 정보 통신의 발달은 미래사회의 변화를 주도하며 발전 방향을 결정지을 것이다. 정보 통신의 비약적인 발전은 개인뿐만 아니라 집단 간의 의사소통을 원활하게 할 것이다. 페이스북이나 트위터, 유튜브 등으로 연결되는 소셜 네트워크 서비스SNS는 실시간으로 이루어지는 대규모 집단 간의 의사소통으로 이미 우리 사회에 큰 변혁을 가져오고 있다. 미래의 소셜 네트워크는 집단지성Collective Intelligence과 스마트 몹Smart Mob을 더욱 활성화하고, 구성원들은 기존의 가치 체계에 안주하지 않고 스스로 적극적인 문화를 창조하며 미래 사회의 변혁을 주도하게 될 것이다.

미래 인류 사회의 여러 문제를 해결하는 방안을 찾기 위하여 그 문제들의 성격을 우선적으로 규명하는 것은 의미 있는 일이다. 미래 인류 사회문제의 첫 번째 특징은 개인적이거나 지역적인 문제가 아니라 인류 전체의 공통적인 문제라는 점이다. 예전에는 한 국가나 민족을 운명 공동체로 여겼으나, 시간이 갈수록 인류 전체가 운명 공동체로 확장되고 있다. 인류 전체가 거대한 배를 함께 타고 있는 상황으로 미래 인류 사회의 문제를 인류 전체가 공유하고 대처하지 않으면 결국 공멸이라는 극한 상황에 이를 수 있다.

미래 인류를 위한 사회문제의 두 번째 특징은 종합적이고 동시다발적이라는 점이다. 미래 인류 사회의 문제는 단편적이거나 지엽적인 것이 아니라, 여러 분야가 유기적으로 연관된 매우 복잡한 양상을 나타내고 있다. 예를 들어 화석 연료의 지나친 사용은 자원의 고갈과 더불어 이산화탄소를 과다 방출시키고 있고, 이산화탄소의 과다 배출은 지구 온난화를 촉진해 극지방의 빙하를 녹이고 있다. 이로 인해 전 지구적으로 저지대가 광범위하게 침수되고 기상 이변이 속출하고 있으며, 생물의 다양성에 문제를 일으켜 전체 생태계를 교란하고 있다. 이러한 상황들이 아직은 단계적으로 일어나는 것처럼 보이지만 가까운 미래에는 동시다발적으로 일어나 통제가 어렵게 될 것이다. 미래 인류 사회문제의 세 번째 특징은 신속성과 예측 불가능성이다. 심각하게 다가올 미래의 여러 문제는 매우 신속하게 우리 앞에 다가올 것이다. 또한 미래학자들이나 과학자들이 예측하지 못한 방향으로 진화될 가능성도 크다.

이와 같은 미래사회의 문제들은 독립적이지 않고 서로 유기적으로 연결되어 있다. 따라서 그 해결 방안도 어느 한 측면만이 아니라 융합적인 측면에서 모색되어야 한다. 미래 인류 사회의 문제는 매우 복잡하여 그 대응 방안을 찾기란 쉽지 않다. 미래 인류 사회의 문제를 해결하기 위한 대응 방안을 도출하는 데 있어서 가장 기본이 되는 전제 조건은 지속가능성이다.

지속가능한 사회를 위해서는 도덕성과 윤리성에 바탕을 둔 공동체 의식이 필수적이다. 미래 인류 사회의 문제는 대부분 편협한 이기주의에 의한 과도한 자원의 소비와 그로 인한 분쟁, 그리고 무분별한 정보 통신과 과학기술의 발달에 기인한다. 그런데 개인과 이익 집단, 국가 등은 필연적으로 이기적인 선택을 할 수밖에 없다. 따라서 인류는 세계인의 안녕과 복지를 전제로 공동체 의식을 함양하여 이기심을 자제하고 이타심을 길러야 한다.

미래 인류 사회의 문제를 해결하기 위한 희망적이고도 구체적인 대응 방안의 하나로 과학기술을 꼽을 수 있다. 윤리성을 갖춘 과학기술이 공공선을 추구할 때 과학기술은 우리 인류가 당면할 미래의 문제를 해결해 줄 가장 효과적인 대응 방안이 될 것이다. 미래사회의 문제들은 독립적이지 않고 서로 유기적으로 연결되어 있다. 따라서 그 해결 방안도 한 방향이 아니라 융합적인 방향이 되어야 한다. 미래사회로 갈수록 융합 인재의 중요성이 더욱 커지고 있다. 융합 인재는 전문가적 식견과 더불어 사회 통합을 이끌어 나갈 리더십과 의사결정 능력, 도덕성과 윤리성 그리고 지속가능한 사회라는 패러다임에 알맞은 가치관을 갖춘 인재이다. 미래사회의 문제는 융합 인재의 집합체라고 할 수 있는 집단지성에 의해 관리되는 것이 합리적이다. 집단지성에는 일정 분야의 전문가나 과학자 이외에 NGO 등도 참여할 수 있으며, 집단지성은 글로벌 공공재의 보호, 세계화에 수반되는 불평등 해소, 정보 통신과 과학기술의 발달로 인한 문제점 등의 해결책을 강구하는 역할을 할 것이다. 이러한 집단지성 구성원들의 의견을 모으고 종합하는 운영 시스템으로는 전문가 합의법이 있다.

그리고 국경을 초월하여 전개될 미래 인류의 문제를 해결하기 위해서는 세계적으로 적용될 수 있는 규칙이나 협약, 법률 등이 필요하다. 지구의 환경과 생태계 보호를 주제로 한 주요 협정은 인간 환경에 관한 스톡홀름 선언(1972)을 시작으로 환경 보호에 관한 나이로비 선언(1982), 환경과 개발에 관한 리우 선언(1992), 지속가능한 발전에 관한 요하네스버그 선언(2002)과 Rio+20 컨퍼런스(2012), 그리고 바다의 녹색 성장을 위한 여수 선언(2012)으로 이어지고 있다. UN을 중심으로 현재 시행되고 있는 협약으로 UN해양법협약, UN기후변화협약, 생물다양성협약, 해양오염 방지협약 등이 있다. 미래에는 보다 실효성이 있는 제도와 강력한 구속력이 있는 국제 조약이 필요할 것이다.

인구의 증가, 자원의 무분별한 소비, 이에 따른 환경오염과 생태계의 훼손 등으로 말미암아 인류의 미래는 낙관할 수만은 없는 것이 현실이다. 인류는 이에 대한 희망적인 대안으로 점차 해양으로 활동 영역을 확대해 나가고 있다. 해양은 다양한 자원의 보고임은 물론 무한한 에너지의 원천이고, 지구의 오염을 정화하며 생태계를 조절하는 중요한 역할을 수행한다. 이러한 이유로 많은 과학자와 미래학자들은 21세기는 '해양의 시대'가 될 것이며 인류의 미래가 해양에 달려 있다고 예견하고 있다.

해양 자원은 크게 물질 자원과 공간 자원으로 나눌 수 있으며, 물질 자원은 다시 생물 자원과 무생물 자원으로 나뉜다. 생물 자원은 어류와 패류, 갑각류, 해조류 등 인류의 귀중한 식량 자원을 말하고, 무생물 자원은 석유나 천연가스, 메탄 하이드레이트, 망간 등 광물 자원을 말한다.

해저 광물 자원은 매우 다양하여 석유나 천연가스, 메탄 하이드레이트뿐만 아니라 귀중한 광물인 주석, 지르콘, 다이아몬드가 부존한다. 특히 수심 5,000m 내외의 심해저에는 망간 단괴, 망간각, 인광 등이 광범위하게 분포하고 있다. 또한 해저 화산 활동이 활발한 중앙 해령 부근에는 해저 열수 광상이 부존되어 있는데 내부에는 희귀성이 높은 니켈, 코발트, 크롬, 망간, 티타늄 등이 다량 함유되어 있다.

해양의 생물 자원은 식량 자원으로서의 가치뿐만 아니라, 미래에 생명 공학 기술을 이용하여 인류에게 유용한 물질을 추출할 수 있는 무궁무진한 가능성을 가지고 있다. 여러 종의 해양 생물로부터 의약품을 만들고 미세조류로부터 미래 에너지 문제에 획기적인 대안이 될 수 있는 바이오 연료를 추출할 수도 있다. 물론 해양에는 미세조류 이외에 조력, 조류, 파력, 해양 온도차 등을 이용한 순환 에너지가 무한히 부존되어 있다. 이러한 해양 에너지가 경제성을 갖추어 대량 생산된다면, 향후 화석 연료의 사용을 획기적으로 감소시킬 수 있으며 그로 인한 환경 문제 역시 해결의 가닥을 잡을 수 있을 것이다.

해양의 또 다른 미래 가치는 인류의 생활 공간으로서의 가치이다. 미래에는 과학기술의 발달과 더불어 해양 도시, 해상 공항, 해상 플랜트, 해상 농장 등 쾌적하고 풍요로운 인류의 생활 공간이 해양에 건설될 것이다. 이와 같이 해양이 가지고 있는 무한한 자원을 효율적으로 활용하지 못한다면 인류의 미래는 어둡다고 할 수 있다. 따라서 어떻게 지속가능한 방법으로 해양 자원을 개발하고 활용해 나가느냐는 우리 인류의 커다란 과제이다.

지구 표면의 약 70%를 차지하는 해양은 우리 인류에게 무한한 자원을 제공하는 '미래의 희망'이다. 또한 육지에서 발생한 오염을 정화하는 중요한 역할을 수행하고 있다. 인류가 발생시키는 각종 오염원들은 하천을 통해 해양으로 흘러 들어간다. 이와 같이 지구 전체의 생태계를 정화하는 해양을 오염시키는 것은 인류의 미래를 암울하게 만드는 일이다.

해양은 지구의 오염을 정화할 뿐만 아니라 지구의 기후를 조절하는 가장 중요한 인자이다. 해양은 태양열을 흡수하고 해류를 통해 지구 곳곳에 열을 운반한 후 대기로 방출한다. 이러한 과정에서 해양은 열과 수증기의 순환에 영향을 미치고 세계 각 지역의 기후를 결정하게 된다. 그러므로 해양 생태 질서가 교란되면서 지구촌은 이상 기후와 기상 재해로 커다란 피해를 당하게 된다. 해양 생태계의 보호를 위하여 우리는 지구적인 차원에서 노력해야 한다. 각종 오·폐수를 정화하여 해양으로 흘러 들어가는 오염의 총량을 규제하는 것은 물론 비점 오염 물질의 관리 또한 중요하다.

각종 해양 개발로 인한 오염과 생태계 파괴를 사전에 방비하기 위해서는 해양 환경 영향 평가를 해야 한다. 유엔환경계획UNEP; United Nations

Environment Program에서는 환경 영향 평가를 '인간이 환경 변화를 일으킬 수 있는 경우, 이에 대하여 어떻게 대처하는 것이 효과적인지를 예측하고 그 영향을 최소화하는 방안을 강구하는 행위'로 정의하고 있다. 따라서 지속가능한 해양 개발을 위해서는 반드시 해양 환경 영향 평가가 전제되어야 한다.

해양 자원을 효과적이고도 지속가능한 방향으로 개발하기 위해서는 해양 과학기술Marine Technology의 발달이 필수적이라 할 수 있다. 해양 과학기술은 해양 생물 자원과 광물 자원의 효과적 개발, 연안 권역의 보전과 이용, 해양 공학 및 탐사 장비 개발, 해양 환경과 기후 변화 등의 분야를 중점적으로 연구하는 복합 과학기술이다. 특히 해양 환경과 기후 변화 분야의 해양 과학기술은 해양 환경 변화가 인간에게 미치는 영향, 해양 환경 변화 모니터링과 오염의 정화 방안, 그리고 이산화탄소 포집 및 심해 저장 방식 연구 개발 등을 주요 과제로 삼고 있다.

궁극적으로 해양 환경의 보호를 위해서는 세계시민 의식을 바탕으로 한 지구 차원의 협력이 필요하다. 국제적인 구속력이 있는 해양 오염 방지법이 강력한 실효성을 가지고 시행되어야 하며, 각종 해양 과학 자료들이 국제적으로 공유되어야 한다. 이에 국제 해양 과학 자료의 교환을 위한 기구인 국제해양학자료거래소IODE: International Oceanographic Data and Information Exchange에서는 지역별로 해양 과학 자료 교환 네트워크를 구축하여 국가 간 해양 과학 자료와 정보 교환의 활성화를 모색하고 있다. 최근에는 광범위한 지역에서 동시성을 갖는 해양 자료의 수집이 가능한 인공위성의 활용도가 증가하면서 위성 자료의 교환이 활성화되고 있다.

한편 '살아 있는 바다, 숨 쉬는 연안'을 주제로 개최된 2012 여수 엑스

포에서 채택된 '여수 선언'에서도 해양 환경 보호에서 국제적 협력의 필요성이 강조되었다. 여수 선언에서는 해양이 지구 생명체의 생존에 절대적인 공간이며 인류 문명의 발전에 지속적인 관리가 이뤄지도록 '통합적 생태계에 기반을 둔 관리 제고'를 시행할 것을 촉구하였다.

다음은 미래를 위한 우주 개척에 관한 내용이다. 미래 인류의 생존과 번영을 위한 희망적인 대안으로 인류는 활동 영역을 우주로 확대해 나가고 있다. 우주 공간에는 수백 개의 각종 인공위성이 지구 궤도를 돌면서 방송 통신 위성 중계, 기상 관측, 자원 탐사, 환경오염 감시 등으로 우리 생활에 필요한 정보를 직접 제공하고 있다. 또한, 인공위성은 위치 추적 시스템인 GPSGlobal Positioning System 를 통하여 자동차나 스마트폰으로 각 개인과 직접 교신하고 있는 것이 현실이다. 앞으로 인류의 우주 진출은 우주 과학적인 정보 획득과 우주의 실질적 활용의 양면으로 진행될 것이다. 우주 과학자들은 고성능의 천체 망원경을 우주 공간에 쏘아올려 지상에서는 관측이 어려운 천체를 대상으로 정보를 수집하고 있다. 또한 국제 협력으로 세워진 거대한 우주 정거장에는 인간들이 상주하면서 지상에서는 하기 어려웠던 여러 가지 과학적 실험을 수행하고 있다.

한편 상업용 민간 우주 산업도 발달을 거듭하여 최근에는 민간 우주 왕복선이 국제 우주 정거장ISS의 도킹에 성공하기도 하였으며, 우주 호텔이나 위락 시설로 이용될 상업용 우주 정거장의 건설도 계획되고 있다. 현재까지 우주 관광은 천문학적인 비용에 특별한 훈련을 거쳐야 하는 등 매우 제한적이지만 수십 년 내에 우주 버스나 우주 엘리베이터가 개발되면 우주여행의 문은 급속히 넓어질 것이다. 우주 버스는 약 50명 내외의 승객이 탈 수 있는 우주선으로, 우주 엘리베이터space elevator는 철강의 수십 배의 강도를 가진 탄소 나노 튜브 등으로 만들어진 케이블을 지상에서 지구 정지 궤도까지 연결한 구조물이다. 우주 엘리베이터는 강력하고도 유연한 케이블을 따라 상하로 움직이며 우주 정거장이나 우주 식민지 등 우주 공간에서 필요한 화물이나 사람을 운반해주는 매우 효율적인 시설이 될 것이다.

실현 불가능할 것 같은 공상이 현실화되는 것을 우리는 익히 피부로 체감하고 있다. 미래에는 과거보다 훨씬 빠른 속도로 공상이 현실화될 것이다. 우주 과학자들은 이미 언급된 공상 과학과도 같은 우주 개척이 21세기 안에 현실화될 것으로 예측한다.

우주 개척과 아울러 우주 환경의 보호 역시 중요한 관건이다. 인공위성을 비롯한 우주 개발은 우리의 생활을 편리하게 해주고 인류의 미래에도 희망을 안겨주고 있지만, 이에 따른 부작용 또한 상당히 염려된다. 1957년 구소련이 최초의 인공위성인 스푸트닉Sputnik 1호를 쏘아올린 이후 지금까지 약 6,600여 개의 인공위성이 지구 궤도에 쏘아 올려졌으나, 그중 600여 개 만이 현재까지 활동을 지속하고 있다. 따라서 우주에는 수명을 다한 약 6,000여 개의 인공위성을 비롯한 각종 우주 쓰레기space debris들이 쌓여가고 있다. 우주 쓰레기는 폐기된 인공위성이나 발사 후 인공위성으로부터 분리된 로켓, 서로 간의 충돌로 인한 파편이 주류를 이룬다. 약 1cm 이상의 우주 쓰레기는 약 18만 개 정도로, 그보다 더 작은 것을 포함하면 수백만 개의 우주 쓰레기가 지구 궤도를 따라 맹렬한 속도로 돌고 있다. 초속 약 10km 내외로 날아다니는 나사못이나 톱니바퀴와 같은 작은 파편이 천문학적 액수의 인공위성이나 우주 정거장에 치명적인 손상을 입힐 수 있다.

물론 우주 쓰레기는 대기권으로 떨어져 소멸하기도 하는데 인간은 이보다 훨씬 많은 양의 우주 쓰레기를 발생시킨다. 특히 우주 쓰레기끼리 충돌하여 수많은 파편으로 분리되는 케슬러 증후군Kessler Syndrome으로 더욱 많은 우주 쓰레기가 양산되고 있다. 이 우주 쓰레기를 수거하는 방법에는 우주 쓰레기 그물, 태양 돛단배, 레이저 요격 등의 방법이 연구되고 있지만, 현실성이 있는 방안은 아직 없다. 기술적인 문제 이외에 우주 개발 선진국들이 당장 수익을 가져다주지 못하는 우주 쓰레기 수거 문제에 소극적인 태도를 보이는 것도 문제로 지적되고 있다.

12장

지속가능한 사회와 세계시민

1. 지속가능한 사회를 위한 교육

지속가능한 사회는 과연 어떤 사회를 말하는가? 이 질문은 이번 장의 핵심 질문이다. 지속가능한 사회는 지속가능발전sustainable development의 가능성 즉 지속가능성을 보유한 사회를 말한다. 지속가능발전이란 경제의 성장, 사회의 안정과 통합, 환경의 보전이 조화를 이루며 지속가능성을 지향하는 발전을 의미한다. 이는 곧 제한된 자원 속에서 무조건적인 경제 성장은 가능하지 않음을 인정하고 현재와 미래 세대가 그들의 필요를 골고루 충족시키면서 지속적으로 살아갈 수 있도록 발전의 방향을 정립하는 것을 의미한다.

그렇다면 지속가능사회를 위해 수행자로서 시민은 무엇을 해야하는가? 이 답은 바로 지속가능발전교육이라고 말할 수 있다. 지속가능발전교육은 UN에서 1987년에 발간한 브룬트란트 보고서Brundtland Report인

'우리 공동의 미래Our Common Future'에서 지속가능발전의 개념이 언급되고, 이어서 1992년 리오정상회담 이후 전 세계 환경정책의 지향점이 되었다. 블라디미로바Vladimirova, 2015가 지적한 바와 같이 지속가능발전에 관한 논의가 심화됨에 따라 강조된 부분은 가치의 전환이라고 할 수 있다. 즉, 이전의 산업 사회가 시기에는 각종 개발과 이를 둘러싼 태도에 환경 문제가 내포되어 있었다. 그래서 인류를 전 지구적인 환경 위기로 이끈 가치 구조는 지속 불가능하며 변화되어야 할 필요성이 있었다. 이런 맥락에서 환경교육과 지속가능발전교육은 수행자로서 시민들이 지속가능한 사회를 위한 적극적인 노력을 교육을 통해 실현하고, 기존의 개발 패러다임을 성장과 보전의 균형적인 시각으로 변화를 이끌며, 가치의 전환에 기여했다고 할 수 있다.

브룬트란트 보고서에서는 지속가능발전을 미래 세대를 위해 현재의 우리 세대가 최소한 살 수 있도록 담보하는 범위 안에서 주어진 자원과 환경을 이용해야 한다고 주장한다. 따라서 지속가능발전에서 핵심적으로 주장하는 바는 세대 간 및 세대 내 연대라고 볼 수 있다.

블라디미로바(2015)에 따르면, 세대 간 혹은 세대 내 관제에 대한 고려는 공평과 정의라는 원칙을 바탕에 둔 형평성의 문제로 볼 수 있다. 그러나 기후 변화에 대한 국제사회의 협의에도 불구하고 CO2 배출은 여전히 전 지구적으로 증가하고 있음은 주지할만한 사실이다. 이런 환경적인 영향 이외에도 개인들의 지속 불가능한 행동 및 삶의 방식 또한 소비 지향적인 문화의 영향으로 지속적으로 강화되고 있다고 볼 수 있다. 그래서 세계는 인간이 인간다움을 추구하고 인류보편성을 지향하는 분위기로만 형성되지 않는다. 이런 인간적인 분위기는 지속가능성을 담보하고

강조해야 하는 데 현실은 그렇지 못하기 때문에 세계 기구인 UNESCO
가 나서 세계시민교육을 외치고 있다. 이런 의미에서 수행자로서 시민은
지속가능한 사회를 위해 세계시민교육의 내용과 방향을 정확하게 이해
할 필요가 있다.

유네스코(2013)에서는 세계시민교육을 교육이 어떻게 하면 더 정의롭
고 평화로우며 관용적이고 안전하고 지속가능한 세상을 만드는 데 필요
한 학습자의 지식과 기술, 가치와 태도를 계발할 수 있는지에 관한 패러
다임으로 정의하였다. 즉, 세계시민교육은 우리 사회가 정의롭고 평화로
워지도록 하는 데 기여해야 하며 지속가능한 세상을 지향하고, 다각적
인 접근에서 다양한 방법과 이론을 취하는 교육 패러다임이라고 할 수
있다. 세계시민교육에서 강조하는 특성을 교육의 지식, 기능, 가치·태도
의 측면에서 구분하면 다음과 같다. 먼저 지식 측면으로는 대두되는 세
계 문제들과 정의·평등·존엄·존중과 같은 보편 가치에 대한 깊은 이
해, 문제의 서로 다른 차원과 양상 및 측면을 인지하기 위해 다양한 관점
의 접근법을 취하는 것을 포함해 비판적이고 체계적이며 창의적으로 생
각하는 인지적 기술이 이에 해당된다.

기능의 측면으로는 공감이나 갈등 해결과 같은 사회적 기술과 의사소
통 기술 그리고 다양한 배경과 출신, 문화, 관점을 가진 사람들과 교류
하고 소통하는 소질을 포함하는 비인지 기술이 이에 해당된다. 또한 태
도의 측면에는 다면적 정체성에 대한 이해와 개인의 문화·종교·인종
및 그 밖의 차이점을 초월하는 집단 정체성의 잠재력에 기초한 태도와
전 세계적 문제들의 해결 방법을 찾기 위해 협력하고 책임감 있게 행동
하며, 공동선을 위해 행동하는 능력이 이에 해당된다. 이와 같은 세계시

민교육의 목표는 전인적 접근을 취하고 있다고 할 수 있다.

한편, 세계시민성의 개념은 여전히 학계에서 논쟁 중이며 이러한 논쟁이 지속되는 한 세계시민교육의 구체적인 목표와 내용 요소들에 대한 선정에는 다양한 의견이 있을 수밖에 없다. 김진희(2015)의 경우, 국제사회 수준의 세계시민교육 논의를 주도하고 있는 UNESCO에서 제시한 세계시민교육의 구성요소조차 여전히 세계시민교육의 정체성과 특수성을 명확하게 드러내지 못한다는 한계가 있다고 비판한다. 또한, 국제사회에서의 세계시민교육의 논의가 지니는 한계에 대하여 사회적 차별과 배제 및 불평등 구조에 대한 비판적 개입과 학습자의 참여를 강조하기보다는 자유주의적 세계시민주의에 초점을 맞추고 있다고 지적한다.

김진희(2015)는 글로벌 교육 의제로서 세계시민교육이 페다고지적 관점과 외교적인 관점을 모두 지니고 있다고 파악한다. 이런 점에서 세계시민교육의 교육적 본질이 국제정치적 도구로 훼손되지 않도록 그것의 쟁점과 교육적 과제를 반성적으로 성찰해야 할 필요가 있다고 강조한다.

2012년 9월 반기문 전 유엔사무총장은 '글로벌교육우선구상'의 세 가지 우선 과제 중 하나로 세계시민의식 함양을 강조하였다. 또한 UNESCO(2013)에서 발간한 세계시민교육 관련 보고서에 따르면, 지구를 위협하는 기존의 난제들과 앞으로 나타날 세계적 난제들의 해결을 위해 교육의 역할이 강조되고 있음을 표명한 바 있다. 이런 맥락에서 교육의 역할이 더 정의롭고, 평화로우며, 포용적인 사회 건설을 향해가고 있음을 알 수 있다.

유네스코 아시아태평양 국제이해교육원(2015)은 유네스코가 권장하는 세계시민교육 교수학습 길라잡이를 소개했는데 이는 유네스코가 제시한 세계시민교육 교수·학습 가이드 지침서의 내용을 강조한 것이다. 이에 따른 국가별 교육정책 사례 현황을 살펴보면 다음과 같다. 첫째, 호주의 경우 세 가지 범교과적 고려 사항 및 세계시민교육과 관련된 일곱 가지 보편적 역량을 포함 시키고, 전반에 걸쳐 지속가능성, 아시아와 호주 간의 연결 관계, 호주 원주민의 역사와 문화를 포함하여 보편적 역량에는 문해력, 산술능력, 정보통신기술ICT능력, 비판적·창의적 사고, 개인적·사회적 능력, 문화간 이해, 윤리적 행동을 포함하여 적용시키고자 노력하고 있다.

둘째, 콜롬비아의 경우 네 가지 핵심역량(언어·수학·과학·시민) 계발을 목표로 정하고, 타당성 논증, 타인에 대한 배려, 의사소통 기술, 행위에 대한 성찰, 지식, 교실과 학교 및 공동체 문제에 적극적으로 참여하기 등을 포함하여 범교과적인 방식으로 계발을 시도한다.

셋째, 인도네시아의 경우 세계시민교육과 관련된 핵심역량(정직한 행동, 책임감, 관용, 상호이해와 같은 배려를 통한 사회적 태도)을 포함한다.

넷째, 필리핀의 경우 2012~2013년도 더불어 살기 위한 학습을 시작하였고, 세계시민교육과 직접적으로 관련된 가치교육은 자아존중감, 타자와의 조화, 애국심, 국제적 결속 및 연대감과 같은 주제를 포함한다.

한경구 외(2015)에서는 세계시민교육 의제에 대한 주도권 확립의 체계적인 전략 설정을 위하여 2015년 세계시민교육 정책 방안으로 다섯 가지 핵심과제를 다음과 같이 제시하였다.

첫째, 세계시민교육의 현황을 파악하고 국제 네트워크를 구축함과 더불어 정책 연구를 통해 세계시민성 및 세계시민교육 역량 지표를 개발하는 데 있다. 세부적으로 제도적 차원의 노력(국제적 핵심 네트워크로서의 유네스코 아태 국제이해교육원, 세계시민교육 교육장관회의 및 유엔·유네스코 포럼, 대륙별 파트너 기관과의 네트워크 및 협력), 지식 가치적 차원의 노력(정책 애드보커시 및 자문활동, 학술 정책 연구, 정보자료 허브·세계시민교육 클리어링하우스 운영), 인적· 비공식적 차원의 노력(핵심 인력 역량 강화, 인적 교류를 통한 네트워크 강화)으로 구분하고 있다.

둘째, 세계시민교육 교육과정 및 교재를 개발·보급하는 것이다. 구체적으로 세계시민교육현장 또는 세계시민교육 선언의 제정, 세계시민교육용 교육과정 개발(세계시민교육과정 토대 개발, 자유학기제 세계시민교육 석사과정 개설), 세계시민교육 교재 개발로 세부화하였다.

셋째, 세계시민교육전문가 양성 프로그램 개발 운영을 국내외 교원 역량 강화를 위한 교원직무연구 프로그램, 세계시민교육 훈련자 연수, 세계시민교육 교육전문가 인증 프로그램 개발, 공무원 대상 세계시민교육 전문가 인증 프로그램 개발하는 것으로 구분하였다.

넷째, 세계시민교육을 수행하기 위해 청소년·청년 교류 프로젝트를 개발·적용하는 것으로서 세계시민교육 여권, 세계시민교육 보트, 세계시민교육 유스 레일 프로젝트, 세계시민교육 사진 교실, 세계시민교육 어린이 동화 교류, 세계시민교육 청소년 올림피아드, 잼버리를 제시하였다.

다섯째, 시민사회를 위한 세계시민교육 역량 강화를 위한 프로그램을 개발·적용하는 것을 들 수 있다. 시민사회 활동가 및 전문가의 역량 강화 프로그램 개발, 시민사회단체의 조직적 역량 강화 프로그램 개발, 세계시민교육 참여 네트워크 구성(일반시민을 위한 프로그램 개발, 박물관을 활용한 세계시민 교육, 유네스코 세계시민교육상 제정, '세계시민의 해'와 '세계시민의 날' 제정)

등이 있다.

2. 세계시민교육의 내용과 실천

우리는 복잡하고 상호 연결되어 있으며 상호 의존적인 세계에 살고 있음을 대부분이 깨닫고 있다. 최근 들어서는 황사라는 용어 대신 미세먼지를 운운하며, 스마트폰에서 미세먼지와 초미세먼지량 수치를 확인하고 마스크 착용 여부를 결정하거나 야외 활동 여부를 결정하기도 한다. 이에 대해 많은 사람은 중국으로부터의 미세먼지 유입을 말하지만 실제로 국내 차량 배기가스 등으로 발생한 매연도 불량한 미세먼지 수치에 한몫한다.

가만히 보면 미세먼지 등의 유입은 국경이 없으므로 초국적 문제를 일으킬 수 있다. 이런 현상은 단적인 예이나 해당 국가들이 상호 협력하여 문제를 해결해야 하는 책임을 져야 한다. 우리 주변에서도 이처럼 지구와 사회가 직면하고 있는 글로벌 도전 과제는 우리 모두에게 영향을 미친다. 갈등, 테러, 빈곤, 기후 변화, 환경 파괴 및 천연자원 관리가 이에 포함된다.

21세기의 문제에 참여하고 이를 지역적으로, 세계적으로 해결하기 위한 해결책을 찾기 위해, 우리는 관련 기술, 지식, 태도 및 가치를 성찰하고 점검할 필요가 있다. 자신과 주변 사람들과의 연결 관계를 이해하고 주변 세계에 대한 개인적 및 집단적 영향력을 인식하는 것은 모든 지역의 모든 사람을 위한 보다 평화스럽고 관대하고 포괄적이며 지속가능한 세계를 확보하기 위한 조처를 할 수 있게 해준다.

2015년에 UNESCO는 세계시민교육 안내서를 교수자용과 학습자용을 구분하여 제작하였다. 이 안내서는 특히 Associated Schools Project NetworkASPnet의 지속가능한 개발을 위한 세계시민 학생 안내서를 소개하였다. 이 안내서에서는 세계시민교육GCED과 지속가능개발교육ESD을 중등학교 학생에게 소개하고 이들에게 적극적으로 기여할 수 있는 아이디어와 활동을 제공하는 것을 목표로 한다. 이 안내서는 ASPnet 온라인 협력 플랫폼에 기여한 ASPnet National Coordinators, 학교 교장, 교사, 학생 및 전문가를 포함하여 104개국에서 온 약 1,100명의 참가자의 토론과 활동을 소개한다. 안내서는 다음 내용을 포함하고 있다.

- 세계시민이 된다는 것이 무엇을 의미하고, 어떻게 지속가능한 발전에 기여할 수 있는지에 대한 개관
- 가정, 학교, 지역사회, 국가 및 전 세계에서 활발하게 활동하기 위한 아이디어
- 전 세계의 ASPnet 학교에서 GCED 및 ESD을 위한 선택된 활동

이 안내서는 일단 세계시민과 지속가능개발에 대해 다음과 같이 기술하고 있다. '세계시민'의 개념에 대한 다양한 해석이 존재하지만, 공통적으로 이해되는 세계시민은 국가의 범주를 넘어선 더 넓은 커뮤니티에서 느끼는 공통의 휴머니티와 로컬과 글로벌 간뿐만 아니라 사람들 간의 연결성을 강조하는 소속감을 의미한다. 세계시민은 인권, 민주주의, 차별 금지 및 다양성의 보편적 가치에 기반을 둔다. 세계시민은 더 나은 세

상과 미래를 추구하는 시민 활동을 수행하는 사람을 말한다. 이는 수행자로서 시민이 지속가능한 사회를 위한 세계 문제에 책임을 지는 사람이라는 인식을 하는 계기를 만든다.

지속가능한 사회는 앞서 이야기한 바와 같이 지속가능개발을 실행하는 사회이다. 이 지속가능개발은 미래 세대가 자신의 필요를 충족시킬 수 있는 능력을 훼손하지 않고 현세대의 필요를 충족시키는 개발로 이해될 수 있다. 그래서 환경, 경제적 이슈 및 사회적 이슈는 서로 연결되어 있다. 이는 앞에서 밝힌 바와 같이 경제적 및 사회적 개발이 환경을 희생할 필요가 없다는 것을 의미한다. 다시 말해 지속가능개발은 환경, 경제 및 사회적 요구의 균형을 잡기 위한 것이다.

세계시민성 및 지속가능발전은 우리가 살고 있는 세계에 대응한다. 이 개념들은 갈등, 인구 간의 긴장, 테러리즘, 급진주의, 기후 변화, 환경 파괴 및 천연자원의 공평한 관리와 같은 우리 모두에게 영향을 미치는 현재의 어렴풋한 세계의 도전 과제를 해결하는 것을 목표로 한다.

세계시민성과 지속가능발전은 평화롭고 지속가능한 사회를 건설해야 한다는 공동의 시급한 필요를 해결하는 것을 목표로 한다. 이 목표는 우리가 서로와 지구와 공존하는 방식에 필요한 근본적인 변화를 촉발시키는 것이다. 이를테면 양성평등은 기본적인 인간 권리일 뿐 아니라 지속가능하고 평화로운 사회를 창출하는 데 필요한 기초이다. 세계시민성을 학습자들에게 갖추도록 하는 것이 세계시민교육Global Citizenship Education, GCED이며, 이 교육은 우리를 세계시민이 되는 데 기여한다. 세계시민교육은 학습자가 보다 평화롭고 관용적이며 포괄적인 세계를 형성하기 위한 적극적인 역할에 참여하여 역량을 강화시키는 것을 목표로 한다. 세계시민교육의 주제는 평화와 인권, 상호문화적 이해intercultural understand-ing, 시민교육, 다양성과 관용에 대한 존중, 포용inclusiveness이다.

또한 UNESCO(2014)에 따르면, 지속가능발전교육은 모든 사람을 위한 더 나은 내일을 만드는 것에 관한 것이며, 오늘부터 시작해야 한다고 주장한다. 지속가능발전교육은 학습자가 현재와 미래 세대를 위해 환경 정직성, 경제적 생존력 및 공정 사회에 대한 정보에 입각한 결정과 책임 있는 행동을 하도록 권한을 부여하는 것을 목표로 한다. 이러한 지속가능발전 교육의 주요 주제는 기후 변화, 생물다양성, 재난 위험 감소, 지속가능한 소비, 빈곤 퇴치이다.

세계시민교육과 지속가능발전교육은 공동의 비전을 추구한다. 모든 연령대의 학습자가 보다 공정하고 평화롭고 관용적이며 포괄적이며 지속가능한 세계에 능동적으로 기여할 수 있도록 힘을 실어주는 것이다. 이 두 교육은 학습자가 학습하는 내용뿐만 아니라 학습하는 방법 및 학습 환경까지도 중요하게 다룬다. 또한 행위, 변화, 변혁을 중요하게 여기며, 세계적 도전에 부응하기 위한 가치와 태도를 함양하는 데 초점을 두고 있다. 이를 위해 협동, 의사소통, 비판적 사고를 기르는 것을 목표로 한다.

세계시민교육과 지속가능발전교육은 "우리가 살아가는 지구에서 '공유된 미래'를 만들기 위해 어떤 노력을 해야 하는가?"에 대한 교육적 해법이 될 수 있다. 공유된 미래를 위해 시민이 해야할 책무는 과연 무엇일까? 또한 일상생활에서 우리는 보다 공정하게 평화롭고 관용적이며 포괄적이고 지속가능한 세상에서 생활하는데 어떻게 긍정적인 기여를 할 수 있는가? 지역 및 세계적 차원에서 지속가능한 발전을 지원하는 세계시민으로서 우리는 무엇을 할 수 있는가? 이와 같은 일련의 질문에 대한 대답은 다음과 같은 여섯 가지의 실천적인 차원(나 자신, 가정, 학교, 지역사회, 국가)에서 우리 자신이 이런 차원들과 어떻게 연결되어 있는지 살펴볼 수 있다. 나를 둘러싼 영역이 세계로까지 확대되고 이 영역들이 세계시민으로서 실천할 수 있는 행위 공간들이다. 이 공간들을 가로지르는 핵심적인 개념은 바로 변혁적 교육을 주도하는 두 가지 접근방법으로 세계시민교육과 지속가능발전교육을 상정해야 한다.

우선 세계시민교육의 세 가지 개념적 차원을 살펴보도록 하자. 첫째 인지적 차원이다. 이 차원에서는 세계적, 지역적, 국가적, 지엽적 문제, 서로 다른 국가와 인구의 상호 연관성과 상호 의존성에 대한 지식, 이해 및 비판적 사고를 습득한다.

둘째, 사회정서적 차원이다. 이 차원에서는 인류 공동에 대한 소속감, 가치와 책임감, 공감, 연대에 대한 공유, 차이와 다양성에 대한 존중이 중요한 이슈이다.

셋째, 행동적 차원이다. 이 차원에서는 보다 평화롭고 지속가능한 세계를 위해 지역, 국가 및 세계 차원에서 효과적이고 책임 있게 행동하기가 요구된다.

또한 우리는 세계적 도전에 대한 가치와 태도를 정리해야 할 필요가 있다. 가치는 신념을 나타내는데 어떤 사람이 다른 사람들과 그들의 환경에서의 모든 활동과 어떻게 관련이 있는지를 나타낸다. 가치는 사람들이 생활하는 곳, 가족 및 중요 인물의 삶의 영향을 받으며 중요하다고 생각하는 것에 생겨난다. 사람들이 아이디어나 행동의 가치를 평가할 때, 그들은 가치의 일반적인 규칙과 규범을 사용한다. 태도는 사람들이 다른 사람들과 자신의 환경에서 하는 모든 활동과 관련된 방식을 의미한다. 태도는 정착되는 경향이 있는 감정과 생각의 조합이다. 태도는 다른 사람들과 사건에 대한 사람들의 반응, 어떻게 생각하고 느끼는지에 영향을 미친다. 사람들의 태도는 그들의 경험과 다른 사람들의 영향으로 바뀔 수 있다.

아울러 세계시민이 갖추어야 할 역량들은 다음과 같다. 첫째, 비판적 사고이다. 이는 글로벌, 지역, 국가 및 지역 문제에 관한 것이며 서로 다른 국가 및 인구의 상호 연관성 및 상호 의존성은 다른 관점, 각도 및 차원에서 바라보는 것을 의미한다.

둘째, 성찰이다. 학생들은 자신과 다른 사람들의 입장을 고려하고 시간을 내서 관찰한다. 그들은 철저하고 신중하게 사물을 생각한다.

셋째, 대화이다. 학생들은 효과적인 대화를 나눈다. 서로를 주의 깊게 경청하고, 다양한 이해관계자와 이야기하며, 생각들을 민감하고 이해할 수 있도록 나눈다.

넷째, 참여, 협동, 협력을 들 수 있다. 이것은 공동의 목적을 위해 함께 일하고 행동하며, 참여하고, 나누고, 참여하는 것이다. 학생들은 토론하고 함께 도전하며 서로 듣고 생각과 아이디어를 나눈다.

다섯째, 문제해결능력이다. 학생들은 해결책을 찾기 위해 여러 각도에서 사물을 생각한다. 함께 일하고 행동한다. 예를 들어, 시뮬레이션을 교육 및 학습 시나리오로 사용하면 현실감이 생겨 모든 연령대의 학습자가 참여하고 동기를 부여하게 된다. 시뮬레이션은 추상적인 개념을 가르칠 수 있는 구체적인 방법을 제공한다. 또한 학습자들은 지역사회가 직면하는 현실적인 문제를 해결하고 커리큘럼과의 관련성을 높이며, 이와 더불어 사고능력을 향상시킨다.

여섯째, 창의성이다. 이 창의성은 다양하고 혁신적인 방식으로 솔루션을 찾는 것에 관한 것이다. 지속가능개발교육 및 세계시민교육은 드라마, 연극, 음악, 디자인 및 그림을 사용하여 창의력을 자극하고 대안적인 미래를 그리기 위해 종종 예술을 사용한다.

세계시민교육은 한마디로 세계시민을 양성하는 교육이라고 볼 수 있다. 세계시민은 우리가 이해하는 법적, 제도적 차원의 시민권의 개념과는 유별하다. 시민권의 개념은 시간이 지남에 따라 진화했다. 역사적으로 시민권은 모든 사람에게 미치지 못했다. 예를 들어 남성이나 재산 소유자만이 시민이 될 수 있었다. 지난 세기 동안 시민권 운동, 사회 정치적 운동에 영향을 받아 시민권에 대한 포괄적인 이해를 향한 점진적인 운동이 있었다. 국가 시민권에 대한 현재의 시각은 국가마다 처한 사회 정치적 맥락에 따라 다양하다.

점차로 세계화는 글로벌 차원뿐만 아니라 시민권의 의미에 대해 의문을 제기하고 있다. 이제 시민권에 대한 개념이 국가 차원을 넘어서는 것은 새로운 일이 아니다. 하지만 예를 들어 남성이나 재산 소유자만이 시민이 될 수 있었다. 지난 세기 동안 시민권 운동, 사회·정치적 운동에 영향을 받아 시민권에 대한 포괄적인 이해를 향한 점진적인 운동이 있었다. 국가 시민권에 대한 현재의 시각은 국가마다 처한 사회 정치적 맥락에 따라 다양하다.

이를테면 국제 협약 및 조약의 수립, 초국적 기구, 기업 및 시민사회 운동의 성장, 국제적인 인권 발전과 같은 세계적 맥락에서의 변화는 세계시민성에 대한 중요한 함의를 제공한다. 세계시민성의 개념에 대한 관점이 다르다는 점을 인정해야 한다. 예를 들면 국가의 관점에서 정의된 전통적인 시민성을 확장하고 보완하는 범위 또는 이 개념과의 경쟁 정도를 포함한다.

세계시민성이란 넓은 공동체와 공통의 인류에의 소속감을 말한다. 그것은 정치적, 경제적, 사회적 및 문화적 상호의존성과 지방, 국가 그리고 세계와의 상호연관성을 강조한다. 세계시민성에 대한 관심이 커짐에 따라 시민교육 분야의 글로벌 차원에서의 관심과 정책, 커리큘럼, 교육 및 학습에 대한 시사점이 커졌다.

세계시민교육은 이에 대한 다양한 정의와 해석에 공통되는 세 가지 핵심 개념 차원을 수반한다. 유네스코에 의해 제시된 이러한 핵심 개념 차원은 이 분야의 기술 상담 및 최근의 연구뿐만 아니라 세계시민교육에 관한 선행연구, 개념적 틀, 접근 방식 및 커리큘럼에 대한 검토를 끌어낸다. 이 개념적 차원은 세계시민교육의 목적, 학습 목표 및 역량, 학습 평가 및 평가의 우선순위를 정의할 수 있는 기반이 된다. 이 핵심 개념적 차원은 학습의 인지적, 사회정서적, 행동적 영역에 기반을 두고 영향을 받았다.

첫째, 인지적 영역이다. 이 영역에서는 세계적, 지역적, 국가적, 지엽적 문제, 서로 다른 국가와 인구의 상호 연관성과 상호 의존성에 대한 지식, 이해 및 비판적 사고를 습득한다.

둘째, 사회정서적 영역이다. 이 영역에서는 공동의 인류에 대한 소속감, 가치와 책임감, 공감, 연대에 대한 공유, 차이와 다양성에 대한 존중이 중요한 가치이다.

셋째, 행동적 영역이다. 이 영역에서는 더욱 평화롭고 지속가능한 세계를 위해 지역, 국가 및 세계 차원에서 효과적이고 책임 있게 행동하기가 중요한 관건이 된다.

세계시민교육은 학습자가 보다 포괄적이고 공정하며 평화로운 세상에 기여할 수 있도록 지식, 기술, 가치 및 태도를 구축하는 것을 목표로 한다. 또한 세계시민교육은 인권교육, 평화교육, 지속가능발전교육, 국제이해 교육을 포함한 다른 분야에서 이미 적용된 개념과 방법론을 사용하여 다방면에 걸친 접근 방식을 취하며 공동의 목표를 발전시키는 것을 목표로 한다. 세계시민교육은 유년기부터 시작하여 모든 교육 수준을 거쳐 성인기에 이르기까지 평생 학습 관점을 적용한다. 또한 공식 및 비공식 접근 방식, 교과 및 교외, 전통 및 비전통적 참여 경로가 필요하다.

세계시민교육의 학습 콘텐츠를 학습의 차원, 학습 결과, 학습자 특징, 학습 주제, 학습 목표 등으로 구분하여 제시하면 다음 설명과 같다. 우선 학습의 차원이다. 세계시민교육은 세 가지 차원으로 구분된다. 인지적 차원에서는 세계와 이 세계의 복잡성을 이해하기 위한 지식과 사고능력이 있어야 한다. 사회정서적 차원에서는 타인을 존중하며 평화롭게 함께 살아갈 수 있는 가치, 태도, 사회성이 요구된다. 행동적 차원에서는 일상생활에서의 세계시민성의 수행, 실행 적용 및 참여가 필요하다.

둘째, 세계시민교육의 학습 결과를 인지적, 사회정서적, 행동적 차원에서 도출할 수 있다. 인지적 차원의 경우 세계와 이의 복잡성을 이해하기 위한 지식과 사고능력, 비판적 사고, 분석 능력을 갖추게 한다. 사회정서적 차원에서는 인권의식에 기반한 인류 사회의 소속감, 가치와 책임에 대한 공유, 공감, 연대, 차이와 다양성에 대한 존중의 태도를 함양할 수 있다.

행동적 차원에서는 보다 평화롭고 지속가능한 세계를 위해 지역, 국가 및 세계 차원에서 효과적이고 책임 있게 행동하기가 필요하다. 아울러 이 행동하기를 할 수 있는 동기와 의지도 중요한 관건이 된다.

셋째, 세계시민교육의 학습자가 가진 특징은 세 가지로 볼 수 있다. 정보를 기반한 비판적 지식인, 사회적으로 연결되어 있고 다양성을 존중하는 학습자, 윤리적으로 책임감 있고 참여하는 학습자로 나타난다.

넷째, 세계시민교육의 학습 주제이다. 세계시민교육이 목표로 하는 학습자의 특징에 따른 세 가지 학습 주제를 제시한다. 정보에 기반한 비판적 지식인은 지역, 국가 및 세계의 시스템 및 구조를 이해해야 하며, 지역, 국가 및 세계 차원에서 지역사회의 상호작용과 연계성에 영향을 미치는 문제를 파악해야 한다. 또한 기본 전제와 권력의 역학을 이해할 줄 알아야 한다. 사회적으로 연결되어 있고, 다양성을 존중하는 학습자는 정체성의 다양한 측면을 이해하고, 사람들이 소속되어 있고 연결된 다양한 지역사회를 파악해야 하며 차이와 다양성에 대한 존중감을 지녀야 한다. 또한 윤리적으로 책임감 있고 참여하는 학습자는 개인적으로 또는 집단으로 취할 수 있는 행위를 할 줄 알아야 하며, 윤리적으로 책임감 있는 행동을 해야 하고, 참여와 행동하기를 생활화해야 한다.

세계시민교육은 해당 집단에 맞게 구체적인 학습 목표를 제시할 필요가 있다. 특히 집단의 복잡성에 따라 학습 목표를 제시하는 목적은 세계시민교육의 개념과 관련하여 나선적인 커리큘럼적 접근을 통해 심화 학습이 가능하기 때문이다. 하지만 교육 시스템, 교육 수준 및 학생 연령 그룹이 국가마다 다르므로 이 그룹은 단지 지표일 뿐이다. 사용자, 즉 교수자는 특정 국가의 콘텍스트 및 학생 준비에 따라 적절한 방식으로 학습 목표를 선택, 조정 및 구성을 할 수 있다.

3. 지속가능발전교육과 세계시민교육의 연계

세계시민교육의 개념은 여전히 학계에서 논의 중이어서 개념 구분이 명확하지 않아 다의적이다. 특히 세계시민교육에서 중요한 시민성의 개념은 상황에 따라 상이하게 해석되는 경우가 많아 지속가능발전교육과의 연관성을 찾기는 실제로 쉽지 않다. 그러나 이미 UNESCO에서는 이 두 가지 교육의 연계 가능성을 이미 시사한 바 있다.

앞에서 논의한 지속가능발전교육과 세계시민교육의 개념을 정리하면 다음과 같다. 지속가능발전교육은 현재 세대와 미래 세대가 모두 생태적으로 건전하고, 경제적으로 진취적이며, 그리고 가치관을 계속해서 계발하고 함양시켜 그들이 개인적이면서도 공동체적 행동을 통하여 지속가능한 미래에 대해 책임감을 가지고 창조적으로 이루어 나갈 수 있는 시민이 되도록 하는 동적인 과정이다. 또한 세계시민교육은 인류 보편적 가치인 세계 평화, 인권, 문화 다양성 등에 대해 폭넓게 이해하고 실천하는 책임 있는 시민을 양성하는 교육이다. 이런 점에서 이들은 연계가능성을 열어 놓고 있다.

세계시민교육과 지속가능발전교육의 연계에 대한 학계의 논의는 매우 드문 상황이나, 세계시민교육과 지속가능발전교육을 거의 일치하는 개념으로 보는 관점 (일명 '세품지', 세계시민교육을 품은 지속가능발전교육)이 있다. 또 다른 한편 지속가능발전교육을 세계시민교육의 일부로 보는 관점이

그림 12-1 GCED와 ESD를 같은 영역으로 보는 관점

그림 12-2 ESD를 GCED 하위범주로 보는 관점

존재한다. 그 관계에 대한 일반적인 논의를 그림으로 나타내면 다음 〈그림 12-1〉와 〈그림 12-2〉과 같다.

한경구 외(2015)는 세계시민교육이 인권교육, 지속가능발전교육, 국제이해교육, 문화 간 이해교육 및 평화교육을 모두 포괄한다고 보았는데, 이 입장에서 지속가능발전교육은 세계시민교육의 일부로 볼 수 있는 여건이 된다.

세계시민교육과 지속가능발전을 유사한 개념으로 보는 관점도 존재한다. 세계시민교육 이전의 교육의제인 모두를 위한 교육EFA와 지속가능발전교육ESD을 비교한 Wade와 Parker(2008)에 따르면, EFA는 학습자들의 기본 교육을 강조하고 있는 데 반해, ESD는 보다 포괄적인 이슈와 대상을 다루고 있다는 차이점 말고는 상당 부분의 중복되는 특징을 가지고 있다. 그뿐만 아니라, 이들은 EFA와 ESD 양자의 의제를 성공적으로 수행할 수 있도록 시너지를 제공할 뿐 아니라, MDGs의 성공적 달성에도 긍정적인 기여한다고 보았다. Post-EFA 교육의제인 GCED는 EFA와는 세계시민의식 함양이라는 차별적인 목표를 가지고 있어서 그 위상도 EFA와 다를 수 있지만, 부분적으로 EFA의 연장선에 있다고 볼 수 있다. 이 때문에 GCED와 ESD 사이에도 상당 부분의 유사 요소가 있다.

이런 맥락에서 이 장에서는 세계시민교육과 지속가능발전교육간의 연계를 확보하기 위한 논의를 할 것이다. 여기서 '연계'는 양자 간 상호 관련성을 의미하며, 이를 위해서는 유사점과 차이점에 대한 비교가 요구된다. 김영순 외(2016)는 9명의 전문가 대상의 심층면담을 통해 지속가능발전교육과 세계시민교육의 유사점과 차이점을 도출한 바 있다. 지속가능발전교육이 최초 환경교육으로부터 시작해서 사회경제적 영역으로 확대됐던 것을 고려했을 때, 세계시민교육도 자연스럽게 그 연장선에서 바라보는 경향이 있음을 발견하였다. 오세경 외(2016)에서도 교사들은 세계시민교육과 지속가능발전 교육을 동일 교육선상에 있다고 생각하고 있음을 지적하고 있다. 위의 연구들에서 지속가능발전교육과 세계시민교육을 상호보완적으로 간주한다. 단지 이 두 교육 간의 차이점은 표로 제시하면 다음 〈표 12-1〉와 같다.

연계방식에 있어서 전문가들은 서로 상이한 시각을 가지고 있었다. 첫째, 지속가능발전교육을 세계시민교육보다 상위 개념으로 보아 지속가능발전교육을 중심으로 세계시민교육의 연계를 주장하는 시각, 둘째, 세계시민교육을 포괄적인 개념으로 보아 세계시민교육과 지속가능발전교육을 주장하는 시각, 셋째, 세계시민교육과 지속가능발전교육을 각각 독

표 12-1 지속가능발전교육과 세계시민교육의 차이점

구분	지속가능발전교육	세계시민교육
강조점	실천과 행동	행위주체의 가치 형성 역량 강화
초점	시간적 차원의 안정성과 지속성	'우리'와 '그들'간의 연결고리 지역, 국가, 세계적 차원
핵심전제	엄격한 규제와 국가 개입을 통한 실현	대의민주주의

참조: 김영순 외, 2016: 531~553

립된 형태의 교육으로 보아 상호보완적으로 활용해 효과적인 교육을 실천하자는 시각, 넷째, 세계시민교육과 지속가능발전교육을 융합하여 주제 교육 중심으로 실천해야 한다는 시각이 있음을 발견하였다.

이렇듯 네 가지 다른 시각에 근거해서 김영순 외(2016)는 이에 적합한 유형의 교육과정 연계방안을 제시하였다. 즉, ①지속가능발전교육을 중심으로 한 교육과정, ②세계시민교육을 중심으로 한 교육과정, ③독립형 교육과정, ④융합형 교육과정을 제안하였다. 또한 이옥화 외(2016)는 세계시민교육과 지속가능발전교육에 관한 유네스코의 주요 문헌에서 다루고 있는 주제와 최석진 외(2013)에서 개발한 지속가능발전교육 관련 수업모델에서 다루고 있는 주제를 추출하여 분석·비교해봄으로 세계시민교육과 지속가능발전교육의 연계 가능성을 탐색하였다.

우선 세계시민교육의 다섯 가지 주제는 평화, 인권, 문화다양성, 지속가능발전, 세계화의 도전과 전 지구적 이슈로, 지속가능발전을 하나의 주제로 포함하고 있다. 이는 한경구 외(2015)의 주장과 같이 지속가능발전교육은 세계시민교육의 하위범주인 것처럼 보인다.

이옥화 외(2016)가 주장한 바와 같이, 세계시민교육의 주제 중 평화, 인권, 문화다양성은 지속가능발전교육에서도 다루어 왔으며, 세계화의 도전과 전 지구적 이슈를 지속가능발전교육에서는 구체적으로 다루고 있다. 이는 세계시민교육에서 다루고 있는 주제와 지속가능발전교육이 다루고 있는 주제가 많은 부분 일치하고 있음을 다음 〈표 12 - 2〉를 통해 알 수 있다.

〈표 12 - 2〉에서 같이 세계시민교육의 주제 중 평화, 인권, 문화다양성은 지속가능발전교육의 주제에서도 반복적으로 나타나고 있다. 또한 지속가능발전, 세계화의 도전과 전 지구적 이슈는 지속가능발전교육의 세부 교육요소로 등장하고 있다. 이러한 사실은 기존의 ESD의 교육 내용이 환경 영역, 경제 영역을 넘어서 이제는 사회문화적 영역으로 확대되고 있음을 확인할 수 있는 지표이다.

표 12-2 **세계시민교육의 주제와 ESD 수업모델의 주제 비교**

GCED 주제	ESD 주제
평화, 인권, 문화다양성, 지속가능발전, 세계화의 도전과 전 지구적 이슈	인권, 평화, 안보, 통일, 문화적 다양성, 사회정의, 안전, 건강, 에이즈, 식품, 거버넌스, 시민참여, 양성평등, 소양(매체, ICT), 세계화, 국제적 책임, 자연자원(물, 공기, 흙 등), 에너지, 기후 변화, 농촌개혁, 생물종 다양성, 환경문제, 지속가능한 식량 생산, 지속가능한 촌락과 도시, 지속가능한 도시화, 재해 예방과 절감(완화), 교통, 빈곤 퇴치, 기업의 책임과 책무, 지속가능한 생산과 소비, 기업의 지속가능성, 시장 경제, 빈부 격차 완화

4. 인류애와 세계시민 의식

현대에 들어와 교통과 정보 통신의 발달에 따라 지구가 급격히 좁아지고 있다. 지구를 마치 한 마을처럼 여기는 지구촌의 개념이 일반화되면서 세계시민의 덕목은 더욱 절실하게 요구되고 있다.

지구촌은 서로가 하나의 유기체처럼 연결된 운명 공동체로서의 성격이 점점 강해지고 있다. 이에 따라 지구 한편에서 일어난 경제 문제나 환경 문제, 지역 갈등에 따른 전쟁 등 거의 모든 문제가 지역적으로 끝나지 않고 지구촌 전체로 확산되고 있다. 그 문제의 해결을 위해서는 인류애와 세계시민 의식을 바탕으로 한 지구촌 차원이 대책이 필요하다. 미래로 갈수록 그 필요성은 더욱 커질 것이다. 그런데 세계시민의 자격과 자질은 자연적으로 주어지는 것이 아니다. 우리 모두는 편협한 지역주의에서 벗어나 세계시민으로서의 자질을 갖추기 위해서 노력해야 한다. 우리가 세계시민으로서 갖추어야 할 덕목을 살펴보면 다음과 같다.

첫째, 우리는 세계시민으로서의 공동체 의식을 고양해야 한다. 지구촌은 점점 더 빠르게 시공간을 초월하여 좁아지고 있다. 이에 따라 상호 의존도가 높아지고 있다. 이러한 상황에서 지구촌의 구성원들이 서로 협력하지 않으면 인류는 무질서한 혼란에 빠지고 결국에는 파멸에 이를 수 있다. 그러므로 우리는 모두 세계인의 안녕과 번영을 위한 공동의 책임을 자각하고 공동체 의식을 고양해나가야 한다.

둘째, 우리는 세계시민으로서 지구촌에 거주하는 다른 지역 사람들의 정치, 경제, 문화의 특성에 대해 이해하고 존중하는 포용 능력을 키워야 한다. 인류는 오늘날까지 인종과 민족, 국가, 종교, 자원 배분 등의 이해

관계에 얽매여 심각한 갈등을 겪어 왔다. 과거 히틀러의 비뚤어진 민족주의는 인류사적 비극을 초래하였으며, 그밖에 수많은 사람의 목숨을 앗아간 전쟁과 테러들은 편협한 국수주의와 조건 없는 종교적 신념에 기인한다. 점점 더 좁아지고 긴밀해지는 미래의 지구촌에서 이러한 갈등을 뛰어넘지 못하면 인류는 공멸의 위기에 처하게 될 것이다.

셋째, 우리는 세계시민으로서 국제적인 감각과 시야를 넓혀야 한다. 우리는 주변에서 발생하는 모든 문제를 세계적인 시야에서 분석하고 대처하는 자세를 길러야 한다. 그러기 위해서는 사상과 경제의 세계적인 흐름, 세계질서의 변화와 세력 관계 등에 대한 지식을 꾸준히 습득하여 종합적인 통찰력을 배양해야 한다.

넷째, 우리는 모두 세계시민으로서 국제적인 지성과 교양을 갖추려는 노력을 게을리하지 말아야 한다. 국제적인 지성과 교양은 우선 스스로의 변화를 전제로 한다. 주변의 변화를 기대하기보다는 스스로가 지구촌을 향하여 가슴을 열어야 한다. 지속가능한 지구촌을 원한다면 우리 각자의 삶이 지속가능해야 한다. 인정 많고 따뜻한 지구촌을 원한다면 우리 스스로가 주변 사람들에게 인정 많고 따뜻한 사람이 되어야 한다.

국제적인 지성과 교양을 쌓기 위한 또 하나의 조건은 글로벌 에티켓과 더불어 외국어를 구사할 수 있는 능력을 기르는 것이다. 또한 상대방을 먼저 배려하는 친절 역시 세계시민으로서 갖추어야 할 덕목이다. 그러나 세계시민이 되는 길은 무작정 나와 우리를 버리고 국제화만을 추구하는 것이 아니다. 오히려 나와 우리의 장점과 개성을 유지하고 발전시켜 나감으로써, 세계 문화의 다양성에 이바지할 수 있고 더욱 훌륭한 세계시민이 될 수 있다.

그렇다면 세계시민으로 성장하기 위해서는 어떻게 해야 하는가? 인류는 현재 여러 가지 문제에 직면하고 있다. 인구문제, 자원 문제, 환경 문제와 기후 변화 문제, 세계화와 빈부 격차 문제, 문화 충돌과 자원 배분 등의 문제에 대한 심각성이 점점 더 커지고 있다. 이러한 문제들에 대처하기 위해서는 우리가 모두 윤리적 공동체 의식을 가진 세계시민이 되어야 한다. 더 나아가 지구촌을 선도할 글로벌 리더가 되기 위해서는 반드시 내면적인 자질을 함양함과 동시에 외면적으로 실천력을 갖추어야 한다. 이러한 세계시민 의식을 키우는 방법을 리더십 교육전문가인 마크 게이어존은 목격하기, 배우기, 통하기, 지구적으로 협력하기라는 4단계로 제시하고 있다.

첫째, 목격하기는 각 개인이 내면적으로 문제를 스스로 인식하는 단계이다. 즉 우리 모두가 세계적 시야를 갖기 위해서는 자체의 편협함을 직시하고 인정하는 것이 전제되어야 한다. 우리 대부분은 인종과 민족, 국가, 종교, 정치, 경제, 문화 등에 의해 지배되어 일방적이고 편협한 세계관을 가지고 있는 것이 현실이다. 그러나 이러한 세계관으로는 인류의 미래 문제를 해결할 수 없으며 오히려 악화시키게 될 것이다. 이와 같은 사실을 인정하는 것이 목격하기이며, 이를 바탕으로 배우기 단계로 발전할 수 있다.

둘째, 배우기는 세계적 시야에서 가치를 판단하는 방법을 학습하는 단계이다. 이제까지 우리는 우리가 속한 특정 문화를 기반으로 하는 교육을 받아 왔다. 이러한 교육은 구성원의 정체성을 유지하고 경쟁력을 갖추는 데 효과적인 면이 있었지만, 미래의 교육은 거기서 멈추어서는 안 된다. 자신과 다른 것을 배우지 못하는 체계로 교육을 받은 사람들은 글로벌 리더가 될 수 없다. 개인은 이기심에 치우치기 쉽고 민족과 국가는 자국의 이익이나 충성심에 우선적 가치를 두며 종교는 비타협적인 신념에 의해 형성된 가치를 양보하지 않는다. 이러한 가치관을 심화시키는 교육을 계속한다면 인류의 미래는 어둡다고 할 수 있다. 따라서 우리는 세계적인 시각으로의 배움을 통하여 인간이 만들어놓은 경계를 초월해야 한다. 우주에서 지구를 보듯이 본질적으로 하나인 지구를 인식하고 세계적인 시야에서 가치를 판단해야 한다.

셋째, 소통하기는 관계를 맺는 것으로 '나'를 벗어나 '우리'의 관계를 형성하는 것이다. 지구촌에 사는 모든 사람과 '우리'라는 관계를 형성하기 위해서는 나와 다른 생각을 하고, 나와 다르게 행동하며, 심지어 나를 적대시하는 사람들의 말에도 귀를 기울여야 한다. 이 과정을 통해 우리는 나의 입장만을 이야기하기보다 다른 사람의 말에 귀를 기울임으로써 그 사람을 이해하고 존중할 수 있게 된다. 이러한 이해와 존중을 바탕으로 우리 지구촌의 모든 사람은 서로 통할 수 있으며 진정한 파트너십을 형성할 수 있다.

넷째, 지구적으로 협력하기는 지구촌의 사람들과 함께 일하는 것을 의미하는 실천적 단계이다. 우리가 편협한 생각에 얽매어있는 스스로를 반성하고, 그것을 바탕으로 세계적인 시야를 갖기 위해 학습하며 나와 다른 사람들에게 귀를 기울여 그들과 통할 수 있으면 우리는 세계시민으로의 내면적 자질을 갖추게 되는 것이다.

그러나 진정한 세계시민이 되고 더 나아가 지구촌의 문제를 해결하는 글로벌 리더가 되기 위해서는 내면적 자질뿐만 아니라 지구적으로 협력하는 실천력을 갖추어야 한다. 미래의 인류에게 전개될 문제는 한 영웅적 지도자가 해결할 수 있는 문제가 아니다. 지구적 협력은 바람직한 이상이 아니라 반드시 이루어져야 할 지구촌 구성원 전체의 실천적 의무이다. 빈곤 퇴치나 환경 보호와 같은 중차대한 지구촌 문제에 우리는 국제기구나 국제적 네트워크를 통해 당장 지구적으로 협력에 동참할 수 있다. 거창한 구호가 아니라 작은 실천이 우리를 진정한 세계시민으로 거듭나게 할 것이다.

참고문헌

갈리노바 딜노자(2019). 재한 우즈베키스탄 유학생들의 상호문화 소통 역량에 관한 연구. 인하대학교 대학원 박사학위논문.

김강훈, 박상현(2011). 인과지도 분석을 통한 디지털 세대의 정치적 무관심과 정치 참여 형태 연구, 한국시스템다이내믹스 연구, 12(3), 47-66.

김영순 외(2016). 세계시민교육과 연계한 지속가능발전교육 중장기 정책 연구, 한국과학창의재단.

김진희(2015). "Post 2015 맥락의 세계시민교육 담론 동향과 쟁점 분석", 시민교육연구, 47(1), 59-88.

김영순 외(2014). 고등학교 인류의 미래 사회. 인천광역시교육청.

＿＿＿＿(2012). 고등학교 사회·문화. 교학사.

＿＿＿＿(2018). 고등학교 사회·문화. 교학사.

＿＿＿＿(2020). 다문화 사회와 리터러시 이해. 박이정.

김영순(2018). 공유된 미래 만들기. 한국문화사.

＿＿＿(2020). 이주여성의 상호문화 소통과 정체성 협상. 북코리아.

＿＿＿(2027). 다문화교육의 이론과 이론가들. 북코리아.

김영순 외(2018). 질적연구의 즐거움. 창지사.

민춘기(2015). 외국어교육에서의 문화학습에 대한 대학생들의 인식과 요구 평가. 한국연구재단 연구보고서.

오세경 외(2016). "세계시민교육과 연계한 지속가능발전교육에 대한 초·중등학교 교사의 인식.

유네스코 아시아태평양 국제이해교육원(2015). 세계시민교육: 학습 주제 및 학습 목표(Global Citizenship Education: Topics and Learning Objectives).

이옥화 외(2016). 지속가능교육발전 연차보고서 발간을 위한 국내외자료 조사 분석 연구. 한국과학창의재단.

정소민(2014). 시민적 '프락시스'로서의 대학생 봉사활동 경험에 관한 문화연구적 해석, 인하대학교 박사학위논문.

정소민, 김영순(2015). 시민교육 패러다임 모색을 위한 프락시스 개념 탐구, 시민 교육연구, 47(4), 241-271.

채진원(2009). 프락시스(praxis) 관점에 있어서 아렌트와 마르크스간의 횡단성 (transbercality), 철학사상, 33, 275-306.

최석진 외(2013). 지속가능발전교육 수업모델 중등학교 교사용 지도서, 한국과학 창의재단 연구보고서.

한경구 외(2015). SDGs 시대의 세계시민교육 추진 방안, 유네스코 아시아태평양 국제이해교육원.

Arendt, H.(1973). The Orgins of Totalitarianism: new edition with added prefaces. Florida: Harcourt Breace.

_____.(1987). Labor, work, action. In Bernauer J. W. (Ed.). Amor mumdi (pp. 29-42). Boston College.

_____.(1989). Lectures on Kant's political philosohy. University of Chicago Press.

_____.(2006). 예루살렘의 아이히만, (김선욱 역), 한길사. (원저 1963년 출판).

_____.(2017). 인간의 조건, (이진우 역), 한길사. (원저 1996년 출판).

Barber, B.(1984). Strong democracy. Berkely, CA: University of California Press.

Barker, C.(2009). 문화연구사전, (이경숙, 정영희 역), 커뮤니케이션북스. (원저 2004년 출판).

Burbules, N. C & Berk R.(1999). Critical thinking and critical pedagogy: Relations, differences, and limits. Critical theories in education: Changing terrains of knowledge and politics (pp. 45-65), NY: Routledge.

Dahlgren, P.(2006). Doing citizenship: The cultural origins of civic agency in the public sphere. European journal of cultural studies. 9(3), 267-286.

Dale, A. & Sparkes, J.(2011). The 'agency' of sustainable community development,

Community Development Journal, 46(4), 476 - 492.

Dalton, R, J.(2008). The Good Citizen: How a younger generation is reshaping American politics. CQ Press.

Eder, D. & Fingerson, L.(2001). Interviewing children and adolescents, Jaber Gubri um and James Holstein(Eds.) Handbook of Interview Research: Context and method (pp. 181 - 201). London: Sage.

Fischman, G. E & McLaren, P. (2005). Rethinking critical pedagogy and the Gramscian and Freirean legacies: From organic to committed intellectuals or critical pedagogy, commitment, and praxis. Cultural Studies ↔ Critical Method ologies, 5(4), 425 - 446.

Foucault, M.(1978). The History of Sexuality: Vol. 1: Ann Introduction, New York: Pantheon.

Freire, P.(2002). 페다고지, (남경태 역), 그린비. (원저 1993년 출판).

_____.(2007). 자유의 교육학, (사람대사람 역), 아침이슬, (원저 1998년 출판)

Giroux, H. A. & Giroux, S. S.(2006). Challenging neoliberalism's new world or der: The promise of critical pedagogy. Cultural Studies ↔ Critical Method-ologies, 6(1), 21 - 32.

Giroux, H. A.(1994). Doing cultural studies: Youth and the challenge for pedago gy, Harvard educational review, 64(3), 278 - 309.

_____.(2000). Public Pedagogy as Cultural Politics: Stuart Hall and the 'Crisis' of Culture, Cultural Studies, 14(2), 341 - 360.

_____.(2005). Cultural studies in dark times: Public pedagogy and the chal lenge of neoliberalism. 출처: http://www.uta.edu/huma/agger/fastcapital-ism/1_2/giroux.htm

Gramsci, A.(1971). Selections from the Prison Notebooks (Q. Hoare & G. Nowell - Smith, Eds., Trans.). New york: International Press.

Grant, C. A. & Sleeter, C. E.(2011). Doing multicultural education for achieve ment and equity (2 ed.). London: Routledge.

Hollander, J. A. & Einwohner, R. L.(2004). Conceptualizing resistance. Sociological Forum, 19(4), 533-554.

Macedo, S. et al.(2005). Democracy at risk: How political choices undermine citizen participation and what we can do about it. Brookings Istitution Press.

Marx, K. (1845). Theses On Feuerbach. 출처: http://www.marcists.org/archive/marx/works/1845/theses/theses.htm. (검색일: 2013. 10. 2).

Morgan, M.(1999). US Language Planning and Policies for Social Dialect Speakers. In Th. Huebner & K. A. Davis(Ed.). Sociopolitical Perspectives on Language Policy and Planning in the USA, John Benjamins.

_____.(2002). Language, discourse and power in African American culture. Social Anthropology, 13(2), 237-238.

Scott, J. C.(1985) Weapons of the weak: Everyday forms of peasant resistance. Yale University Press.

Smith, S. (2001). Education for Judgment: An Arendtian Oxymoron?. In M. Gordon(Ed.) Hannah Arendt and education: renewing our common world (pp. 67-92), Colorado: Westview press.

Smitherman, G.(2000). Talk in that Talk: Language, Culture, and Education in African America, London; Routledge.

UNESCO(2006). UNESCO Guidelines on intercultural education. UNESCO;

_____(2013). Intercultural Competence. UNESCO

_____(2014). Educational Strategy (2014-2021). UNESCO, p. 46.

_____(2014). Shaping the Future We Want: UN Decade of Education for Sustainable Development (2005-2014), Final Report. Report. http://unesdoc.unesco.org/images.0023/002301/230171e.pdf

_____(2017). Reading the Past. Writing the Future: Fifty Years of Promoting Literacy.

Vladimirova, K.(2015). The Place of Concerns for Posterity in the Global Educa
tion for Sustainable Development Agenda: The Case of UNESCO. In Pro-
moting Climate Change Awareness through Environmental Education.

Wade, R & Parker, J (2008). EFA-ESD Dialogue: Educating for a sustainable
world. UNESCO.

Watts, R. J., Diemer, M. A., & Voight, A. M.(2011). Critical consciousness: Cur
rent status and future directions. New Directions for Child and Adolescent
Development, 2011 (134), 43-57.

Westheimer, J. & Kahne, J.(2004). What kind of citizen? The politics of educating
for democracy. American educational research journal, 41(2), 237-269.

색인

ㅂ

ㅅ